Mathias Binswanger

Die Tretmühlen des Glücks

HERDER spektrum

Band 5809

Das Buch

Mehr Wirtschaftswachstum bringt mehr Geld. Wer mehr Geld hat, kann sich Wünsche besser erfüllen. Aber machen ein Sportwagen oder eine Luxusyacht glücklich? Forschungsergebnisse sagen: Nein! Mathias Binswanger macht deutlich, dass wir in einer Gesellschaft leben, die Glück geradezu verhindert. Wie entgehen wir den Tretmühlen der Glücksverheißung: mehr Einkommen, Status, immer neue Chancen, immer noch mehr Zeitersparnis …? Wir befinden uns in Tretmühlen, die uns Glück verheißen, aber keines bringen. Die dazu führen, dass wir uns immer mehr anstrengen, aber doch am gleichen Fleck verharren. Mathias Binswanger zeigt, wie diese Tretmühlen funktionieren. Mit 10 Strategien, wie man ihnen entgeht. Aus der Sicht eines Ökonomen: ein Buch über die wirklichen Voraussetzungen des Glücks.

Der Autor

Mathias Binswanger, Dr. rer. pol., Professor für Volkswirtschaftslehre an der Fachhochschule Nordwestschweiz. Habilitation an der Universität Sankt Gallen. Schreibt regelmäßig für die Zürcher Weltwoche.

Inhalt

Vorwort

Die Idee zu diesem Buch geht zurück auf eine Konferenz an der Universität Bicocca in Milano im Jahre 2003. Diese stand unter dem Titel „Die Paradoxien des Glücks" und vereinigte Philosophen, Psychologen, Soziologen und Ökonomen. Sie präsentierten Forschungsarbeiten zum Glücksparadox, welches die Tatsache beschreibt, dass wir zwar immer reicher, aber nicht glücklicher werden. Ich war einer der an der Konferenz beteiligten Ökonomen und mein Vortrag trug den Titel „Warum macht uns der steigende Wohlstand nicht glücklicher? – Die Tretmühlen hinter den Glückparadoxien". Die vier verschiedenen Tretmühleneffekten, die ich dort als eine Ursache für die Stagnation des Glücks vorgestellt habe, bilden nun die Grundlage des vorliegenden Buches.

Ein Buch zum Thema *Glück* zu schreiben, entbehrt allerdings nicht einer gewissen Ironie. Denn unzählige Stunden allein vor dem Computer zu sitzen, und Satz für Satz in die Tastatur zu hämmern, ist sicher keine Tätigkeit, die für besonders glückliche Momente sorgt. Zwei Tatsachen haben allerdings dazu beigetragen, dass mein persönliches Glücksempfinden unter dem Buch nicht allzu stark gelitten hat. Zum einen habe ich dem monotonen Schreibprozess durch mehrfache geographische Veränderung entgegen gewirkt. Teile dieses Buches sind in so exotischen Ländern wie Äthiopien, Kenia oder Madagaskar entstanden, wo einfache Hotelzimmer zu meiner Schreibstube mutierten. Und zum andern war ich gezwungen, das Schreiben immer wieder für längere Zeit zu unterbrechen, da dieses Buch neben meiner Tätigkeit als Professor an der Fachhochschule Nordwestschweiz in Olten entstand. Auf diese Weise wurden allzu intensive und lange Schreibphasen auf ganz natürliche Weise verhindert – allerdings auch eine schnelle Fertigstellung des Buches.

Eine intensive Schreibphase gab es jedoch. Aufgrund eines mir von der Fachhochschule Nordwestschweiz genehmigten Freisemesters konnte ich während des Jahres 2004 mehrere Monate ohne Lehrverpflichtung an diesem Buch arbeiten. Ich hoffe deshalb, mit dem nun vorliegenden Resultat auch einen Beweis für den Nutzen von Freisemestern zu liefern, denn ohne dieses wären die *Tretmühlen des Glücks* wohl für immer in der Planung geblieben. Eine weitere Institution, die für das Entstehen dieses Buches eine entscheidende Rolle gespielt hat, ist der *Club of Vienna*, dem ich seit Jahren als Mitglied angehöre. Dieser Club wurde vom im Jahre 2005 verstorbenen Evolutionsbiologen Rupert Riedl in Wien gegründet und vereinigt Wissenschaftler aus ganz unterschiedlichen Disziplinen. Verschiedene Teile dieses Buches (vor allem Kapitel 11) sind aus Projekten des Clubs hervorgegangen, die sich mit der Zukunft unserer Wirtschaft und ihren Auswirkungen auf Gesellschaft und Umwelt auseinandersetzen.

Kommen wir zum Dank an einzelne Personen, die zum Gelingen dieses Buches beigetragen haben. Nennen möchte ich hier zunächst meinen Vater, Hans Christoph Binswanger (emeritierter Professor an der Universität St. Gallen) und meinen Bruder Johannes Binswanger (Tillburg University), die beide in derselben Branche (sprich Volkswirtschaftslehre) tätig sind. Als familieninterne Kritiker haben sie mich davor bewahrt, einige meiner unausgegorensten Ideen auch familienextern zu vertreten, und sie haben das Manuskript dieses Buches mit wohlwollender Kritik begleitet. Dank gebührt auch Marco Lehmann-Waffenschmidt (TU Dresden) für sein ermutigendes und inspirierendes Koreferat, als ich es gewagt hatte, die Ideen dieses Buches bei der Jahrestagung des Ausschusses für evolutorische Ökonomik beim Verein für Sozialpolitik (die wichtigste Vereinigung deutschsprachiger Ökonomen) vorzustellen. Wichtige Literaturhinweise verdanke ich darüber hinaus Hans G. Nutzinger (Universität Kassel) und Hans-Peter Studer (Speicher). Karin Walter vom Verlag Herder hat dieses Buchprojekt mit großem

Enthusiasmus unterstützt und vorangetrieben. Und Kate Reiner hat mich in letzter Minute bei der Rückübersetzung dieses ursprünglich in Englisch verfassten Textes ins Deutsche unterstützt. Auch ihnen möchte ich deshalb herzlich danken.

Da ich nach wie vor (glücklich) unverheiratet bin, kann mein letzter Dank nicht wie üblich an meine Frau gehen. Stattdessen geht dieser an meine langjährigen und guten Freunde in St. Gallen und Solothurn. Wenn in diesem Buch von der großen Bedeutung der Freundschaft die Rede ist, dann ist das in meinem Fall keine Theorie, sondern gelebte Realität, die wesentlich zu meinem persönlichen Glück beiträgt.

Olten, im Juli 2006   Mathias Binswanger

Einleitung
Das merkwürdige Verhältnis zwischen Geld und Glück

„Glücklich möchten alle Menschen werden.
Wenn sie reich wären, würden sie auch glücklich sein,
meinen die meisten, meinen Glück und Geld verhielten
sich zusammen wie die Kartoffel zur Kartoffelstaude,
die Wurzel zur Pflanze. Wie irren sie doch gröblich!"

(JEREMIAS GOTTHELF)

Das durchschnittliche Glücksempfinden bzw. die Zufriedenheit der Menschen in entwickelten Ländern nimmt schon lange nicht mehr zu, obwohl die durchschnittlichen Einkommen sich mit dem Wirtschaftswachstum stets weiter erhöhen. Das belegen die empirischen Studien, auf die ich mich in Teil I dieses Buches beziehe. Aber das ist noch nicht alles. Umfragen zeigen auch, dass sich immer mehr Menschen gestresst fühlen. Daraus lässt sich eine eindeutige Schlussfolgerung ziehen: Offenbar leben Menschen nicht so, wie es für sie selbst am besten wäre.

Es ginge ihnen insgesamt besser, wenn sie mehr Zeit hätten und dafür auf zusätzliches Einkommen verzichten würden. So zeigt etwa eine Untersuchung, dass Menschen, die Überstunden machen und deshalb mehr verdienen, dadurch nicht glücklicher werden.[1] Trotzdem machen aber viele Menschen freiwillig Überstunden und streben generell nach einem immer noch höheren Einkommen. Die interessante Frage lautet deshalb: Wenn die Menschen ein anderes Verhalten glücklicher machen würde, warum ändern sie es dann nicht?

Der Grund liegt in den sogenannten Tretmühleneffekten, welche im Zentrum von Teil II dieses Buches stehen. Auf einer Tretmühle kann man immer schneller laufen und diese immer schneller bewegen, doch man bleibt immer am selben Ort. Genau gleich verhält es sich mit dem menschlichen Streben, durch mehr Einkommen glücklicher zu werden. Die Menschen werden dadurch zwar immer reicher, aber was ihr Glücksempfinden betrifft, treten sie auf der Stelle. Die Hoffnung auf mehr Glück wird ständig enttäuscht, dennoch wird an diesem irrationalen Glauben festgehalten.

Dass Geld nicht glücklich macht, ist keine neue Erkenntnis. Wir alle kennen diese Redewendung seit früher Kindheit. Aber es gibt einen neuen Gedanken, der die alte Volksweisheit wieder in Frage stellt. Er lautet: „Menschen, die behaupten, dass Geld nicht glücklich macht, wissen nicht, wo einkaufen." Was ist nun richtig? Die überraschende Antwort lautet: Beide Aussagen treffen heute zu. Die Glücksforschung zeigt uns deutlich, dass mehr Einkommen die Menschen in entwickelten Ländern im Durchschnitt nicht glücklicher macht.[2] Doch es stimmt auch, dass wir nur selten wissen, was und wo wir einkaufen sollen, um tatsächlich glücklicher zu werden.

> „Menschen, die behaupten, dass Geld nicht glücklich macht, wissen nicht, wo einkaufen."

Dies ist aber ein viel tieferes Problem, als es die obige Aussage suggeriert. Mit der Entwicklung hin zu einer Multioptionsgesellschaft wird es immer schwieriger, die Produkte, Dienstleistungen oder Freizeitbeschäftigungen zu finden, die wir tatsächlich bräuchten, um glücklicher zu sein. Wir ertrinken in der Fülle von Möglichkeiten und haben nur mehr selten die Zeit, eine vernünftige Auswahl zu treffen. Der amerikanische Psychologe Barry Schwartz hat dieses Phänomen in seinem Buch „The Tyranny of Choice" (dt.: Anleitung zur Unzufriedenheit) eindringlich beschrieben. Er zeigt, wie die wachsende Zahl an Produkten und Dienstleistungen und die immer zahlreicher werdenden Möglichkeiten der Freizeitgestaltung, also die Auswahl zunehmend zur Tyrannei wird. Und diese Tyrannei ist bereits ein Teil der Erklärung, warum Menschen mit steigendem Einkommen nicht glücklicher werden (siehe Kapitel 9).

Dazu kommt, dass es zwar immer mehr Produkte und Dienstleistungen gibt, aber Dinge wie Liebe, Erfolg, Gesundheit oder Schönheit, die wirklich glücklich machen würden, sind nach wie vor nur selten käuflich erwerbbar. Zwar zeigt die Werbung ständig Menschen, die dank neuer Produkte, Seminare, Kurse oder Diäten liebesfähiger, erfolgreicher, schöner und gesünder geworden sind. Doch wenn man es dann selbst versucht, scheitert man oft kläglich. Das „Nicht-Wissen, wo einkaufen" ist für den modernen Menschen zu einem existenziellen Zustand geworden, der ihn auf unangenehme Weise an seine eigenen Grenzen in einer Gesellschaft der scheinbar unbegrenzten Möglichkeiten erinnert. Mehr Einkommen in mehr Glück zu verwandeln, wird somit zunehmend zur Sisyphusarbeit.

Wir sind aber nicht dazu verdammt, einfach weiter in den Tretmühlen zu verharren und uns weiter vergeblich abzurackern. In Teil III dieses Buchers wird aufgezeigt, wie wir aus den Tretmühlen ausbrechen können, die unmerklich zu einem Teil unseres wirtschaftlichen und sozialen Alltags geworden sind. Wir sollten uns wieder auf den eigentlichen Daseinszweck der Wirtschaft besinnen, den George Bernhard Shaw folgendermaßen beschrieben hat: „Ökonomie ist die Kunst, das Beste aus unserem Leben zu machen." Mit anderen Worten: Es geht nicht um Einkommensmaximierung, sondern um die Maximierung des menschlichen Glücks, der Zufriedenheit, der Lebensqualität oder noch wissenschaftlicher ausgedrückt, des subjektiven Wohlbefindens. Wozu sonst verdient man schließlich sein Geld, das man ja bekanntlich am Ende des Lebens nicht mitnehmen kann?

> „Ökonomie ist die Kunst, das Beste aus unserem Leben zu machen."

Der Ausbruch aus den Tretmühlen ist allerdings kein einfacher Prozess, denn diese sind gleichzeitig auch treibende Kräfte des Wirtschaftswachstums. Einerseits ermöglichen sie unseren Wohlstand, aber auf der anderen Seite hindern sie uns an einem glücklicheren Leben. Mit anderen Worten: Ohne Tretmühlen gibt es kein Wirtschaftswachstum und ohne Wachstum geraten moderne Volkswirtschaften in ernsthafte Schwierigkeiten. Dahinter steckt ein grundsätzliches Dilemma moderner Wirtschaften, dem wir in diesem Buch ebenfalls auf die Spur kommen wollen (siehe Kapitel 11).

Aus ökonomischer Sicht geht es bei der Suche nach der Verwirklichung eines glücklichen Lebens um einen zweistufigen Prozess. Erstens müssen wir ein Einkommen erzielen, damit wir uns die Dinge überhaupt leisten können, die wir für ein glückliches Leben brauchen. In dieser Hinsicht sind wir in den Industrieländern im Allgemeinen Profis. Von klein auf lernen wir die Fähigkeiten, die es braucht, um in der Arbeitswelt Karriere zu machen und viel Geld zu verdienen. Leider reicht das aber nicht aus, wie viele Menschen in ihrem späteren Leben schmerzlich erfahren müssen. Man muss auch in der Lage sein, das verdiente Einkommen so zu verwenden, dass es tatsächlich glücklich macht. Das ist die zweite und noch schwierigere Stufe bei der Verwirklichung eines glücklichen Lebens. Und in dieser Beziehung sind wir oft grauenhafte Amateure.

So gut wir beim Geldverdienen sein mögen, so schlecht sind wir bei der Umsetzung des Einkommens in Glück oder Zufriedenheit. Die dafür erforderlichen Fähigkeiten, die sich mit dem französischen Begriff „Savoir-vivre" oder dem deutschen Wort „Lebenskunst" umschreiben lassen, werden uns in der Schule nicht beigebracht.

> Ein Mensch, der nur ans Geldverdienen und Karrieremachen denkt, handelt in Wirklichkeit unökonomisch, weil er damit sein Glück nicht maximiert.

Ein Mensch, der nur ans Geldverdienen und Karrieremachen denkt, handelt in Wirklichkeit unökonomisch, weil er damit sein Glück nicht maximiert. Er verhält sich ineffizient und zwar in dem Sinn, dass er seine ihm zur Verfügung stehenden Ressourcen nicht optimal nutzt. Die wesentlichen Ressourcen für den einzelnen Menschen sind Zeit und Geld. Das Ziel muss sein, den optimalen Mix von Zeit und Geld zu finden, der zu einem möglichst glücklichen Leben führt.

Bei der Frage nach dem Glück des Einzelnen trifft sich somit die ökonomische Betrachtungsweise mit der Psychologie bzw. der Philosophie. Es geht um eine Rückbesinnung auf den eigentlichen Zweck des Wirtschaftens, der nicht in der Einkommensmaximierung sondern in der Glücksmaximierung, bzw. wie es die Ökonomen ausdrücken, in der Nutzenmaximierung besteht.

Die in diesem Buch vertretene ökonomische Perspektive deckt sich wesentlich mit der Auffassung des Philosophen Jeremy Bentham (1789), der vor mehr als zweihundert Jahren in England lebte. Bentham ging davon aus, dass die Menschen nach einem glücklichen Leben streben und die beste Gesellschaft demzufolge diejenige ist, in der die Menschen insgesamt am glücklichsten sind. In der Folge erwies sich dieser zunächst einleuchtende Gedanke allerdings als problematisch. Wie sollte man feststellen, wie glücklich die Menschen insgesamt in einem Land sind? Dieser Frage fühlten sich die Ökonomen bald nicht mehr gewachsen und so strichen sie den Begriff des Glücks aus ihrer Theorie und ersetzten ihn durch den harmloseren Begriff des Nutzens. Harmlos ist dieser Begriff insofern, als er vorsichtshalber so definiert wurde, dass er gar nicht messbar ist. Der Nutzen, so wie er heute in der ökonomischen Theorie verwendet wird, ist eine sogenannte ordinale Größe. Es lassen sich nur Aussagen darüber machen, ob der Nutzen eines Individuums durch bestimmte Handlungen zu- oder abnimmt, aber nicht, um wie viel er zu- oder abnimmt. Aus diesem Grund lässt sich der Nutzen verschiedener Güter nicht einfach addieren und auch der Nutzen verschiedener Menschen lässt sich nicht quantitativ vergleichen. Beobachten können wir gemäß der Annahmen der heutigen Standardökonomie nur die Folgen der Nutzenmaximierung der Individuen. Diese führt dazu, dass die Menschen, wenn sie rational handeln, das tun, was für sie am besten ist. Und tun sie das nicht, dann verhalten sie sich irrational, womit die meisten Ökonomen bis vor kurzem nichts zu tun haben wollten. Erst in neuester Zeit erkennt auch die ökonomische Forschung, dass man das Verhalten der Menschen nur verstehen kann, wenn man ihnen eine gehörige Portion Irrationalität zugesteht.

In der wirtschaftlichen und politischen Praxis konnte man mit dem nicht messbaren und blutleeren Nutzenbegriff der Ökonomie allerdings nie viel anfangen. Dort steht bis heute das Wachstum des Bruttoinlandproduktes im Mittelpunkt des Interesses und nicht, wie sich dies Bentham vorgestellt hatte, das Glück der Menschen. Doch wenn Wachstum nicht glücklicher macht, dann macht die einseitige Ausrichtung der wirtschaftlichen Tätigkeit am Wachstum auch keinen Sinn. In der ökonomischen Theorie ist Wachstum ein Mittel und nicht ein Zweck. In der Realität ist dieses Mittel aber längst zum Zweck geworden, und kaum jemand spricht heute mehr von einem glücklichen Leben, wenn es um wirtschaftliche Fragestellungen geht. Jede Zeit produziert ihre eigenen Verrücktheiten, die dann später kaum mehr nachvollziehbar sind.[3] Schon heute fragen wir uns, wie es möglich war, dass sich die Menschen in Russland und anderen osteuropäischen Ländern ihr Leben über fast 100 Jahre mit dem Kommunismus vermiesen ließen. Und unser Verständnis hört ganz auf, wenn es um Inquisition oder Hexenverbrennungen geht, womit Kirche und staatliche Justiz über lange Zeit Angst und Schrecken verbreitete. Doch wir sollten vorsichtig sein. Spätere Generationen werden sich wahrscheinlich auch einmal fragen, warum sich die Menschen in der heutigen Gesellschaft trotz eines zuvor nie da gewesenen Wohlstands, ständig noch mehr stressen ließen, statt diesen Wohlstand zu genießen. Vor fast 2000 Jahren degenerierte das damals reiche Rom, weil sich seine Bürger buchstäblich zu Tode amüsierten. Im Vomitorium steckten sie sich einen Finger in den Hals, um die gerade genossenen Leckerbissen wieder heraus zu kotzen, damit sie noch mehr Köstlichkeiten zu sich nehmen konnten. So erfanden die alten Römer ständig noch perversere und raffinierte Methoden, um ihren Wohlstand zu verprassen. Doch dieser Degenerationsprozess war immerhin unterhaltsam und mit einem – wenn auch fragwürdigen – Genuss verbunden. In den Industrieländern laufen wir heute jedoch Gefahr, auf eine viel unattraktivere Art zu degenerieren. Es lohnt sich, dagegen etwas zu unternehmen.

Teil I:

Der Zusammenhang zwischen Einkommen und Glück –
Was die empirische Forschung sagt

*Wohlstand ist das Durchgangsstadium
von der Armut zur Unzufriedenheit.*

(HELMAR NAHR)

1.

Was ist Glück und wie kann man es messen?

Wenn man etwas über den Zusammenhang zwischen Einkommen und Glücksempfinden der Menschen aussagen will, dann sollte man erstens eine Vorstellung davon haben, was mit dem Begriff Glück gemeint ist, und zweitens sollte man dieses Glück auch noch irgendwie messen können.

Über die erste Frage wollen wir uns hier nicht allzu sehr den Kopf zerbrechen. Je mehr man sich fragt, was denn Glück genau bedeutet, umso unklarer und vielschichtiger wird der Glücksbegriff. Der Psychiater Thomas Szasz hat dies einmal folgendermaßen ausgedrückt[4]: „Glück ist ein imaginärer Zustand, den früher die Lebenden bei den Toten vermutet haben, und heute im Allgemeinen Erwachsene den Kindern und diese den Erwachsenen zuschreiben."

> „Dort, wo du nicht bist, dort ist das Glück."

Das wirkliche Glück vermutet man also immer bei anderen oder an einem anderen Ort, wie schon der romantische Dichter Georg Philipp Schmidt in seinem von Franz Schubert vertonten Gedicht *Der Wanderer* feststellte: „Dort, wo du nicht bist, dort ist das Glück."

Auch viele Philosophen, die sich vorgenommen hatten, das Glück dingfest zu machen, wurden darüber selbst wenig glücklich. Einer davon war John Stuart Mill, der Patensohn des bereits erwähnten Jeremy Bentham, der sich später vor allem als Ökonom einen Namen machte. Die Frage nach dem Glück trieb ihn fast zur Verzweiflung, da er glaubte, verschiedene Formen des Glücks auch noch moralisch werten zu müssen. Schließlich kam er zur Erkenntnis, es sei besser, „ein unzufriedener Sokrates als ein zufriedenes Schwein zu sein". Nach Mill wäre also eine Gesellschaft, die aus unzufriedenen und damit unglücklichen Philosophen besteht, einer Gesellschaft von glücklichen Schweinen vorzuziehen. Letztere tragen schließlich nur wenig zur Entwicklung und damit zum langfristigen Glück der

Menschheit bei. Allerdings ist dem entgegenzuhalten, dass eine Horde unzufriedener Philosophen für ihre Mitbürger auf die Dauer wohl kaum genießbar wäre. Griesgrämige Philosophen sind im Alltag eine Zumutung und nicht selten werden sie unausstehlich. Da nimmt man doch lieber mit den zufriedenen Schweinen vorlieb, auch wenn diese die menschliche Geistesgeschichte kaum voranbringen!

Aber die Frage nach dem „richtigen Glück" ist nur eine der vielen offenen Fragen rund um diesen Begriff. So kann man sich auch überlegen, wie sich denn der allgemeine Glückszustand eines manisch Depressiven mit dem Glückszustand eines permanent gleichmütigen, gefühlsneutralen Menschen vergleichen lässt. Für den einen gilt: „Himmelhoch jauchzend, zu Tode betrübt" Extreme Glückszustände wechseln sich ab mit tiefsten Depressionen. Der andere hingegen hat kaum Gefühlsschwankungen. Er erlebt keine ekstatischen Momente, doch andererseits wird er auch nie depressiv. Welcher dieser beiden Menschen ist nun glücklicher? Auch hier gibt es keine eindeutige Antwort. Die alten Epikuräer (etwa 300 vor Christus) waren der Ansicht, dass die Vermeidung von Schmerz und Depressionen der Königsweg zu einer zufriedenen Existenz sei, was nichts anderes heißt, als dass der gefühlsneutrale Mensch besser dran ist. Doch etwa zwei Jahrtausende später meinte Friedrich Nietzsche in *Also sprach Zarathustra*, dass die Suche nach extremen Glückszuständen das wichtigste Ziel des Menschen sein sollte.

Lassen wir die Philosophen sich weiter die Köpfe über solche Probleme zerbrechen! Im Rahmen dieses Buches geht es nur um die Frage, inwiefern und warum Einkommen das Glück der Menschen beeinflusst, ganz egal ob diese Gesellschaft nun mehrheitlich aus manisch Depressiven, Gefühlsneutralen, unzufriedenen Philosophen oder zufriedenen Schweinen besteht. Wir gehen somit pragmatisch davon aus, dass Menschen, die sich glücklich, fühlen, einfach glücklich sind,[5] ohne diesen Zustand weiter zu interpretieren. Zwar hat die moderne Psychologie das Glück mittlerweile in zwei Komponenten zerlegt, doch auch das soll uns hier nicht weiter beunruhigen. Da gibt es einerseits die langfristig angelegte allgemeine Zufriedenheit mit der eigenen Existenz (baseline happiness), die mit der generellen Einschätzung des Lebens zusammenhängt. Und auf der anderen Seite gibt es das momentan empfundene Glück oder Unglück, welches von den gerade gegebenen Umständen abhängt (affective states).[6] Bei der Analyse des Zusammenhangs zwischen Glück und Einkommen spielen aber beide dieser Glückskomponenten eine Rolle. Mehr Einkommen sollte sowohl zu mehr Lebenszufriedenheit als auch zu vermehrten Glücksmomenten führen. Sprechen wir deshalb im folgenden von Glück, dann schließt dies immer beide Komponenten mit ein.

Bleibt jedoch die Frage, wie denn das Glück überhaupt gemessen werden kann. Am einfachsten wäre das mit einem technischen Messgerät, welches den Glückszustand eines Menschen objektiv feststellt, so wie etwa ein Thermometer die Temperatur misst. Ein solches Messgerät würde dann zum Beispiel die elektrische Hirnaktivität, die Konzentration gewisser Substanzen im Gehirn, den Pulsschlag des Herzens und die Hautfeuchtigkeit messen und daraus mittels eines Computerprogramms einen objektiven Glückswert berechnen. Der Britische Ökonom Francis Ysidoro Edgeworth träumte bereits im Jahre 1881 von einem solchen Gerät und nannte es Hedonometer. Leider hat uns der technische Fortschritt in dieser Hinsicht im Stich gelassen – bis heute gibt es keine Hedonometer. Also bleibt den Glücksforschern nichts anderes übrig, als die Menschen nach ihrem jeweiligen Glückszustand zu befragen, wobei die Antwort dann zwangsläufig von der subjektiven Selbsteinschätzung der Befragten abhängt.

> Glück ist
> nicht messbar.

Eine Einschätzung des eigenen Glückszustandes ist aber gar nicht so einfach. Stellen Sie sich vor, Sie werden plötzlich von jemandem auf der Straße angesprochen, der Ihnen folgende Frage stellt: „Alles in allem, wie würden Sie Ihren Zustand in letzter Zeit beschreiben – Würden Sie sagen, dass Sie a) sehr glücklich, b) ziemlich glücklich, oder c) nicht so glücklich sind?"

Diese Frage wird den Menschen im General Social Survey gestellt, welches das durchschnittliche Glücksempfinden der Menschen in mehreren Ländern über die Jahre hinweg erfasst. Oder nehmen Sie an, Sie werden mit folgender Frage belästigt: „Wie zufrieden sind sie zur Zeit insgesamt mit ihrem Leben auf einer Skala von 1 (unzufrieden) bis 10 (sehr zufrieden)?". Das ist die Frage, die im World Values Survey gestellt wird, welches das Glücksempfinden der Menschen in verschiedenen Ländern vergleicht. Ehrlich gesagt, wenn man mich das fragen würde, wäre ich ziemlich überfordert.

Häufig wissen wir selbst nicht, ob wir eigentlich glücklich sind oder nicht. Kommt jemand gerade vom Arzt und hat dieser festgestellt, dass sich der Verdacht auf Krebs nicht bestätigt hat, dann ist es sehr wahrscheinlich, dass sich dieser Mensch glücklich fühlt. Ist das Resultat aber umgekehrt und wurde der Verdacht auf Krebs bestätigt, dann wird er seinen Zustand hingegen kaum als glücklich bezeichnen. Obwohl es sich um dieselbe Person handelt, wird ihre Antwort je nach Situation unterschiedlich ausfallen. Solche Antworten sind immer durch die gegenwärtigen Umstände bestimmt und deshalb durch diese geprägt (statistisch verzerrt). Es gibt keine Möglichkeit, den Glückszustand eines einzelnen Menschen mittels Befragung objektiv festzustellen.

Allerdings ist die Unmöglichkeit, das Glück eines einzelnen Menschen objektiv festzustellen, für die Glücksforschung weniger schlimm, als man zunächst annehmen könnte. Zwar muss man die Antworten einzelner Menschen in Bezug auf ihren Glückszustand mit Vorsicht genießen. Befragt man aber eine ausreichend große Menge von Personen, dann erhält man trotzdem ein adäquates Bild ihres durchschnittlichen Glücksempfindens.[7] Der Grund liegt darin, dass die meisten „Fehler" bei der Angabe des eigenen Glückszustandes bei der Befragung einer genügend großen Menge von Menschen wieder aufgehoben werden. In Bezug auf unser Beispiel hieße dies, dass sich die Zahl derjenigen mit einem positiven Untersuchungsergebnis und derjenigen mit einem negativen Untersuchungsergebnis nach einem Arztbesuch in etwa die Waage halten. Und damit haben die Untersuchungsergebnisse auf das mittels Befragung ermittelte durchschnittliche Glücksempfinden keinen Einfluss mehr. Wenn wir das Beispiel des manisch Depressiven nochmals aufgreifen wollen, hieße das: Bei der Befragung einer großen Menge von Menschen wird man etwa gleich viele manisch Depressive in einer manischen Phase wie in einer depressiven Phase antreffen, so dass sich auch diese Gefühlsschwankungen wieder ausgleichen.

Wissenschaftlich erwiesen: die Schweizer sind sehr, sehr glücklich.

Etwas gilt es bei Glücksbefragungen allerdings zu beachten. Menschen neigen dazu, ihren Glückszustand höher anzugeben, als er tatsächlich ist. „People err on the bright side", wie es der Psychologe David Myers formulierte. Zum Beispiel ergab eine neuere Umfrage in der Schweiz, dass 43 Prozent der Bevölkerung mit ihrem Leben hoch zufrieden sind. Und nur gerade 15 Prozent waren unzufrieden. Aufgrund dieser Ergebnisse könnte man somit meinen, die Schweiz sei ein von speziell fröhlichen Menschen bewohntes Land, in dem einem fast nur zufriedene Gesichter begegnen. Doch haben Sie schon einmal morgens an einem Schweizer Bahnhof die Menschen beobachtet, wenn sie zur Arbeit oder in Richtung Ausbildungsstätte unterwegs sind? Falls ja, dann werden Sie bereits Zweifel an den obigen Umfrageresultaten haben. Da werden Sie nämlich kaum ein Gesicht entdecken, welches Zufriedenheit, geschweige denn Glück, ausstrahlt. Die Gesichter erinnern viel eher an Menschen, die gerade von der Beerdigung eines Verwandten kommen und dabei noch erfahren haben, dass sie nichts geerbt haben. Auch wenn man sich noch so viel Mühe gibt, und immer weitere Bahnhöfe besucht, die hochzufriedenen 43 Prozent der Schweizer Bevölkerung wird man einfach nicht finden.

Die Schweizer sind ein Volk, welches eine speziell ausgeprägte Neigung besitzt, seinen Glückszustand bei Umfragen zu übertreiben. Danach sind die Schweizer in internationalen Vergleichen eines der glücklichsten Völker der Erde (siehe Kapitel

2). Doch niemand, der die Schweiz kennt, käme auf die Idee, die Bewohner dieses Landes als besonders fröhliche und lebenslustige Menschen zu beschreiben. Mit anderen Worten, die durch Glücksumfragen ermittelten Werte sind systematisch nach oben verzerrt, worauf mehrere führende Glücksforscher immer wieder hingewiesen haben.[8] Dafür sind im Wesentlichen zwei Gründe verantwortlich. Erstens sagen Menschen, dass sie glücklich sind, weil man das von ihnen erwartet und weil sie es auch selbst von sich erwarten. Schließlich hat man ja häufig alles, was es zu einem glücklichen Leben braucht: einen guten Job, ein ansprechendes Einfamilienhaus oder eine Wohnung, ein Auto der oberen Mittelklasse, Kinder ohne Lernschwierigkeiten in der Schule und sogar die Ehe funktioniert einigermaßen. Da kann man doch nicht angeben, dass man nur mäßig oder gar nicht zufrieden ist. Schon gar nicht in einer Gesellschaft, die zunehmend nur noch aus erfolgreichen, souveränen, selbstbestimmten und demzufolge natürlich auch glücklichen Männern und Frauen zu bestehen scheint.

Der zweite Grund für die Überschätzung liegt an der Art der Befragung selbst. Wenn man wählen kann, ob man „sehr glücklich", „ziemlich glücklich", oder „nicht so glücklich" ist, dann wählen die meisten den Zustand „ziemlich glücklich". Und kann man die Zufriedenheit in einer Skala von 1 (unzufrieden) bis 4 (sehr zufrieden) einordnen, dann wählen die meisten Menschen den Wert 3. Die Menschen besitzen die Tendenz, immer einen Wert etwas unterhalb des höchst möglichen Wertes anzugeben. Man möchte im positiven Bereich (glücklich, zufrieden) sein, aber dabei nicht übertreiben und gleich den höchsten Wert wählen. Diese Wahl treffen die Befragten oftmals ziemlich unabhängig von ihrem tatsächlichen Befinden, da sie den gewählten Wert als den richtigen Sollwert (und nicht Istwert) betrachten.[9]

Allerdings stellt auch die generelle Überschätzung des eigenen Glückszustandes kein Problem dar, wenn wir durchschnittliche Glückswerte eines Landes in verschiedenen Jahren miteinander vergleichen. Solange nämlich die Menschen den Glückszustand immer gleichviel überschätzen, können wir trotzdem erkennen, ob die Menschen insgesamt glücklicher oder unglücklicher geworden sind. Vorsicht ist aber geboten, wenn wir die Glückszustände der Bevölkerung zwischen verschiedenen Ländern vergleichen (siehe Kapitel 2).

Folgendes lässt sich festhalten: In Bezug auf einen einzelnen Menschen sagen in Umfragen ermittelte Glückswerte nur wenig aus. Befragt man jedoch eine größere Menge an Personen, dann erhält man trotzdem ein einigermaßen adäquates Bild des Glücksempfindens der Bevölkerung, auch wenn dieses insgesamt nach oben verzerrt ist. Das ist allerdings nicht weiter tragisch, wenn wir an der Veränderung des Glücks im Zeitablauf interessiert sind. In diesem Fall geht es nicht um den absoluten Wert des Glückszustandes in einem bestimmten Jahr, sondern um dessen relative Veränderung über die Jahre hinweg. Dieses Buch stützt sich im Wesentlichen auf empirische Forschungen, die solche relativen Veränderungen des Glückszustandes untersuchen.

2.
Sind die Menschen in reichen Ländern glücklicher als in armen Ländern?

Wie glücklich sind die Menschen in verschiedenen Ländern? Die am besten bekannten empirischen Untersuchungen zum Glück stammen von Befragungen, die das durchschnittliche Glücksempfinden der Menschen in verschiedenen Ländern miteinander vergleichen. Eine führende Rolle spielt dabei der so genannte World Values Survey[10], der Daten zu mittlerweile 82 Ländern enthält. Abbildung 1 zeigt die Beziehung zwischen dem durchschnittlichen Jahreseinkommen pro Kopf in den einzelnen Ländern (unter Berücksichtigung der Kaufkraftparitäten) und dem Glücksempfinden der Menschen dieser Länder. Dieses ist hier gemessen als die Prozentzahl der Menschen, die mit ihren Leben glücklich oder zufrieden sind.

Abbildung 1: Glück und Einkommen im Ländervergleich

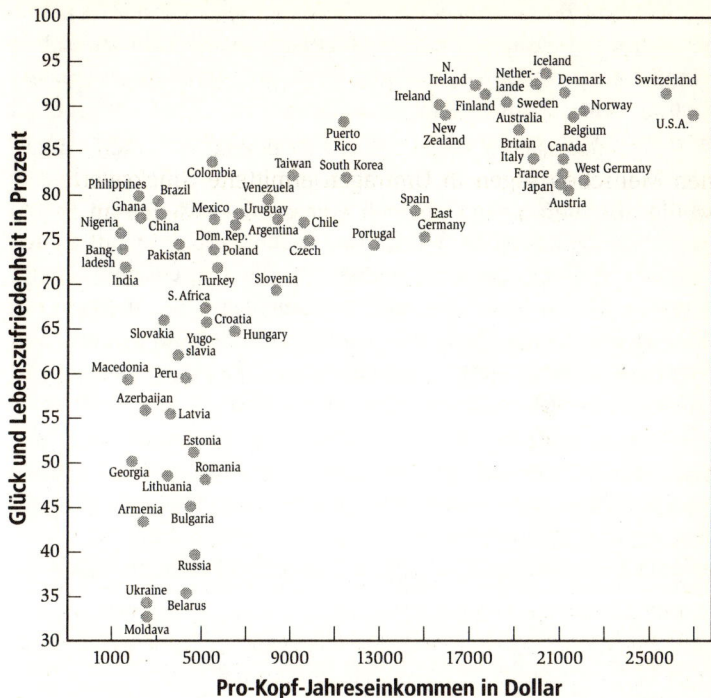

Auf den ersten Blick spricht Abbildung 1 eine deutliche Sprache. Solange ein Land arm ist, steigt das durchschnittliche Glücksempfinden bei einer Erhöhung des Einkommens sehr schnell an. Ist aber einmal der Schwellenwert von etwa 15 000 Dollar pro Kopf erreicht, dann führt eine weitere Zunahme des Einkommens zu keinem weiteren Anstieg des Glücksempfindens mehr. So sind die Menschen in den USA mit einem durchschnittlichen Einkommen von 30 000 Dollar viel glücklicher als die Menschen in der Ukraine oder in Peru, wo das Durchschnittseinkommen unter 5 000 Dollar liegt. Aber sie sind nicht glücklicher als die Menschen in Taiwan oder Südkorea, wo das Einkommen 15 000 Dollar beträgt.

Die Daten des World Values Survey verführen den oberflächlichen Betrachter schnell einmal zu folgender Schlussfolgerung: Einkommen macht glücklich, solange die Menschen
eines Landes arm sind. Wenn aber der Schwellenwert von
15 000 Dollar Durchschnittseinkommen pro Kopf erreicht ist,
gilt das nicht mehr. Mehr Einkommen trägt also nicht mehr
zum durchschnittlichen Glücksempfinden bei. Der Soziologe
Ronald Inglehart, der den World Values Survey betreut, stützt
diese Interpretation und liefert auch eine Erklärung. In armen
Ländern geht es zunächst einmal um die Befriedigung grund-
legender Bedürfnisse. Solange man nicht genug zu essen hat
und in einer armseligen Hütte dahinvegetiert, trägt mehr Einkommen entscheidend zum Lebensglück bei. Ist aber der
Schwellenwert erreicht, bei dem die Grundbedürfnisse gedeckt
sind, dann geht es um andere Dinge, die Inglehart mit „Lifestyle Issues" umschreibt. Nicht „satt werden", ist jetzt gefragt,
sondern Nouvelle Cuisine oder Reformkost. Und mit dem Erreichen des Schwellenwertes machen sich auch die Tretmühleneffekte bemerkbar, die in Teil II dieses Buches ausführlich beschrieben sind.

Diese Erklärung hat sicher etwas für sich, doch ist sie mit einigen Fragezeichen zu versehen. Wäre es nämlich so einfach,
dann könnten wir diesen Teil des Buches
bereits abschließen und uns direkt den
Tretmühlen zuwenden. Die Wirklichkeit
ist allerdings etwas komplexer. Erstens
lassen sich deutliche geographische Ein-
flüsse feststellen. Die Menschen in lateinamerikanischen Ländern sind bei gleichem Einkommen viel glücklicher als Menschen in Ländern des ehemaligen Ostblocks. Es gibt also so
etwas wie einen Latino-Glücksfaktor und einen Ostblock-Me-
lancholiefaktor. Für die Menschen, die schon einmal in Lateinamerika oder in der Karibik waren, sind die relativ hohen
Glückswerte in diesen Ländern kaum überraschend. So sind etwa Kolumbianer im Durchschnitt glücklicher als die Menschen

*Latino-Glücksfaktor
und Ostblock-
Melancholiefaktor.*

in Deutschland oder Österreich, obwohl ihr durchschnittliches Einkommen viel geringer ist. Heißes Klima, Salsa, Samba und eine lockere Lebenseinstellung haben hier sicher einen positiven Einfluss. Und bei den besonders tiefen Werten der Länder des ehemaligen Ostblocks spielen wohl das kalte Klima, jahrzehntelange Frustration durch Kommunismus und vielleicht auch übermäßiger Wodkakonsum eine Rolle. Mit anderen Worten: Die Menschen in den ehemaligen Ostblockländern werden selbst bei stark steigendem Einkommen Mühe haben, sich so glücklich zu fühlen wie die Latinos. Einkommen erklärt nur einen Teil der Variation des Glücksempfindens zwischen verschiedenen Ländern. Außerdem ist Glück nicht zwingend gleich Glück in allen Ländern. Verschiedene Kulturen haben unterschiedliche Vorstellungen vom Glück entwickelt, und es ist nicht klar, ob Glück in Zimbabwe genau dasselbe bedeutet wie in den USA.

Zweitens gibt es, wie so oft bei empirischer Forschung, auch noch ein grundlegendes methodisches Problem beim Vergleich von Einkommen und Glück in verschiedenen Ländern. Wenn Sie sich die Abbildung 1 nochmals anschauen, dann werden Sie erkennen, dass sich das Glücksempfinden bei den reichen Ländern immer mehr einem Grenzwert nährt, der bei etwa 90 Prozent glücklichen bzw. zufriedenen Menschen liegt. Das ist aber keineswegs überraschend. Im Grunde wird in dieser Graphik nämlich ein unzulässiger Vergleich durchgeführt. Wir vergleichen eine nach oben offene Größe (das Einkommen pro Kopf), die unbeschränkt wachsen kann, mit einer nach oben begrenzten Größe, nämlich der Prozentzahl der zufriedenen und glücklichen Menschen, die maximal den Wert 100 annehmen kann. Wenn man einmal sehr zufrieden oder glücklich ist, dann kann dieser Zustand nicht mehr gesteigert werden, denn es gibt keine Kategorien megaglücklich oder supermegaglücklich. Für Länder, deren Glückswert bereits nahe des Schwellenwertes von etwa 90 Prozent liegt, sagt der Ländervergleich zwischen Einkommen und Glück, so wie er in Abbildung 1 dargestellt ist, kaum mehr etwas aus.

Wir sollten uns deshalb davor hüten, aus den kleinen Unterschieden des Glücksempfindens zwischen den reichen Ländern noch etwas herauszulesen. Aus den hohen Glückswerten für die Schweiz kann man beispielsweise nicht einfach schließen, dass die Schweizer glücklicher sind als etwa die Menschen in Deutschland oder Frankreich. Weitere Forschungen zu diesem Thema haben ergeben, dass die Schweiz nicht nur ein politisch neutrales Land ist, sondern die Menschen auch gefühlsmäßig neutral sind.[11] Die Schweizer Bevölkerung zeigt im internationalen Vergleich besonders wenige Emotionen (gleich wie die Japaner), egal ob es sich um Freude, Schmerz, Wut oder Angst handelt. Dem wirklichen Glücksempfinden der Schweizer auf die Spur zu kommen, erfordert somit sehr viel mehr psychologische Detektivarbeit, als in einer Glücksumfrage zum Ausdruck kommt.

3.
Sind die Menschen mit dem Wirtschaftswachstum glücklicher geworden?

Neben Ländervergleichen gibt es eine ganze Reihe von Untersuchungen, die das durchschnittliche Glücksempfinden der Menschen in den einzelnen Ländern im Zeitablauf erfassen.[12] Die längsten Datenreihen liegen für die USA und Japan vor, wo Glücksbefragungen bereits seit dem 2. Weltkrieg durchgeführt wurden. Und das Ergebnis ist in beiden Ländern genau dasselbe: In den USA hat sich das reale Bruttoinlandprodukt pro Kopf seit dem 2. Weltkrieg mehr als verdreifacht, aber das Glücksempfinden der Bevölkerung der Menschen ist genau gleich geblieben. Seit 1946 bezeichnen sich 30 Prozent der amerikanischen Bevölkerung als sehr glücklich (siehe Abbildung 2) und in einer Zufriedenheitsskala von 1 bis 10 liegt der Wert konstant bei etwas über 7.

Abbildung 2: Glück und Wohlstand in den USA[13]

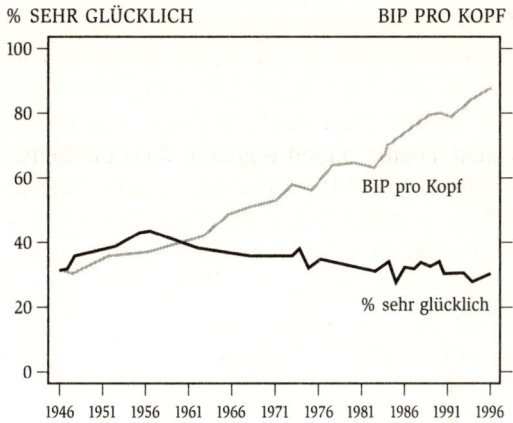

Noch extremer ist der Fall in Japan, wo sich das Bruttoinlandprodukt seit dem 2. Weltkrieg sogar versechsfacht, aber das
Glücksempfinden ebenfalls konstant geblieben ist. Und in den
Europäischen Ländern, wo man auf Daten seit Beginn der 70er
Jahre zurückgreifen kann, zeigt sich dasselbe Bild: steigende
durchschnittliche Einkommen, konstantes Glück. Mehr Einkommen hilft nicht, um glücklicher zuwerden, obwohl der materielle Wohlstand seit dem 2. Weltkrieg
enorm angestiegen ist.

> Mehr Einkommen
> macht nicht automa-
> tisch glücklich.

Der britische Ökonom Richard Easterlin[14], einer der Pioniere der ökonomischen Glücksforschung, kann sogar noch
mehr zeigen. Seine Untersuchungen zu den USA deuten an,
dass nicht nur das durchschnittliche Glücksempfinden, sondern auch das Glücksempfinden der verschiedenen Generationen über ihren Lebenszyklus stagniert. Obwohl die Menschen
insbesondere in den 50er und 60er Jahren viel reicher wurden,
wurden die gleichen Menschen, die etwa zu Beginn der 50er
Jahren noch arm waren, durch den erworbenen Reichtum in

den 50er und 60er Jahren nicht glücklicher, sondern traten was ihr Glücksempfinden betrifft an Ort und Stelle.

Die Stagnation des Glücksempfindens lässt sich auch bei sämtlichen Schichten der Gesellschaft beobachten. Die Daten zu den USA zeigen, dass es sowohl für Männer wie Frauen, Schwarze und Weiße und auch für hohe und tiefe Bildungsschichten gilt.[15] Das durchschnittliche Glücksempfinden lässt sich in Industrieländern durch Wirtschaftswachstum nicht erhöhen. Weder Auto noch Einfamilienhaus, weder Fernsehen noch Kühlschrank, weder Ferien in der Karibik noch Internet haben daran etwas geändert.

4.

Sind reiche Menschen
glücklicher als arme Menschen?

Aufgrund dieser Resultate könnte man jetzt vorschnell die Schlussfolgerung ziehen, dass Geld tatsächlich nicht glücklich macht. Doch so allgemein kann man das nicht sagen. Es gibt nämlich empirische Forschungen, die nicht das durchschnittliche Glücksempfinden der Bevölkerung untersuchen, sondern der Frage nachgehen, ob denn zu einem bestimmten Zeitpunkt die Reichen eines Landes glücklicher sind als die Armen.[16] Und, siehe da, sie sind es tatsächlich!

Tabelle 1 zeigt die Situation in den USA im Jahre 1994. Um eine Aussage über den Zusammenhang zwischen Glück und Einkommen machen zu können, wurde die Bevölkerung in verschiedene Einkommensklassen unterteilt. Für jede dieser Einkommensklassen wurde dann wiederum das aufgrund von Umfragen ermittelte durchschnittliche Glücksempfinden aus dem General Social Survey ermittelt. Tabelle 1 zeigt die Resultate für die verschiedenen Einkommensklassen.

Tabelle 1: Glück und Einkommen bei verschiedenen Einkommensklassen in den USA im Jahre 1994

Gesamtes Haushalts-einkommen	sehr glücklich (in %)	ziemlich glücklich (in %)	nicht so glücklich (in %)	Durch-schnittl. Glücks-rating
Durchschnitt für alle Ein-kommensklassen	28	60	12	2.4
weniger als 10 000	16	62	23	1,8
10 000 bis 20 000	21	64	15	2.1
20 000 bis 30 000	27	61	12	2.3
30 000 bis 40 000	31	61	8	2.5
40 000 bis 50 000	31	59	10	2.4
50 000 bis 75 000	36	58	7	2.6
über 75 000	44	49	6	2.8

Das durchschnittliche Glücksempfinden wurde aufgrund einer willkürlich gewählten Skala berechnet, bei welcher „sehr glücklich" mit 4, „ziemlich glücklich" mit 2 und „nicht so glücklich" mit 0 bewertet wurde.[17]

Die in Tabelle 1 wiedergegebenen Werte zeigen deutlich, dass die Menschen aus reichen Haushalten in den USA glücklicher sind als die aus armen Haushalten. Der Prozentsatz der Menschen, die sich als „sehr glücklich" bezeichnen, steigt von Einkommensklasse zu Einkommensklasse kontinuierlich an und erhöht sich von 16 Prozent bei der tiefsten Einkommensklasse auf 44 Prozent in der höchsten Einkommensklasse. Umgekehrt sinkt der Prozentsatz der Menschen, die sich als „nicht so glücklich" bezeichnen, von 23 auf 6 Prozent. Und betrachtet man den in der Tabelle ebenfalls angegebenen numerischen Wert in der Kolonne Glücksrating, dann nimmt dessen Wert von der ärmsten bis zur reichsten Einkommensklasse deutlich zu. Allerdings sind die Unterschiede in den mittleren Einkommensklassen nicht gerade groß und Mitglieder von Haushalten mit einem Einkommen von 25 000 Dollar sind etwa gleich glücklich wie Mitglieder von Haushalten mit einem Einkommen von 45 000 Dollar.

Die USA ist nun keineswegs ein Sonderfall. Zusammengefasste Daten aus den Eurobarometer Surveys, wo die Haushalte der EU-Länder in vier Einkommenskategorien unterteilt werden, zeigen, dass sich 88 Prozent der höchsten Einkommensklasse als „sehr zufrieden" oder „einigermaßen zufrieden" bezeichnen. In der untersten Einkommenskategorie liegt deren Anteil jedoch lediglich bei 66 Prozent.[18] Und selbst in der an sich schon reichen Schweiz nimmt die Prozentzahl derjenigen, die mit dem Leben nicht zufrieden sind, mit der Höhe des Einkommens ab.[19] Macht Geld also doch glücklich?

Vergleichen wir die verschiedenen Forschungsresultate, dann scheint hier zunächst ein Widerspruch vorzuliegen. Auf der einen Seite stagniert das durchschnittliche Glücksempfinden der gesamten Bevölkerung bei steigenden Einkommen. Doch auf der anderen Seite sind die Reichen glücklicher als die Armen: Dieser Widerspruch lässt sich aber auflösen, da es in Wirklichkeit um zwei unterschiedliche Sachverhalte geht. Was für den Einzelnen bzw. eine einzelne Einkommensgruppe gut ist, muss noch lange nicht gut für alle sein. Wenn der Einzelne mit steigendem Einkommen glücklicher wird, dann heißt dies nicht, dass die Gesamtheit der Bevölkerung bei steigendem Einkommen ebenfalls glücklicher wird. Das ist der Trugschluss der Verallgemeinerung, vor dem man sich auch in der Glücksforschung hüten muss.

Ein einfaches Beispiel möge diesen Trugschluss illustrieren. Stellen Sie sich ein Fußballspiel vor, bei dem alle Zuschauer auf der Tribüne sitzen und aufmerksam das Spiel verfolgen. Nun spielt sich eine spannende Szene vor dem Tor einer Mannschaft ab, das jedoch etwas weiter von der Tribüne entfernt ist. Unter diesen Umständen kann es leicht geschehen, dass ein Einzelner sich erhebt, um das Geschehen besser verfolgen zu können, was ihm einen persönlichen Vorteil in Bezug auf seine Sicht verschafft. Allerdings nicht für lange. Entweder wird er von den hinter ihm sitzenden Zuschauern lautstark daran erinnert, sich wieder hinzusetzen, oder diese stehen ebenfalls auf. Im zweiten Fall wird es nicht lange dauern, bis alle Zuschauer aufgestanden sind mit dem Resultat, dass niemand mehr einen Vorteil in dieser neuen Situation von stehenden Zuschauern hat. Alle sehen wieder genau gleich gut oder schlecht wie in sitzendem Zustand. Was für den Einzelnen, der zuerst aufgestanden ist, kurzfristig ein Vorteil war, bringt für die Gesamtheit der Zuschauer überhaupt nichts. Ganz im Gegenteil: Stehen ist auf die Dauer unbequemer als sitzen und dieser Nachteil wird sich nach einiger Zeit in den Beinen bemerkbar machen.

Ganz ähnlich wie beim Fußballspiel verhält es sich auch mit dem Zusammenhang zwischen Einkommen und Glück. Wenn ein Einzelner versucht, mehr Geld als die anderen zu verdienen, dann verbessert er damit seine Position in der Gesellschaft, da er andere mit seinem Einkommen übertrifft und im Vergleich zu diesen relativ reicher wird. Aber wie bei den Zuschauern beim Fußballspiel, verschlechtert dies die Situation der übrigen Mitglieder der Gesellschaft, da sie jetzt relativ ärmer geworden sind. Deshalb werden einige von ihnen zusätzliche Anstrengungen ergreifen, um ebenfalls mehr Geld zu verdienen. Doch leider können nicht alle reicher werden als alle andern. Das ist eine traurige Tatsache des Lebens. Selbst wenn das Einkommen absolut ansteigt, bleibt immer ein Prozentsatz der Bevölkerung relativ arm (unter dem Durchschnitt), so sehr sich dieser auch Mühe gibt und dafür abrackert, reicher zu werden.

Wenn deshalb das Glück der Menschen entscheidend von ihrem relativen Einkommen im Vergleich zu andern abhängt, dann ergibt sich aus den unterschiedlichen empirischen Forschungsresultaten kein Widerspruch. Werden alle Bürger eines Landes reicher, dann bleibt trotzdem immer ein bestimmter Prozentsatz der Bevölkerung relativ arm und damit unglücklich. Die gesamte Bevölkerung wird also nicht durch Geld glücklicher. Wird aber ein Einzelner reich, dann verbessert er damit seine relative Position in der Gesellschaft, was zu seinem persönlichen Glück beiträgt. Den Einzelnen kann Geld deshalb durchaus glücklich machen, solange die Anderen relativ arm bleiben. Dieses Thema wird uns in Kapitel 7, wo es um die Statustretmühle geht, noch ausführlicher beschäftigen.

5.
Können reichere Menschen mehr Dinge tun, die glücklich machen?

Wir wollen nun noch einen Schritt weiter gehen und uns die Frage stellen, welche Tätigkeiten denn tatsächlich glücklich machen und welche Tätigkeiten dem Glück abträglich sind. Wenn wir darüber Bescheid wissen, dann können wir anschließend auch feststellen, ob denn die Zeit, die für Tätigkeiten aufgewandt wird, die glücklich machen, mit steigendem Einkommen zunimmt, beziehungsweise ob die Zeit, die für unbefriedigende Tätigkeiten aufgewendet wird, zurückgeht. Denn wenn das nicht der Fall ist, hätten wir bereits eine erste Erklärung für die Tatsache, dass das durchschnittliche Glücksempfinden trotz steigender Einkommen konstant bleibt.

Allerdings ist es gar nicht so einfach herauszufinden, welche Tätigkeiten Menschen tatsächlich glücklich machen. Die nahe liegende Vorgehensweise wäre natürlich, die Menschen einfach zu befragen, was sie gerne tun oder lieber lassen würden. Leider erhält man auf diese Weise aber keine aussagekräftigen Antworten. Tätigkeiten werden nämlich rückblickend oft ganz anders bewertet, als während ihrer Ausübung.

Wir alle kennen das von den Ferien. Rückblickend sind Ferien fast immer ein tolles Erlebnis und nur selten wird sich jemand darüber beklagen, während den Ferien unglücklich gewesen zu sein. Ist man aber gerade in den Ferien, dann empfindet man die Situation häufig weit weniger euphorisch. Das Klima ist unerträglich heiß, fremdes Essen sorgt für Magenverstimmungen, das Hotelzimmer ist viel zu laut, Einheimische belästigen einen ständig mit irgendwelchen ungewollten Produkten und Dienstleistungen, Moskitos machen die an und für sich romantischen Mondnächte zu einer Qual, und dann ist es häufig auch ganz schlicht und einfach langweilig. All dies vergisst man aber gerne nach der Heimkehr und erinnert sich nur noch an die Highlights, selbst wenn diese nur einen Bruchteil der Ferienzeit ausmachten.[20] Dieses selektive Vergessen wirkt sich zwar insgesamt positiv auf unser Glücksempfinden aus, doch es verzerrt die Wahrnehmung.

> Ferien sind immer schön – rückblickend.

Wollen wir das Glückspotential verschiedener Tätigkeiten miteinander vergleichen, dann zählen vor allem die Gefühle, so wie man sie im Moment der Ausübung einer Tätigkeit empfindet. Bedeutende Glücksforscher wie Daniel Kahneman oder Mihaly Csikszenthmihaly haben deshalb diverse Anstrengungen unternommen, Methoden zur Ermittlung des jeweils in einem Moment empfundenen Glücks- oder Unglücksgefühls zu entwickeln. Gemäß Kahneman geht es darum, das sogenannte „erlebte Wohlbefinden" (experienced well-being) der Menschen empirisch zu erfassen, welches sich im Unterschied zum sogenannten „evaluierten Wohlbefinden" (evaluated well-being) nicht einfach durch Fragen ermitteln lässt.[21] Eine Pionierstudie auf diesem Gebiet stammt von Kahneman und einigen seiner Kollegen, die im Jahre 2004 in der renommierten ökonomischen Zeitschrift *American Economic Review* publiziert wurde. In dieser Studie nahmen die Wissenschaftler um Kahneman den Alltag von 1000 arbeitenden texanischen Frauen etwas genauer unter die Lupe, was diese gerne geschehen ließen, da sie dafür ordentlich bezahlt wurden. Das Durchschnittsalter der Frauen betrug 38 Jahre und ihr durchschnittliches Haushalts-einkommen lag bei 54 700 $. Um das momentane Empfinden dieser Frauen bei der Ausübung verschiedener Tätigkeiten im Tagesablauf zu ermitteln, wurden diese gebeten, den vorherigen Tag wie in einem Film in verschiedene Episoden zu unterteilen, während denen sie Tätigkeiten wie Essen oder Arbeiten nachgingen. Typischerweise kamen die Frauen auf 15 verschiedene Episoden pro Tag, für welche sie dann jeweils angeben mussten, wie sie sich dabei fühlten. Die Resultate der Studie sind in Tabelle 2 dargestellt und für einige Überraschungen gut.

Tabelle 2: Glücksempfinden bei verschiedenen Tätigkeiten[22]

Tätigkeiten	Glücksindex	Für die Tätigkeit im Durchschnitt aufgewendete Zeit (in Stunden)	Prozentzahl der Frauen, welche Tätigkeit ausführte
Sex	4.7	0.2	11 %
Geselliges Beisammensein mit Freunden	4.1	1.1	49 %
Abendessen	4.0	0.8	65 %
Entspannen	3.9	2.2	77 %
Mittagessen	3.9	0.6	57 %
Fitness	3.8	0.2	16 %
Kirche/Beten/Meditation	3.8	0.5	23 %
Fernsehen	3.6	2.2	75 %
Telefonieren	3.5	0.9	43 %
Ein Nickerchen machen	3.3	0.9	43 %

Tätigkeiten	Glücksindex	Für die Tätigkeit im Durchschnitt aufgewendete Zeit (in Stunden)	Prozentzahl der Frauen, welche Tätigkeit ausführte
Kochen	3.2	1.1	62 %
Einkaufen	3.2	0.4	30 %
Computer/ E-Mail/Internet	3.1	0.5	23 %
Hausarbeit	3.0	1.1	49 %
Pendeln von der Arbeit am Abend	2.8	0.6	62 %
Bezahlte Arbeit	2.7	6.9	100 %
Pendeln zur Arbeit am Morgen	2.0	0.4	61 %

Die Ergebnisse in Tabelle 2 sind eindeutig sowohl was die angenehmste als auch die unangenehmste Tätigkeit betrifft. Sex ist der absolute Spitzenreiter und keine andere Tätigkeit macht auch nur annähernd so glücklich. Allerdings hatten nur 11 Prozent der Frauen tatsächlich Sex an dem Tag, an dem die Studie durchgeführt wurde. Der Rest musste sich mit etwas weniger attraktiven Vergnügungen wie dem geselligen Beisammensein mit Freunden und Freundinnen nach der Arbeit oder dem Nachtessen begnügen. Ebenso klar ist auch, was die Frauen am meisten hassen. Es ist das morgendliche Pendeln zur Arbeit. Dieses ist wesentlich schlimmer als die Arbeit selbst, die an zweitletzter Stelle rangiert. Die geringe Freude an der Arbeit bei den untersuchten Texanischen Frauen lässt sich allerdings teilweise dadurch erklären, dass diese im Allgemeinen keine sehr attraktiven Jobs hatten.

Zusätzlich mussten die Texanischen Frauen jeweils auch noch angeben, mit wem sie die Zeit während den verschiedenen Episoden verbrachten, und wie viel Freude ihnen dieses Zusammensein bzw. das Alleinsein brachte. Die Ergebnisse sind in Tabelle 3 zusammengefasst.

Tabelle 3: Glücksempfinden beim Zusammensein mit verschiedenen Personen

Zusammensein mit folgenden Personen	Glücks-index	Durchschnittlich mit Personen verbrachte Zeit (in Stunden)	Prozentzahl der Frauen, welche mit Personen zusammen war
Mit Freunden	3.3	2.6	65 %
Mit Verwandten	3.0	1.0	38 %
Mit Ehegatten	2.8	2.7	62 %
Mit Kindern	2.7	2.3	53 %
Mit Kolleginnen/ Kollegen	2.6	5.7	93 %
Mit Kunden/ Geschäftspartnern	2.4	4.5	74 %
Alleinsein	2.2	3.4	90 %
Mit dem Boss	2.0	2.4	52 %

Am liebsten sind die texanischen Frauen mit Freunden bzw. Freundinnen zusammen, gefolgt von Verwandten und dem Gatten. Alleine sind die Frauen im Allgemeinen nur ungern und einzig das Zusammensein mit dem Boss wird als noch schlimmer eingestuft. Die Ergebnisse zeigen auch, dass ein Zusammensein mit anderen Menschen nur dann wirklich glücklich macht, wenn es nicht durch ökonomische Interessen bestimmt ist. Arbeits- bzw. Kundenbeziehungen bringen deutlich weniger Glück als die sozialen Kontakte außerhalb des Berufslebens.

Manch ein Leser oder eine Leserin wird sich jetzt vielleicht fragen, ob Sex tatsächlich eine so große Rolle für das Glück spielt, wie es aus der Befragung der texanischen Frauen hervorgeht. Diese Frage stellten sich auch die beiden Ökonomen David Blanchflower und Andrew Oswald und beschlossen, den Zusammenhang zwischen Sex und Glücksempfinden noch genauer zu ergründen. Ihre Studie „Money, Sex and Happiness" aus dem Jahr 2004 stützt sich auf eine Befragung von 16 000 Amerikanern und Amerikanerinnen – jetzt kommen also auch Männer zu Wort – und die Resultate machen deutlich, dass die texanischen Frauen mit ihrer Freude am Sex kein Sonderfall sind. Amerikaner und Amerikanerinnen, die im Jahr vor der Befragung keinen Sex hatten, waren eindeutig weniger glücklich als der Durchschnitt der Bevölkerung. So bezeichneten sich von den Menschen ohne aktives Sexualleben nur 23 Prozent als sehr glücklich, während es im Durchschnitt für alle 16 000 befragten Amerikaner und Amerikanerinnen 32 Prozent waren. Und sexuelle Inaktivität ist keineswegs selten. Diese betrifft in den USA zwanzig Prozent der Männer und vierzig Prozent der Frauen über 40. Viele Menschen leben also wie im Kloster, obwohl die meisten von ihnen wahrscheinlich nie die Absicht hatten, Mönch oder Nonne zu werden.

Blanchflower und Oswald wären nun keine Ökonomen, wenn sie nicht auch noch versucht hätten, den Wert eines aktiven Sexuallebens in Geld auszudrücken. Das Resultat: ein aktives Sexualleben ist 50 000 Dollar wert. Sexuell inaktive Menschen müssten ein zusätzliches Einkommen von 50 000 Dollar pro Jahr erhalten, um das gleiche Glücksgefühl zu haben, wie die Menschen mit aktivem Sexualleben. Diese Zahl sollte man nicht allzu ernst nehmen, aber sie bestätigt, dass Sex tatsächlich einen hohen Stellenwert für das Glück der Menschen hat, ganz egal ob es sich um Männer oder Frauen handelt. Es macht also keinen Sinn, sich für ein höheres Einkommen abzurackern, wenn man dafür längerfristig auf Sex verzichten muss. Denn Geld kann das Sexproblem nicht lösen. Aus der Studie von Blanchflower und Oswald geht nämlich zusätzlich hervor, dass bezahlter Sex mit Prostituierten zumindest in den USA nicht wirklich glücklich macht. Irgendwie brauchen die Menschen auch noch das Gefühl, geliebt zu werden.

Auch die Bedeutung eines attraktiven Soziallebens für das persönliche Glück wird in weiteren Untersuchungen bestätigt.[23] Der Glücksforscher Mihaly Csikszentmihaly geht noch einen Schritt weiter als Kahneman und seine Kollegen, indem er versucht, das momentane Glücksgefühl der Menschen direkt zu dem Zeitpunkt zu erfragen, an dem diese gerade eine Tätigkeit ausüben. In einer Untersuchung bei Studenten[24], mussten diese eine Uhr tragen, die zu zufällig ausgewählten Zeitpunkten jeweils ein Signal aussendete. In diesem Moment sollten die Studenten dann angeben, was sie gerade machten, und wie glücklich sie dabei waren. Die Resultate sind keineswegs überraschend. Am glücklichsten waren die Studenten, wenn sie mit Freunden zusammen waren oder aßen (Sex wurde in dieser Studie vorsichtshalber ausgeklammert). Die Studenten unterschieden sich in dieser Beziehung also nicht von den texanischen Frauen, bei denen (abgesehen vom Sex) ebenfalls das gesellige Beisammensein nach der Arbeit und das Abendessen die glücklichsten Momente am Tag waren. Am unglücklichsten waren die Studenten hingegen beim Erledigen von Hausaufgaben und beim Besuch von Vorlesungen. Ein Resultat, das ich als Professor durchaus nachvollziehen kann. Denn trotz jahrelanger Vorlesungstätigkeit bin ich immer noch in der Lage mir vorzustellen, dass es attraktivere Beschäftigungen gibt, als in meinen Vorlesungen zu sitzen!

> Die Glücksfaktoren: Sex, Zusammensein mit Freunden, gemeinsames Essen und Entspannung.

Es sind also letztlich einfache Dinge, die das Glück ausmachen: Sex, das gesellige Beisammensein mit Freunden und Freundinnen, gemeinsames Essen und Zeit für Entspannung. Negativ wirken sich hingegen Tätigkeiten aus, die Stress verursachen, wobei das morgendliche Pendeln zur Arbeit am schlimmsten ist. Nun lässt sich bereits eine Antwort auf die eingangs gestellte Frage geben: „Können die Menschen im

Durchschnitt ein höheres Einkommen so verwenden, dass danach mehr Zeit für glücklich machende Tätigkeiten zur Verfügung steht und weniger Zeit für unglücklich machende Tätigkeiten aufgewendet werden muss?" Die Antwort lautet eindeutig: Nein. Blanchflower und Oswald zeigen in ihrer oben erwähnten Untersuchung, dass kein Zusammenhang zwischen Einkommen und der Häufigkeit von Sex besteht. Auch die übrigen glücklichmachenden Tätigkeiten nehmen mit steigendem Einkommen nicht zu, sondern ab. Im Allgemeinen haben Menschen mit hohem Einkommen weniger Freizeit und damit auch weniger Zeit, um Freunde zu treffen und zwanglos mit diesen zusammen zu sein und sich zu entspannen.[25] Wofür sie hingegen typischerweise mehr Zeit aufwenden, ist ausgerechnet das Pendeln zur Arbeit. Den meisten Menschen ist es nach wie vor ein Anliegen, ein höheres Einkommen in ein Einfamilienhaus im Grünen umzusetzen, und dafür nimmt man dann längere Arbeitswege in Kauf, da deren negativer Einfluss auf das Glück meist unterschätzt wird. Auf all diese Zusammenhänge werden wir in Kapitel 10 noch ausführlicher zurückkommen.

Das entscheidende Fazit kann aber bereits hier gezogen werden. Steigendes Einkommen führt paradoxerweise dazu, dass tendenziell weniger Zeit für glücklich machende Tätigkeiten zur Verfügung steht, aber mehr Zeit für unglücklich machende Tätigkeiten aufgewendet wird. Wir sind auf dem besten Weg, zu einer „lustfeindlichen Pendlergesellschaft" zu werden.

6.

Mehr Geld, weniger Zeit – Menschen im Stress

Die bisher dargestellten Forschungsresultate zeigen, dass das Glücksempfinden der Bevölkerung bei steigendem Durchschnittseinkommen stagniert. Und die Menschen sind im Allgemeinen nicht in der Lage, bei höherem Einkommen mehr Dinge zu tun, die ihnen Spaß machen. Aber das ist noch nicht alles. Weitere Untersuchungen zeigen auf, dass sich auch immer

mehr Menschen gestresst fühlen.[26] Sie glauben, nie genügend
Zeit für die Dinge zu haben, die ihnen wichtig sind. So ist es
auch kein Wunder, wenn viele Menschen in Umfragen angeben, dass sie es vorziehen würden, weniger zu arbeiten, selbst
wenn das ihr Einkommen beeinträchtigt.[27] Aber meistens tun
sie es dann doch nicht, denn die in Teil II beschriebenen Tretmühleneffekte hindern sie daran und in vielen Firmen und Institutionen ist es nach wie vor schwierig, weniger zu arbeiten.

Im Unterschied zur Glücksforschung kann die Stressfor-
schung allerdings über keine Weltdatenbank wie den World
Values Survey verfügen. Und auch die Veränderung des Stress-
empfindens über die Zeit hinweg ist weit weniger gut erfasst,
als die des Glücks. Trotzdem gibt es entsprechende Daten, auch
wenn man sich diese mühsam zusammensuchen muss. Für die
Länder Australien, Deutschland und Korea liegen umfangreiche
neuere Daten vor, die aufzeigen, dass sich ein erheblicher
Prozentsatz der Bevölkerung fast immer oder oft gestresst
fühlt. In Deutschland ist das etwa ein Drittel, in Australien fast
die Hälfte und in Korea sind es sogar zwei Drittel. Die genauen
Ergebnisse können der folgenden Tabelle entnommen werden:

Tabelle 4: Stress um das Jahr 2000. Resultate von Surveys aus
Australien, Deutschland und Korea. Die Tabelle zeigt welche
Prozentzahl der Menschen sich wie stark gestresst fühlt.[28]

	Australien		***Deutschland***		*Korea*	
Unter Stress?	Männer	Frauen	Männer	Frauen	Männer	Frauen
Fast immer	10.7	14.7	5.6	5.4	28.2	26.3
Oft	32.8	35.8	28.7	31.0	42.6	42.2
Manchmal	41.9	39.3	38.2	41.7	20.6	22.8
Nie	1.6	1.1	10.4	8.0	8.7	8.6
Zahl der Befragten	2869		3076		4241	

Die großen Unterschiede zwischen den Ländern sollte man allerdings nicht überinterpretieren. In Deutschland etwa ist das Wort Stress negativ besetzt und man findet es im Allgemeinen nicht gut, gestresst zu sein. In Korea ist das möglicherweise ganz anders. Stress deutet auf einen hohen Arbeitsaufwand hin, was in der dortigen arbeitsorientierten Gesellschaft als erstrebenswert gilt. Folglich geben Koreaner auch eher an, gestresst zu sein, denn schließlich erwartet man das von einem anständigen Arbeitnehmer, während ein anständiger Arbeitnehmer in Deutschland sich auch um seine Familie und seine Work-Life Balance kümmert.

Die Tabelle zeigt auch deutlich, dass es in Bezug auf Stress keine großen Unterschiede zwischen Männern und Frauen gibt. Geht man allerdings etwas mehr ins Detail und untersucht verschiedene Gruppen der Bevölkerung, die sich in Bezug auf Alter Einkommen und Familiensituation unterscheiden, dann beobachtet man erhebliche Differenzen. So hat etwa das Alter einen deutlichen Einfluss. Es zeigt sich, dass die Menschen in ihrer Lebensmitte, das heißt in einem Alter um die 40, am meisten gestresst sind. Sowohl die Jungen als auch die Alten fühlen sich hingegen weniger gestresst. Allerdings sind die Gründe für den Stress in der Lebensmitte bei Männern und Frauen verschieden. Bei Männern rührt der Stress fast immer von ihrer Arbeit her, da sie in diesem Alter so mit ihrer Karriere beschäftigt sind, dass für andere Dinge zu wenig Zeit bleibt. Bei Frauen wird der Stress hingegen oftmals von der Dreifachbelastung durch Beruf, Kinder und Haushalt verursacht.[29]

Auch Ausbildung und berufliche Qualifikation führen zu unterschiedlicher Betroffenheit durch Stress. Beruflich hochqualifizierte Menschen sind gestresster als ihre weniger qualifizierten Kollegen und Kolleginnen. Das ist der Preis, den man für die Karriere bezahlt. In ihrer detaillierten Studie über die Arbeitnehmer in der amerikanischen Firma Amerco, die 1997 unter dem Titel „The Time Bind" publiziert wurde, zeigt die Soziologin Arlie Russel Hochschild, dass die am besten qualifizierten

Arbeitnehmer auch am meisten Zeit am Arbeitsplatz verbrachten. Und da höhere berufliche Qualifikation meist mit höherem Einkommen verbunden ist, steigt der Stress auch mit dem Einkommen. Das heißt nun keineswegs, dass Armut entspannend ist und Reichtum nur zu Stress führt.

Höheres Einkommen = mehr Stress.

Auch Armut ist mit erheblichem Stress verbunden, da ständige Geldprobleme nicht gerade zu einem entspannten Gemütszustand führen. Aber hat das Einkommen einmal ein bestimmtes Niveau erreicht, dann muss man sich ein höheres Einkommen mit mehr Stress erkaufen.

Den offensichtlich größten Einfluss auf den Stress hat aber die familiäre Situation. Singles und verheiratete Paare ohne Kinder sind eindeutig am wenigsten gestresst. Am höchsten ist der Stress bei Doppelverdienerfamilien (vor allem für die Frauen) und bei alleinerziehenden Müttern. In traditionellen Familien, wo nur der Mann arbeitet, ist der Stress für Frauen wesentlich geringer als in einer Doppelverdienerfamilie, wenn auch immer noch höher als für Singles und Paare ohne Kinder.[30] Gerade die Zahl der Doppelverdienerfamilien hat aber stark zugenommen, denn sie gilt als das Idealmodell der heutigen Gesellschaft. In Holland, wo man das genau untersucht hat, waren im Jahr 1998 56 Prozent der Haushalte Doppelverdienerfamilien, während dieser Prozentsatz im Jahre 1986 erst bei 26 Prozent lag.[31] Für weitere Länder liegen Daten vor, was den Prozentsatz der Doppelverdienerfamilien mit Kindern unter 5 Jahren betrifft. In Schweden sind das 56 Prozent, in Deutschland 48 Prozent, in Italien 44 Prozent und in Kanada 35 Prozent der Haushalte.[32]

Weitere Untersuchungen deuten darauf hin, dass Stress vor allem in den 90er Jahren zugenommen hat. Tabelle 5 zeigt die Resultate der Studien für verschiedene Länder.

Tabelle 5: Zunahme von Stress in verschiedenen Ländern[33]

Land	Zeitperiode	Stress bezogen auf	Resultat
USA	1971–1992	Das Leben im Allgemeinen	Die Prozentzahl der Menschen, die sich immer gestresst fühlt ist von 22 Prozent auf 38 Prozent angestiegen.
Australien	1990–2000	Das Leben im Allgemeinen	Die Prozentzahl der Menschen, die angibt, dass der Stress im Jahr 2000 höher war als im Jahr 1990, liegt bei 91 Prozent.
Deutschland	1991–1999	Das Leben im Allgemeinen	Die Prozentzahl der Menschen, die angibt, häufig unter Zeitdruck zu sein, erhöhte sich von 25 Prozent auf 46 Prozent.
UK	1992–2001	Arbeit	Die Prozentzahl der Arbeitnehmer, die der Ansicht sind, dass der Stress am Arbeitsplatz erheblich ist, erhöhte sich von 48 Prozent auf 58 Prozent.
Kanada	1991–2001	Arbeit	Die Prozentzahl der Arbeitnehmer, die angibt, am Arbeitsplatz unter starkem Stress zu stehen, hat sich von 38 Prozent auf 55 Prozent erhöht.

Die Resultate dieser Tabelle zeigen, dass die Menschen sowohl am Arbeitsplatz als auch ganz allgemein in ihrem Leben immer mehr Stress empfinden. Das bringt uns zu der Frage nach den möglichen Ursachen dieser Zunahme. Arbeiten die Menschen mehr, so dass sie weniger Freizeit haben? Arbeiten die Menschen gleich viel wie früher, aber hat der Zeitdruck während der Arbeit zugenommen? Oder betrifft der Stress auch die Freizeit selbst, wo immer mehr Dinge erledigt werden müssen?

Mögliche Antworten auf diese Fragen geben sogenannte „Time Surveys" für verschiedene Länder. Diese Surveys geben darüber Auskunft, was die Menschen während eines Tages alles machen, und wie viel Zeit sie für die einzelnen Tätigkeiten aufwenden. In den Ländern, für welche solche Surveys vorliegen, erkennt man in den letzten Jahrzehnten keine Zunahme der für die Arbeit aufgewendeten Zeit (Korea ist eine Ausnahme), wobei hier auch Überstunden und zu Hause erledigte Arbeiten miteingeschlossen sind.[34] Die Hauptursache scheint in der Zunahme des Zeitdrucks zu liegen, den die Menschen sowohl während der Arbeitszeit als auch in ihrer Freizeit spüren. Es müssen immer mehr Aufgaben innerhalb des gleichen Zeitbudgets erfüllt werden. Und wenn man während der Arbeit gestresst ist, dann lässt man diesen Stress nach Feierabend nicht einfach wie irgendwelche Akten am Arbeitsplatz zurück, sondern trägt ihn auch nach der Arbeit mit sich herum. Insgesamt beobachten wir eine Beschleunigung, Intensivierung und Fragmentierung der Zeit sowohl am Arbeitsplatz als auch in der Freizeit, wie dies bereits der Schwedische Ökonom Staffan Burenstam Linder im Jahre 1970 in seinem damals berühmten Buch „The Harried Leisure Class" beschrieben hat. Dieses Thema wird uns bei der Darstellung der Zeitspartretmühle noch weiter beschäftigen.

Teil II:

Tretmühlen, die Glück versprechen, es aber verhindern

*„Für die Nobelklasse einer Gesellschaft sind ökonomische Aktivitäten nur ein Mittel zum Zweck.
Für die Mittelklasse sind sie der eigentliche Zweck.
Ihre Mitglieder wollen reicher sein und nicht reich."*

(NICOLAS GOMEZ DAVILA)

Im Folgenden werden vier verschiedene Tretmühleneffekte beschrieben, die dafür sorgen, dass die Menschen trotz stets steigenden durchschnittlichen Einkommens nicht glücklicher werden.[35] Zwei dieser Tretmühlen, die Statustretmühle und die Anspruchstretmühle, sind vor allem in der angelsächsischen Literatur bereits ein Begriff. Die anderen beiden Tretmühlen, die Multioptionstretmühle und die Zeitspartretmühle werden in diesem Buch erstmals als solche beschrieben, auch wenn die dahinter liegenden Mechanismen teilweise bekannt sein mögen. Alle vier Tretmühlen hängen wiederum eng miteinander zusammen und verstärken sich oftmals auch gegenseitig.

Die Tretmühlen sind im Grunde das Resultat von kollektiv irrationalem Verhalten, das jedoch zu einem festen Bestandteil unseres Sozialverhaltens geworden ist. Im täglichen Leben lassen sich die Tretmühlen deshalb oft kaum erkennen. Nur wenn man über das Funktionieren der Tretmühleneffekte Bescheid weiß, kann man auch Maßnahmen ergreifen, um ihnen zu entkommen.

7.
Die Statustretmühle

Das Auto – oder: wenn alle Mercedes fahren

Stellen Sie sich ein Dorf vor irgendwo in Westeuropa nach dem Ende des Zweiten Weltkrieges. Fast niemand besaß damals ein motorisiertes Fahrzeug – Fahrräder waren das normale Transportmittel. Unter diesen Umständen war es bereits ein Zeichen von Reichtum, wenn jemand Besitzer eines Motorrads war. Das Motorrad war ein Statussymbol, welches erlaubte, die eigene Position auf höchst attraktive Weise zu signalisieren. Hast du was, dann bist du was! Denn was gibt es Schöneres, als mit dem Motorrad an Fußgängern und Radfahrern vorbeizubrausen und deren Bewunderung und Neid mit dem Fahrtwind einzusaugen?

Allerdings blieb es nicht lange bei diesem Zustand. Das aufkommende Wirtschaftswachstum der Nachkriegszeit sorgte für eine Zunahme des allgemeinen Wohlstandes und immer mehr Dorfbewohner konnten sich ein Motorrad leisten. Das erhöhte zwar das Lebensglück der neuen Motorradbesitzer, aber für die vormaligen Motorradbesitzer war es weniger spaßig, denn sie waren jetzt nichts Besonderes mehr. Niemand drehte mehr den Kopf, wenn ein Motorrad vorbeibrauste.

Die Reichen des Dorfes brauchten also ein neues Statussymbol und fanden dieses bald im Auto. Durch den Besitz eines Autos waren sie erneut in der Lage, ihren Status gegenüber dem Rest der Bevölkerung zu signalisieren. Aber dann wiederholte sich die Geschichte. Mehr und mehr Menschen waren in der Lage, ein Auto zu kaufen, da die 50er und 60er Jahre mit ihren hohen Wachstumsraten für einen raschen Anstieg der Einkommen sorgte. Es dauerte nicht lange, bis auch der Besitz eines Autos etwas Alltägliches war, und die Reichen mussten immer speziellere Automodelle fahren, um überhaupt noch aufzufallen. Die Automobilindustrie ließ sich diese Chance natürlich nicht entgehen und entwickelte stets neue Luxusmodelle, um die Reichen und Neureichen in ausreichendem Maß mit den begehrten Statusgütern zu versorgen.

Doch Statussymbole entwerten sich rasch. Das Luxusauto von gestern wird schnell zum Durchschnittsauto von heute und ist dann kein Statussymbol mehr. Ein paar Jahre nach der Einführung der ersten Mercedes-Modelle der S-Klasse verloren diese ihre Funktion als Statussymbol, da sie in den Straßen zu häufig gesichtet wurden.

> Das Luxusauto von gestern wird schnell zum Durchschnittsauto von heute.

Mercedes kam deshalb schnell mit neuen Modellen der S-Klasse auf den Markt, die den Statuscharakter dieser Modellreihe für eine gewisse Zeit wiederherstellten. Allerdings nur so lange bis auch diese vom mittleren Kader gefahren wurden, und damit für das obere Kader nicht mehr als Statussymbole taugten. Bis heute haben wir eine ganze Reihe von Modellen der S-Klasse erlebt, und alle erfuhren mehr oder weniger dasselbe Schicksal. Nur wenige exklusive Marken wie etwa Bentley oder Rolls Royce etablierten sich als nachhaltige Statussymbole.

In letzter Zeit haben die Hersteller von Luxusautomobilen eine neue Strategie entwickelt, um die Palette ihrer Modelle noch besser den verschiedenen Statusbedürfnissen anzupassen. BMW, Mercedes und Lexus machten ihre normalen Luxusmodelle für eine breitere Käuferschicht erschwinglich und brachten gleichzeitig neue Superluxusmodelle auf den Markt, die einer exklusiven Klientel vorbehalten bleiben.[36] So waren im Jahr 1980 nur 9 Prozent der verkauften Autos von Mercedes solche der S-Klasse. Im Jahre 2001 waren es bereits 28 Prozent, aber gleichzeitig wurden jetzt auch 6 Prozent der Verkäufe mit der neuen Superluxusmarke Maybach erzielt. Ein Maybach kostet etwa 10 Mal soviel wie ein „normaler" Mercedes und bleibt damit für den durchschnittlichen Autokäufer unerschwinglich. Auf diese Weise ermöglichte Mercedes eine Diversifizierung des Statusgutes „Auto". Die relativ dünne Oberschicht kann ihren Status jetzt mit den neuen Maybachs demonstrieren, ohne fürchten zu müssen, dass bald ein Maybach vor jedem Einfamilienhaus steht. Aber auch die ambitionierte Mittelklasse ist weiterhin in der Lage, ihren etwas bescheideneren Status mit den neuen Modellen der S-Klasse zu signalisieren, denn es finden sich immer noch genügend Menschen, die sich diese nicht leisten können.

In den letzten Jahren wurde es auch zunehmend populär, Status gleich direkt mit Größe und Gewicht anzudeuten. Seit die ersten Luxusgeländewagen (sport utility vehicles) auf den Markt gekommen sind, erfreuten sich diese neuen Straßengiganten einer steigenden Beliebtheit und fast jeder Automobilhersteller hat diese mittlerweile in seinem Angebot. Das ist kein Wunder, denn Luxusgeländewagen sind nicht nur Statussymbole, sondern sie demonstrieren auf simple Weise auch noch Macht und Power. Und davon kann man wirklich nie genug bekommen in einer Zeit, wo Minderwertigkeitskomplexe aus jeder Ecke sprießen.

Doch obwohl die Automodelle immer größer, raffinierter, schneller und luxuriöser wurden, sind die Menschen, wie wir aus Teil I wissen, im Durchschnitt kein bisschen glücklicher als nach dem Ende des Zweiten Weltkriegs. Ganz egal wie hoch der Wohlstand auch war, es konnte sich immer nur eine kleine Minderheit die Modelle leisten, die in einem bestimmten Jahr Statussymbole waren. Die Situation ist deshalb heute praktisch dieselbe wie nach dem Zweiten Weltkrieg. Damals wurden die wenigen Besitzer von Motorrädern beneidet und heute sind es die Besitzer von Maybachs und ähnlichen Modellen.

Natürlich gibt es immer noch Menschen, die einfach nur einen fahrbaren Untersatz haben wollen. Doch wenn Autos nur für diesen Zweck konstruiert wären, dann würde es auf unseren Straßen ganz anders aussehen. Die Autos wären insgesamt viel kleiner, leichter und kompakter und damit auch wesentlich sparsamer in Verbrauch. In Wirklichkeit ist das Auto zu einem der wichtigsten Statusgüter geworden, da sich kaum ein anderes Gut so gut für diesen Zweck eignet.[37] Ein Auto steht nämlich im Allgemeinen nicht eingeschlossen in einer Garage, sondern sein Besitzer fährt mit diesem in der Gegend herum, und zwingt so seine Umgebung dazu, ihn und sein Gefährt wahrzunehmen. Und es braucht auch keine grosse Bildung, um zu wissen, welche Automodelle Statuscharakter haben und welche nicht. Eine Untersuchung zeigt auf, dass bereits Kinder im Grundschulalter den sozialen Status einer Person aufgrund des von ihr gefahrenen Autos einschätzen können.[38]

Die folgende wahre Begebenheit aus einer Firma illustriert, dass man die Bedeutung des Autos als Statussymbol kaum überschätzen kann.[39] In dieser Firma hatten die Manager Anrecht auf Firmenautos, wobei das Budget für diese Autos von der beruflichen Stellung abhing. Der untere Kader hatte ein Budget, welches für den Kauf eines BMW der 3er-Serie oder eines Mercedes der C-Klasse reichte. Das Budget des mittleren Kaders reichte für einen BMW der 5er-Serie oder einen Mercedes der E-Klasse. Und der oberste Kader konnte sich einen BMW der 7er Serie oder einen Mercedes der S-Klasse leisten.

Nun gelang es einem Juniormanager dieser Firma einen Deal mit einem Autohändler abzuschließen, der es ihm erlaubte, mit dem Budget für einen BMW der 3er-Serie einen BMW der 5er-Serie zu kaufen. Sofort ging ein empörter Aufschrei durch die ganze Firma und dem Juniormanager wurde vorgeworfen, gegen die Firmenkultur verstoßen zu haben. Die Firma reagierte, indem sie in der Folge explizit festschrieb, dass Manager des unteren Kaders „nur" berechtigt waren, einen BMW der 3er-Serie oder einen Mercedes der C-Klasse zu fahren. Wenn es um Status geht, dann verstehen die Menschen keinen Spaß.

Warum braucht ein Milliardär eine weitere Milliarde? – Der Wettbewerb um Status

Neben dem Auto gibt es noch eine ganze Reihe weiterer Güter, die sich als Statussymbole durchgesetzt haben: Häuser, Wohnungseinrichtungen, Kleider oder Bilder berühmter Künstler können alle dazu dienen, dem Rest der Bevölkerung den eigenen Status zu signalisieren.[40] Ein anderes Beispiel sind Golf-Schläger. Wenn man etwa ein Set von Callaway-Golfschlägern mit Premium-Titan (Big Bertha Clubs) besitzt, dann darf man sich offenbar der Oberklasse der Golfspieler zugehörig fühlen. Jake, ein 34-jähriger Bauarbeiter in den USA, musste mit seinem nicht gerade hohen Einkommen mehr als ein Jahr sparen, um sich diese zu erwerben. Den Kaufentscheid begründete er dabei folgendermaßen: „Der wahre Grund warum ich die Big Bertha Clubs gekauft habe liegt darin, dass ich mich reich fühle durch ihren Besitz. Man kann Besitzer der größten Firma der Welt sein oder einer der reichsten Männer der Welt. Aber man kann auch dann keine besseren Golfschläger als diese erwerben."[41]

Allgemein zeichnen sich Statusgüter (auch Positionsgüter genannt) dadurch aus, dass sie in begrenzter Zahl vorhanden und deshalb auch nur für eine Minderheit erschwinglich sind. Andernfalls können sie keinen Status signalisieren, wie dies der

Ökonom Fred Hirsch in seinem (1976) publizieren Buch „Die sozialen Grenzen des Wachstums" prägnant beschrieben hat.[42] Statusgüter werden nicht nachgefragt, weil man mit ihnen irgendein absolutes Bedürfnis wie Hunger, Wohnen oder Mobilität befriedigen kann. Sie werden nachgefragt, um relative Bedürfnisse wie Geltung oder Status zu befriedigen, was nur dann möglich ist, wenn die Mehrheit sich diese Güter nicht leisten kann. Bei der Befriedigung eines absoluten Bedürfnisses achtet man nicht darauf, ob andere dieses Bedürfnis auch befriedigen können oder nicht. Wenn ich Hunger habe, und mich dann satt essen kann, ist es mir egal, ob andere sich ebenfalls satt essen. Bei der Befriedigung eines relativen Bedürfnisses kommt es jedoch gerade darauf an, dass andere dieses Bedürfnis nicht gleichzeitig befriedigen können. Wenn ich meinen Status durch den Kauf eines Maybach demonstrieren will, dann geht das nur, wenn der Großteil der Bevölkerung nicht in der Lage ist, dieses Bedürfnis ebenfalls zu befriedigen. Das Glück bei der Befriedigung relativer Bedürfnisse hängt also vom Vergleich des eigenen Konsums bzw. Besitzes von Gütern mit dem Konsum bzw. Besitz von Gütern anderer Personen ab.

Der Wettbewerb um Status wird allerdings nicht ausschließlich mit materiellen Gütern ausgetragen. Je mehr Güter allgemein erschwinglich sind, desto mehr dehnt sich der Statuswettbewerb auch auf Konsumpraktiken und Lifestyle aus. Egal, ob es um Mitgliedschaft in einem exklusiven Golfklub, um interkontinentale Erste-Klasse-Flüge oder um die Einladung zu einer VIP-Party geht. Immer geht es auch darum, Status zu signalisieren. Männer zeigen ihren Status zusätzlich auch gerne mit attraktiven Freundinnen oder Frauen, während Frauen umgekehrt ihre Geltung mit reichen oder berühmten Männern zu verbessern versuchen. Bei Professoren hingegen hängt der berufliche Status in erster Linie von der Länge ihrer Publikationslisten und der Häufigkeit der Zitierungen ihrer Werke ab. Auch in diesem Fall geht es darum, besser dazustehen als die übrigen Professoren. Insgesamt führt der Statuswettbewerb zu vielen Verlieren und wenigen Gewinnern, so dass die Mehrheit garantiert unzufrieden bleibt. Doch das Glück der Gewinner hängt wiederum genau davon ab, dass der Rest sie beneidet. Denn, wie schon Willhelm Busch wusste: „Neid ist die aufrichtigste Form der Bewunderung."

Doch wer sind nun die „relevanten Anderen", die Referenzgruppe, die man mit den Statusgütern beeindrucken will und mit denen man sich vergleicht? Die Amerikanische Ökonomin Juliet Schor hat dies etwas genauer erforscht und die Angestellten einer Telefongesellschaft in den USA befragt.[43] Was dabei herauskam, ist kaum überraschend. 28 Prozent gaben an, dass Freunde die wichtigste Referenzgruppe darstellen. An zweiter Stelle folgten die Arbeitskollegen (22 Prozent) und 12 Prozent nannte Verwandte. Wir vergleichen uns also tendenziell mit den Menschen, mit denen wir am meisten Zeit verbringen, sei es im Privatleben oder im Beruf. Und natürlich spielen auch Menschen eine Rolle, welche dieselbe Tätigkeit in einem anderen Unternehmen oder einer anderen öffentlichen Organisation in der gleichen Gegend bzw. im gleichen Land ausführen.

> „Neid ist die aufrichtigste Form der Bewunderung."

Zum Beispiel wird es einen Bankangestellten bei der Schweizer Großbank UBS sehr stark interessieren, wie viel er im Vergleich zu seinen Kollegen verdient. Und es ist ihm auch nicht gleichgültig, wie viel jemand für denselben Job bei der anderen Schweizer Großbank, der Credit Suisse verdient. Es wird ihm aber ziemlich egal sein, wie viel ein Bankangestellter in Japan für den gleichen Job erhält, denn der lebt unter anderen Bedingungen und ist einfach zu weit weg, um noch relevant zu sein. Selbst im Zeitalter der Globalisierung vergleichen wir uns in erster Linie mit Menschen in unserer Umgebung, die den gleichen beruflichen oder sozialen Hintergrund haben. Der englische Philosoph Bertrand Russel hat dies einst so formuliert: „Bettler beneiden keine Millionäre, sondern andere Bettler, die mehr verdienen als sie selbst." Am schönsten ist es immer noch, wenn man mehr erreicht hat als die ehemaligen Schulkollegen, die einen damals in der Schule gehänselt haben.

Die Grundlage des ganzen Wettbewerbs um Status bildet das Einkommen, denn ohne entsprechend zu verdienen, kann man auch keine Statusgüter erwerben. Also versuchen die Menschen auf dem Arbeitsmarkt ihren Status durch entsprechende Karriereschritte zu verbessern. Wenn man einen Job mit hohem Prestige und entsprechend hohem Einkommen hat, dann macht das ungeheuren Eindruck, und der Neid der Umgebung ist einem bereits sicher. Man muss schon sehr attraktiv oder sehr berühmt sein, damit man bei seiner Umgebung dieselbe Wirkung erzielt. Und auch das Einkommen selbst wird dabei zunehmend zum Statussymbol, wie dies der Amerikanische Ökonom Duesenberry bereits im Jahre 1949 mit dem bekannten Satz „Keeping up with the Joneses" beschrieb. Die Menschen versuchen ständig, ihr Einkommen auf dem Niveau ihrer Freunde, Bekannten, Nachbarn und Kollegen zu halten. Und wenn diese Karriere machen und mehr verdienen, dann muss man selbst auch an die Säcke, um seinen sozialen Status nicht zu verlieren. Eine umfangreiche Studie mit Daten aus den USA zeigt dies deutlich.[44] Je höher das Einkommen der Menschen in der Umgebung (der Nachbarn im weitesten Sinn) ist, umso unglücklicher fühlen sich dort die Menschen mit geringerem Einkommen, denn das macht sie relativ ärmer.

Besonders extreme Formen hat dieser Statuswettbewerb um ein hohes Einkommen unter Topmanagern von Großbetrieben angenommen. Hier ist das Einkommen zum reinen Statussymbol geworden, wo es nur noch darum geht, mehr als andere Topmanager zu verdienen. Wie es schon der Autor Jerome Barkow in seinem 1989 erschienenen Buch „Darwin, Sex and Status" treffend formuliert hat: „Warum braucht ein Milliardär noch eine weitere Milliarde? Nur um einen höheren Status zu haben als ein anderer Milliardär, der nur eine Milliarde Vermögen hat." Nähme man Managern, die im Jahr 10 Millionen Euro verdienen, jedes Jahr einfach eine Million von ihrem Bankkonto weg, dann würden sie es vermutlich nicht einmal merken, denn auf ihr Leben hat das nicht die geringste Auswirkung.

In seinen Memoiren beschreibt der frühere Hedge Fund Manager James Cramer wie relatives Denken seinen beruflichen Alltag prägte[45]:

„Gute Fonds-Manager vergleichen sich immer untereinander. Als ich bei Cramer Berkowitz arbeitete, schaute ich jeden Tag, wie erfolgreich die anderen Fonds-Manager waren und ich konnte es nicht ertragen, von ihnen geschlagen zu werden. Ich wurde wahnsinnig, wenn Richie Freeman von Smith Barney Aggressive Growth oder Paul Wick an einem Tag mehr Gewinn machten als ich. Ich verfolgte ihr Abschneiden, so wie man im Sport seiner Gegner während eines wichtigen Spiels beobachtet. Ich war nicht zufrieden damit, wenn ich Gewinne erzielte. Meine Gegner mussten verlieren, damit es ein wirklich guter Tag für mich war. Gewannen hingegen die anderen und verlor ich selbst, dann musste ich die Tränen zurückhalten."

> Extremwettbewerb: top on the top sein.

Die absolute Summe der Gewinne spielte für James Cramer also kaum eine Rolle. Wichtig war es Konkurrenten wie Richie Freeman oder Paul Wick im Wettbewerb um den besten Fonds-Manager zu schlagen.

Die hohe Bedeutung des relativen Einkommens im Leben vieler Menschen wurde auch durch empirische Forschungen bestätigt. Bei einer Umfrage in den USA aus dem Jahre 1991[46] gaben 35 Prozent der Befragten an, dass sie in Zukunft zu den Spitzenverdienern (die reichsten 6 Prozent) gehören wollten, die im Durchschnitt 250 000 $ im Jahr verdienten. Und weitere 49 Prozent gaben an, dass sie zumindest zu den Gutverdienenden gehören wollten (die nächsten 12 Prozent unterhalb der 6 Prozent Spitzenverdiener). Nur 15 Prozent der Befragten waren zufrieden damit, in Zukunft zur Mittelklasse zu gehören. Schade, dass die meisten dieser Hoffnungen in der Zwischenzeit schon zerstört worden sind.

In einer weiteren Untersuchung wurden Studenten der Harvard Universität befragt, in welcher Welt sie lieber leben möchten.[47] In einer Welt, in der sie selbst 50 000 $ verdienen und alle anderen 25 000 $ oder in einer Welt, in der sie selbst 100 000 $ verdienen und alle anderen 250 000 $. Das Resultat ist nicht schwierig zu erraten. Eine Mehrheit zog die erste Welt vor, in der man zwar absolut weniger verdient, aber im Vergleich zu den anderen reicher ist. Das relative Einkommen zählt mehr als das absolute Einkommen, sobald einmal ein bestimmtes Mindestniveau überschritten ist. Das bestätigt auch eine neue Untersuchung bei britischen Arbeitern. Die absolute Höhe ihres Einkommens ist ihnen für das Glück weniger wichtig, als das Einkommen im Vergleich zu den Kollegen.[48]

Doch wie wird nun aus dem Status-Wettbewerb tatsächlich eine Tretmühle? Wie schon erwähnt ist es unmöglich, dass jeder jeden schlagen kann. Nur ein paar wenige sind jeweils Spitze und der Rest ist Durchschnitt, oder noch schlimmer, unter dem Durchschnitt. Der Wettbewerb um Status ist für die Gesamtheit ein Nullsummenspiel.[49]

> Der Wettbewerb um Status ist ein Nullsummenspiel.

Das gilt auch in Bezug auf das Einkommen, wo es weiterhin Gewinner und Verlierer gibt, auch wenn alle im Durchschnitt immer mehr verdienen. Statussymbole erhöhen das Glück des einen auf Kosten des Glücks eines anderen, denn derjenige, der das Statussymbol besitzt, kann dieses nur dann genießen, wenn der andere es nicht auch besitzt. Im Durchschnitt wird durch den Statuswettbewerb nichts gewonnen, auch wenn sich alle noch so sehr abmühen, besser als die anderen zu sein. Das ist zwar offensichtlich, doch in der Realität glaubt weit mehr als 50 Prozent der Bevölkerung daran, in Zukunft besser zu sein als der Durchschnitt. Menschen besitzen ein zu großes Vertrauen in ihre eigenen Fähigkeiten (overconfidence)[50] und sehen sich in Gedanken oftmals schon in einer Spitzenposition. Die Realität kann da allerdings oft nicht mithalten. So gaben etwa in einer Umfrage unter schwedischen Autofahrern aus dem Jahr 1981 90 Prozent der Befragten an, dass sie bessere Fahrer seien als der Durchschnitt!

Doch selbst für diejenigen, die an der Spitze liegen, ist der

Wettbewerb um Status ein nie endender Kampf. Das mit dem wirtschaftlichen Wachstum stets ansteigende Durchschnittseinkommen sorgt dafür, dass sich immer mehr Menschen bestimmte Statussymbole leisten können. Auf diese Weise verlieren diese jedoch ihren Statuscharakter, wie am Beispiel der Luxusautomodelle deutlich wurde. Ein Prozess, der von den Herstellern der Statusgüter oftmals noch gefördert wird, in dem sie neue, teurere Luxusmodelle auf den Markt bringen, und die alten dann billiger verkaufen, um so ihren Umsatz zu steigern. Also braucht es ständig zusätzliche Anstrengungen, um den eigenen Status zu verteidigen, und man muss ständig noch mehr verdienen, um sich wieder neue Statusgüter zu erwerben, welche sich die Allgemeinheit noch nicht leisten kann. Es handelt sich hier um einen dynamischen Prozess, bei dem sich niemand ausruhen kann, sondern wo es ständige Anstrengung braucht, nur um den Status quo zu halten – und genau das ist die Tretmühle.

Die Statustretmühle muss immer schneller werden

Werbung
Trends in Wirtschaft und Gesellschaft führen dazu, dass sich die Statustretmühle immer mehr beschleunigt. Eine zentrale Rolle dabei spielt die Werbung. Die Hersteller von Konsumgütern versuchen ständig, neue Statusgüter auf den Markt zu bringen beziehungsweise bereits existierende Güter ohne Statuscharakter in Statusgüter zu verwandeln. Und entsprechend werden diese dann auch in der Werbung angepriesen, die suggeriert, man könne den eigenen Status mit Hilfe dieser Produkte verbessern. Michael Silverstein und Neil Fiske, zwei Marketingexperten von der Boston Consulting Group bringen es in ihrem Buch „Trading Up" auf den Punkt: „Natürlich produziert die Wirtschaft seit über 100 Jahren viel mehr als der amerikanische Konsument wirklich braucht. Dafür gibt es schließlich Marketing – um dabei zu helfen, neue Bedürfnisse bei den Kon-

sumenten zu wecken." Das Bedürfnis, andere Menschen mit Hilfe von Statusgütern zu beeindrucken, ist das wichtigste Bedürfnis, welches den Konsum auch in einer gesättigten Wirtschaft weiter vorantreibt.

Besonders offensichtlich ist das bei der Kleidung. Längst haben wir alle volle Kleiderschränke und viele der sich dort befindenden Kleidungsstücke sind selten oder gar nie getragen worden. Und trotzdem werden jedes Jahr große Summen für neue Kleidung ausgegeben, denn die von der Werbung propagierte Mode verführt uns dazu, uns ständig neu einzukleiden. Luxusmarken wie Armani, St. Laurent, Versace oder Joop spielen dabei eine bedeutende Rolle. Massive Werbekampagnen zwingen den statusbewussten Kleiderträger und die statusbewusste Kleiderträgerin, sich jedes Jahr die neuesten Kollektionen anzuschaffen, denn sonst ist man nicht mehr dabei. Und brav hüllen sich alle von Jahr zu Jahr in nicht selten bizarr aussehende Kleidungsstücke, auf denen dann irgendwo noch ein gut sichtbares Schild die Marke angibt. Denn ohne dieses Schild wären die ganzen Kreationen nichts als wertlose Stofffetzen. Es geht darum, mit entsprechenden Kleidermarken zu zeigen, dass man Top ist, ohne dass man dies direkt mitteilen muss. Und was bei Kleidern schon lange funktioniert, dehnt sich heute auf immer mehr Produkte aus. Egal, ob es sich um eine Gucci-Handtasche, eine Ray Ban-Sonnenbrille oder einen Blueberry-Organizer handelt. Bei all diesen Produkten werden die Konsumenten von der Werbung gepuscht, sich mit entsprechenden Produkten vom Rest der Bevölkerung abzuheben.

Besonders gut funktioniert das bei Kindern und Jugendlichen, denn die sind ganz besonders anfällig für Statuswettbewerbe. Schon in frühem Alter werden Jugendliche gezielt beworben, damit sie sich durch den Kauf von Designerklamotten und Gadgets gegenseitig zu übertrumpfen versuchen. Und wer da nicht mithalten kann, der hat entsprechend zu leiden. Wie kann ein Jugendlicher weiterhin ein glückliches Leben führen, wenn er sich die neusten Tommy Hilfiger Jeans nicht leisten kann und deshalb nicht mehr dazugehört? Diese traditionell für die weiße Mittelklasse hergestellten Kleidungsstücke verleihen speziell den Kindern der ärmeren Schichten einen Hauch von Status, der ihre Minderwertigkeitskomplexe mildert.[51] In den 90er Jahren erreichte dieser Statuswettbewerb mit Designer-klamotten in den Schulen der USA ein solches Ausmaß, dass man sich ernsthaft überlegte, wieder Schuluniformen einzuführen.[52] Und in Japan, wo vieles noch eine Stufe extremer zugeht, gibt es Schulmädchen, die als Gelegenheitsprostituierte arbeiten, um sich die teuren Markenartikel kaufen zu können.

Kinder und Jugendliche sind zu sogenannten „Agenten des Materialismus" geworden[53], die ihren Eltern helfen, ihr sauer verdientes Geld wieder loszuwerden. Denn häufig wird man ja im Alter etwas nachlässiger und lässt sich nicht mehr von jedem Modetrend anstecken. Doch solange die Kinder sich anstecken lassen, ist das auch gar nicht nötig. Wenn die Alten das Geld nicht ausgeben wollen, dann muss man es ihnen halt über die Kids aus der Tasche ziehen. So werden Eltern von ihren Kindern „gezwungen", sie entsprechend auszurüsten, da sie sonst was ihren Status betrifft in der Schule oder in der Freizeit nicht mehr mithalten können. Und das kann zu Hause gehörigen Stress verursachen, den man auf die Dauer lieber vermeidet. Für die Werbung sind die Jungen einfach besser ansprechbar als die bereits mit Risiko-aversion und Sicherheitsdenken infizierten Erwachsenen.

> „Viele Menschen benutzen das Geld, das sie nicht haben, für den Einkauf von Dingen, die sie nicht brauchen, um damit Leuten zu imponieren, die sie nicht mögen."

Durch die Förderung des Statusdenkens mit Hilfe der Werbung wirken die Produzenten von Konsumgütern den stets drohenden Sättigungstendenzen entgegen, die sich aus der Begrenzung absoluter Bedürfnisse ergeben. Irgendwann hat man einmal genug zu essen und genug Kleidung, so dass die Nachfrage auf diesen Märkten auf einem bestimmten Niveau stagniert.

Das Wachstumspotential für Güter ohne Statuscharakter ist deshalb beschränkt. Bei Statusgütern ist das hingegen nicht der

Fall, denn dort wird die Nachfrage dank der Statustretmühle ständig neu stimuliert. Da ist es kein Wunder, dass die Werbung so stark in diese Kerbe haut und an unser Statusdenken appelliert. Werbung ist ein insgesamt erfolgreiches Unterfangen, die Bedürfnisse der Menschen immer mehr in Richtung relative Bedürfnisse zu verlagern, damit wir ja nie auf die Idee kommen, dass wir jetzt genug haben. Es kommt dann so, wie es der österreichische Filmschauspieler Walter Slezak einst beschrieben hat: „Viele Menschen benutzen das Geld, das sie nicht haben, für den Einkauf von Dingen, die sie nicht brauchen, um damit Leuten zu imponieren, die sie nicht mögen."

Massenmedien

Auch die Massenmedien helfen kräftig mit, die Statustretmühle stets weiter zu beschleunigen. Viele Fernseh- und Radioprogramme sowie Zeitungen, Zeitschriften und das Internet sorgen dafür, dass wir uns ständig mit den Besten auf den jeweiligen Gebieten vergleichen. Dauernd müssen wir uns ansehen, anhören oder lesen, was für tolle Sachen die berühmtesten, reichsten, schönsten, intelligentesten und erfolgreichsten Menschen rund um die Welt zustande bringen. Aber nur selten sehen, hören oder lesen wir etwas von erfolglosen, dummen, hässlichen oder armen Menschen. Die sitzen nämlich im Normalfall auf der anderen Seite des Fernsehbildschirms, wo keine Kamera auf sie gerichtet ist. Diese Diskrepanz kann ziemlich frustrierend sein, denn der Normalbürger und die Normalbürgerin können niemals mit den Supermännern und -frauen mithalten, die durch die Medien geistern. Das von den Medien vermittelte Bild ist somit nach oben verzerrt, was wiederum unser Statusdenken beeinflusst.[54] Zunehmend vergleichen wir uns nur noch mit diesen Supermännern und Superfrauen, die uns alle zu körperlichen und geistigen Zwergen machen.

Der amerikanische Psychologe David Kenrick und seine Mitarbeiter haben einige interessante Experimente durchgeführt, die uns vor Augen führen, wie stark der Einfluss der Medien tatsächlich ist. So wurde eine Gruppe von verheirateten Männern gefragt, wie zufrieden sie mit dem Aussehen ihrer Frauen waren. Dann bekamen diese Männer Bilder von internationalen Topmodels zu sehen und daraufhin wurde ihnen dieselbe Frage noch einmal gestellt. Jetzt waren die Männer deutlich weniger zufrieden mit ihren Frauen. Die Bilder führten ihnen vor Augen, dass ihre Frauen im Vergleich zu den Topmodels relativ unattraktiv waren. Doch auch die Frauen erwiesen sich nicht als immun gegenüber solchen Bildern. In einem weiteren Experiment wurden den Frauen Bilder von Topmodels gezeigt, und diese waren danach viel weniger zufrieden mit sich selbst.

> Zielvorgabe:
> Attraktiv, erfolgreich
> und gesund.

Doch der Normalbürger und die Normalbürgerin werden nicht nur durch die optische Bombardierung mit Supermodels frustriert. In Familienmagazinen schaut man in die lachenden Gesichter von glücklichen Familien, wo beruflich erfolgreiche Frauen zu Hause perfekte Mütter sind und dabei immer auch noch unwahrscheinlich gut aussehen. In Wirtschaftsmagazinen begegnen uns Horden von erfolgreichen Managern und Unternehmern, die erklären, dass man alles erreichen kann, wenn man es nur wirklich will. Und in Magazinen, die sich an ältere Menschen richten, sieht man kerngesunde und aktive 80-Jährige, die immer noch ein spannendes und erfülltes Leben führen. Das Schlimmste bei all diesen medialen Provokationen ist die zusätzlich vermittelte, unterschwellige Botschaft, dass wir das alles auch erreichen könnten. Es ist demzufolge unsere eigene Schuld, wenn wir nicht so gut sind. In der modernen Gesellschaft hat, zumindest theoretisch, jeder und jede die Chance, an der Spitze mitzumischen. Aber die große Mehrheit bleibt von den in den Medien porträtierten Idealen meilenweit entfernt und wird damit zu Versagern gestempelt, was dem Glücksempfinden nicht gerade zuträglich ist.

Die Ranking-Manie

Wir unterliegen heute der Tendenz, alles und alle nach irgendwelchen Kriterien zu „ranken". Es reicht nicht mehr aus, irgendetwas zu tun, sondern man muss immer auch wissen, wie gut man es im Vergleich zu anderen tut. Dieser Trend ist in den USA am stärksten ausgeprägt, doch er greift zunehmend auch in Europa und anderen Kontinenten um sich. Der Dramatiker Arthur Miller hat diese Haltung schon vor einiger Zeit folgendermaßen beschrieben: „Es gibt kein anderes Land (als die USA), wo man so oft gefragt wird, was man macht. Und da ich selbst Amerikaner bin, habe ich diese Frage auch oft gestellt, bis ich merkte, dass es gut für die Seele ist, nicht zu wissen, ob jemand erfolgreich ist oder nicht. Doch wir ranken unaufhörlich jede Minute des Tages."

Firmen werden aufgrund ihres Umsatzes, der Gewinne oder der Börsenkursveränderungen gerankt, während die dort angestellten Top-Manager nach ihrem Einkommen in Ranglisten gruppiert werden. Universitäten wiederum werden nach den Gehältern der Studienabgänger gerankt und die Professoren versuchen in den Publikationsranglisten möglichst weit vorne zu sein. Ranking, Evaluation und Benchmarking sind zu fixen Bestandteilen unseres Alltags geworden und dominieren zunehmend unser Denken. Und das ist gut so, wird uns gesagt, denn dadurch wird der Wettbewerb auch dort angekurbelt, wo es keinen Markt gibt. Aus diesem Grund hat die Ranking-Manie insbesondere öffentliche Institutionen wie Schulen, Universitäten oder Spitäler erfasst, denn angeblich lässt sich so die Qualität der dort angebotenen Dienstleistungen verbessern.

Doch führt die hektische Ranking-Aktivität tatsächlich zu besseren Dienstleistungen und Produkten und damit zu einer glücklicheren Gesellschaft? Oder handelt es sich hier um künstlich initiierte Status-Wettkämpfe, die letztlich nur die Status-Tretmühle beschleunigen? Um diese Fragen zu beantworten, müssen wir einmal anschauen, wie Rankings vorgenommen werden. Am einfachsten ist das im Sport. Dort kann man leicht feststellen, welcher Athlet eine bestimmte Distanz am schnellsten läuft oder wer am höchsten springt. Wenn man ein geeignetes Messgerät hat, lassen sich diese Leistungen objektiv feststellen. Leider ist die Welt außerhalb des Sports etwas komplexer und das Ranking somit ein wesentlich schwierigerer Prozess. Sobald Qualitätsaspekte mit ins Spiel kommen, wird es problematisch, denn diese lassen sich nicht unmittelbar messen.

Auch bei einzelnen Sportarten tritt das Problem der Qualitätsbeurteilung auf. Denken wir etwa an Kunstturnen, Skispringen oder Eiskunstlauf, so muss man sich dort mit einer Fachjury helfen, damit die Qualität der Darbietungen bewertet werden kann. Allerdings kann auch diese Fachjury in Wirklichkeit nichts anderes tun, als die Ermittlung der Qualität anhand einiger messbarer Kriterien vorzunehmen.

> Ranking wie beim Eiskunstlauf: je mehr komplizierte Sprünge, desto besser.

Beim Eiskunstlauf ist dieses messbare Kriterium die Anzahl der verschiedenen Dreifach- oder heute sogar Vierfachsprünge. Also geht es beim Eiskunstlaufen mittlerweile darum, möglichst viele solcher Sprünge an allen möglichen und unmöglichen Stellen in der Kür einzubauen. Zwar wird auch der künstlerische Eindruck mitbewertet, aber das ist ein viel zu weiches Kriterium, um wirklich etwas auszusagen. So ist der Eiskunstlauf zu einer absurden Veranstaltung geworden, bei dem eine mit Musik untermalte Kür als Vorwand dient, die Fachjury in kurzer Zeit mit möglichst vielen Axels, Salchows oder Rittbergers zu beeindrucken. Die Devise lautet: je mehr komplizierte Sprünge, umso besser die „Qualität" einer Eiskunstlauf-Kür.

Dies ist symptomatisch für viele Rankings in anderen Bereichen. Nehmen wir zum Beispiel die Forschung. Auch hier muss ein Ranking her, damit die mit dem Qualitätsmanagement beauftragten Kommissionen und Gremien die Qualität der Forschung beurteilen können, ohne sich inhaltlich mit ihr beschäftigen zu müssen. So werden die Wissenschaftler an Universitäten anhand der Zahl der Artikel in Fachzeitschriften gerankt, während bei profaneren Forschungsinstitutionen häufig auch die Zahl der Projekte (bzw. die Projektsummen) als Qualitätsmesslatte dient. Im ersten Fall bewirkt ein solches Ranking einen Anreiz, möglichst viel zu publizieren, selbst wenn man nichts zu sagen hat. Folglich werden inhaltliche Belanglosigkeiten zu möglichst komplizierten Modellen aufgeblasen, oder existierenden Datenfriedhöfen wird mit statistisch ausgeklügelten Verfahren empirische Relevanz eingehaucht, um sie publizierbar zu machen. Die Verwandlung von wissenschaftlicher Tätigkeit in einen Sportwettkampf um möglichst viele Publikationen führt zu einer künstlichen Statustretmühle in diesem Bereich, die den intrinsisch motivierten Wissenschaftlern letztlich die Freude an der wissenschaftlichen Tätigkeit nimmt. Und die Forschung ist nur ein Beispiel von vielen. Mit der heute um sich greifenden Ranking-Manie werden immer mehr Tätigkeiten zu Statuswettkämpfen mit entsprechend negativen Auswirkungen auf das Glück der davon betroffenen Menschen. Und gleichzeitig werden wir mit immer mehr nutzlosen Publikationen, Diplomen, Berichten, Konferenzen konfrontiert, die viel Stress verursachen, aber niemanden glücklich machen.

Es wird immer schwieriger aufzufallen

Bei der heutigen Fülle von allgemein zugänglichen Luxusprodukten, wird es zunehmend schwieriger, überhaupt noch aufzufallen. Wenn jemand einen gut bezahlten Job hat, kann er schließlich nicht einfach mit einem Schild herumlaufen, auf dem steht: „Ich verdiene 500 000 Euro pro Jahr", denn das ist in einer zivilisierten Gesellschaft nicht üblich. Das hohe Einkommen muss in wesentlich subtilerer Form mit Hilfe von spezifischen Statusgütern an den Rest der Bevölkerung signalisiert werden, die von der jeweiligen Kultur und dem Entwicklungsstand abhängig sind. In vielen Entwicklungsländern stellen die Reichen ihr Einkommen ganz einfach dadurch zur Schau, indem sie sich mit Goldgegenständen behängen, mit einem teuren Auto herumfahren oder eine Rolex am Arm tragen.

In den Industrieländern ist das heute viel schwieriger. Läuft jemand bei uns mit einer dicken Goldkette um den Hals herum, wird er sofort als primitiver Emporkömmling identifiziert, der jede Klasse vermissen lässt. Die richtigen Statusgüter auszuwählen ist zur eigentlichen Kunst geworden, die ziemlich viel Aufwand erfordert. Die Frage ist immer, welches sind die relevanten Anderen, die ich beeindrucken will, und wie tue ich dies auf unaufdringliche Weise mit der richtigen Dosis Understatement? Will etwa ein Manager seine Top-Position in einer Firma mit Hilfe eines Autos signalisieren, dann genügt es nicht, einfach einen Mercedes oder einen BMW zu fahren. Er muss genau das richtige Modell fahren, welches im Moment gerade als Statussymbol gilt, ohne dabei als billiger Angeber entlarvt zu werden. Also kein Luxusgeländewagen, keine Corvette und keinen Porsche, sondern einen eher dezenten Mercedes, der erst auf den zweiten Blick seine große Klasse offenbart. Und hat man ein Rendezvous mit einer neuen Bekanntschaft, dann ist es nicht opportun, den eigenen Status dadurch zu signalisieren, dass man einfach mit 100-Euro-Scheinen herumwedelt. Auch hier müssen subtilere Signale ausgesendet werden, wie das folgende Zitat eines 26-jährigen kaufmännischen Angestellten beweist „Wenn du einen Ketel One Vodka bestellst, ist das genau so, wie wenn du mit einer 100-Dollar-Note herumwedelst." Allerdings hinterlässt nur ersteres den gewünschten Eindruck.

Insgesamt wird der Status-Wettbewerb immer komplizierter, da es immer mehr Anstrengungen bedarf, um in dem ganzen Meer von subtilen Signalisierungskünstlern überhaupt noch wahrgenommen zu werden. Und was nützt es, mit dem Ferrari herumzukurven, wenn sich niemand danach umdreht? Und was für einen Sinn hat es, auf einer Luxusyacht zu sitzen, wenn es niemand sieht? Aus diesem Grund versuchen die Reichen und Berühmten ihren Status zunehmend mit Hilfe der Medien zu signalisieren.

Da sieht man dann den Ferrari auf einem Foto irgendwo diskret im Hintergrund stehen, welches den Prominenten in einer Illustrierten zeigt. Oder aber das Interview mit einer bekannten

Persönlichkeit findet gleich auf der Luxusyacht statt, damit man diese dann auch auf den Bildern sieht. Und natürlich darf auch die hübsche Freundin bzw. der Freund nicht fehlen, denn sonst wäre das Neidpotenzial der Leser nicht vollständig ausgeschöpft. Das Signalisieren von Status ist ein aufwendiger und kostspieliger Prozess, doch diese Kosten werden meistens vernachlässigt. Erst nach dem Kauf des heiß ersehnten Ferraris stellt man ernüchtert fest, dass man kaum den erwünschten Eindruck in der Umgebung hervorruft. Viele Statussignale werden vergeblich ausgesandt. Sie führen nur zu einer Beschleunigung der Statustretmühle, ohne irgendjemand glücklicher zu machen.

Es ist eine Kunst, andere zu beeindrucken.

Die Statustretmühle und das Glück

Die meisten Menschen unterschätzen die Auswirkung der Statustretmühle. Sie glauben, sich mit Hilfe eines hohen Einkommens und dem Erwerb von Statusgütern vom Rest der Bevölkerung abheben zu können, und dadurch glücklicher zu werden. Sie vernachlässigen die Tatsache, dass andere Menschen sich genau gleich verhalten, und damit den eigenen, mühsam erkämpften Status wieder abwerten. Das führt insgesamt zu einer Überbewertung der Wirkung eines steigenden relativen Einkommens auf das eigene Glücksempfinden. Wären die Menschen rational, dann würden sie die Wirkung der Statustretmühle korrekt antizipieren und erkennen, dass es sich um ein mühsames Nullsummenspiel handelt, dass man vermeiden könnte. Doch so viel Rationalität kann man von real existierenden Menschen nicht verlangen.

Letztlich denkt jeder nur an seine eigene relative Position und vernachlässigt die Auswirkung des eigenen Verhaltens auf die gesamte Gesellschaft. Ein typisches Verhalten, welches der Ökonom Robert Frank mit dem Satz „Klug für den einzelnen, dumm für alle" umschrieben hat.

Dies ist somit eine erste Erklärung dafür, warum Menschen stets ein höheres Einkommen anstreben, da sie glauben, damit ihre relative Position gegenüber ihren Mitmenschen zu verbessern. So denken die Menschen ständig an ihre Karriere, die notwendig ist, damit das Einkommen immer mehr ansteigt. Man muss immer schneller rennen, um die relative Position in der Gesellschaft zu halten, wenn alle dieses Ziel verfolgen. Das ist die Statustretmühle, die letztlich dazu führt, dass alle mehr arbeiten, als sie eigentlich wollen und sich zusätzlichen Stress aufladen. Doch statt diesen Effekt zu mildern, wird er in letzter Zeit durch mehrere Tendenzen noch wesentlich verstärkt. Zu nennen sind hier die Wirkung der Werbung, der Massenmedien, der Ranking-Manie und der steigenden Schwierigkeiten, Status überhaupt noch zu signalisieren. Alle diese Trends führen dazu, dass sich die Statustretmühle immer schneller dreht.

„Klug für den einzelnen, dumm für alle"

8.
Die Anspruchstretmühle

Vom Wohnluxus – oder wenn der Traum vom Einfamilienhaus wahr wird

Begeben wir uns noch einmal zurück in die Zeit nach dem Zweiten Weltkrieg in Westeuropa. Doch diesmal sollen nicht Autos, sondern Wohnungen bzw. Häuser im Zentrum unserer Aufmerksamkeit stehen. In dieser Zeit wohnten die meisten Familien (Singles waren damals noch selten) in Zwei- oder Dreizimmerwohnungen. Klein waren allerdings häufig nur die Wohnungen. Die Familien waren meist kinderreich und es war vollkommen normal, dass sich mehrere Kinder ein Zimmer teilten. Doch niemand beklagte sich, denn im Vergleich zu den Zeiten vor dem Zweiten Weltkrieg waren diese Wohnungen bereits Luxus: In jedem Zimmer befand sich ein Ofen, der den Winter über Wärme spendete. In der Küche und im Badezimmer gab es fließendes Wasser, wann immer man solches benötigte. Und wenn man etwas Warmes essen wollte, musste man nur den Gasherd in der Küche anzünden. Außerdem besaßen fast alle einen Radioempfänger, der aufregende Informationen aus der ganzen Welt in das Wohnzimmer brachte und die Hausfrau beim Bügeln mit Musik unterstützte.

Schauen wir allerdings mit der heutigen Optik auf diese Zeit zurück, dann empfinden wir die damalige Wohnsituation alles andere als luxuriös. Die kleinen Wohnungen verhinderten eine Individualisierung des Lebensstils, indem etwa alle gezwungen waren, am Abend dasselbe Radioprogramm zu hören. In der Küche gab es noch keinen Boiler und damit auch kein heißes Wasser. Auch einen Kühlschrank suchte man vergeblich und keine Geschirrspülmaschine ersetzte fleißig spülende Hände. Die Toiletten befanden sich größtenteils auf dem Flur außerhalb der Wohnungen und bei den Öfen genügte es nicht, einfach einen Schalter aufzudrehen, sondern diese mussten täglich mit Holz und Kohlen aus dem Keller gefüllt und angezündet werden. Von einer Dusche konnten die meisten Menschen nur träumen. Und, aus heutiger Sicht wohl am schlimmsten, es gab noch keine Fernsehgeräte! Kaum jemand wäre heute bereit, unter so primitiven Verhältnissen zu leben – selbst eine moderne Gefängniszelle bietet wesentlich mehr Komfort.

Die hohen Wachstumsraten in den 50er und 60er Jahre sorgten jedoch bald für mehr Luxus. Die Wohnungen wurden größer und bereits in den 60er Jahren konnten die ersten Familien den Traum eines Einfamilienhauses realisieren. Gleichzeitig ging die Zahl der Kinder nach dem Pillenknick im Jahre 1964 immer mehr zurück, so dass mehr und mehr Jungen und Mädchen das Glück erfuhren, ihre Jugend in einem eigenen Zimmer verbringen zu dürfen. Waschmaschinen, Duschen, Geschirrspülmaschinen, Zentralheizungen und Toiletten innerhalb der Wohnung waren bereits in den 60er Jahren Standard in einer Mittelklassewohnung. Und auch das Wohnzimmer veränderte sich.

Der Fernseher wurde zum neuen Familienaltar, um den sich wuchtige Sofas gruppierten.

Doch brachten diese gewaltigen Fortschritte auch mehr Lebensglück? Wie wir bereits aus den im ersten Teil des Buches vorgestellten empirischen Ergebnissen wissen, ist das nicht der Fall. Dinge wie Kühlschrank oder Waschmaschine, die nach dem Zweiten Weltkrieg noch als Luxus galten, wurden schnell zum Standard und die Menschen betrachteten sie nach kurzer Zeit als selbstverständlich. Anfangs war es noch ein Ereignis, wenn man nach der Arbeit ein eiskaltes Cola aus dem neuen Kühlschrank holen konnte, denn das vermittelte ein ganz neues Lebensgefühl. Und die Menschen schätzten es, wenn sie an einem kalten Wintermorgen nicht den langen und beschwerlichen Weg auf das Außenklo im Flur antreten mussten. Doch nach kurzer Zeit verschwendeten sie keinen Gedanken mehr an solche Dinge. Die ursprüngliche Freude am neuen Luxus verschwand, da sie ihre Ansprüche den neuen Gegebenheiten anpassten.

Inzwischen ist der Standard beim Wohnen noch viel weiter angestiegen und Fürsten und Grafen aus dem 19. Jahrhundert müssten sich mit ihren Schlössern schämen, wenn sie diese mit einem modernen Luxusappartement oder einem Luxuseinfamilienhaus vergleichen würden. Aus Kühlschränken wurden „Food Centers" mit verschiedenen individuell einstellbaren Temperaturbereichen. Aus Fernsehgeräten wurden „Multi-Media Entertainment Centers", denen man mit kabellosen Fernbedienungen Befehle erteilt. Zwei Badezimmer sind heute die Norm in jeder besseren Wohnung, denn das gehört zu einem modernen, individuellen Lebensstil. Und in besseren Einfamilienhäusern sind Fitnesscenter und Jacuzzi genau so normal wie Doppelgaragen. Doch wenn man durch die Straßen geht, dann wird man selten dem lachenden Gesicht eines Menschen begegnen, der sich einfach darüber freut, dass er jetzt in einer Wohnung mit zwei luxuriösen Badezimmern wohnt. Die Freude am neuen Luxus hielt nie lange an, und schon mancher musste die schmerzliche Erfahrung machen, dass das Lesen einer Illustrierten auf einer Designer Liege von „Le Corbusier" nicht mehr Freude bereitet, als das Lesen einer Illustrierten auf einem simplen Küchenstuhl.

In den USA veränderte sich die Wohnkultur in noch rascherem Tempo als in Europa. Ein typisches Einfamilienhaus im Jahre 1950 hatte eine Wohnfläche von etwas über 100 m², zwei Schlafzimmer, ein Badezimmer, aber noch keine Klimaanlage oder offenen Kamin. Bis zum Jahr 2000 hatte ein Einfamilienhaus im Durchschnitt bereits eine Wohnfläche von 250 m², worin sich drei Schlafzimmer, zwei Badezimmer, eine Klimaanlage und ein offener Kamin befinden.[55] Und dann sind diese Häuser im Allgemeinen auch noch mit neuen Luxusprodukten wie

> USA-Trend: Immer mehr, immer größer, immer luxuriöser.

six-burner cooktops, triple ovens, dual dishwashers, side by side or walk-in refrigerators, spa-at-home bathrooms, multiple-head or steam showers, in-floor heating systems, walk-in closets oder home theaters ausgerüstet. Und die Ansprüche steigen weiter. In einer kürzlich in den USA durchgeführten Umfrage gaben 78 Prozent der Bevölkerung an, dass sie mehr Wohnkomfort in Zukunft glücklicher machen würde.[56] Leider ist das ein großer Irrtum. Obwohl wir heute im Vergleich mit der Zeit nach dem Zweiten Weltkrieg unglaublich luxuriös leben, wurden wir dadurch nicht glücklicher. Und viele der vorhin erwähnten Luxusprodukte, werden nach dem Kauf nicht einmal gebraucht. So weiß man etwa, dass 75 Prozent der Produkte von Viking, einem amerikanischen Luxusküchen-Gerätehersteller, nach dem Kauf nie zum Einsatz kommen.[57] Doch Viking ist das egal. Hauptsache die Produkte werden verkauft.

Warum sich bestimmte Glücksgefühle abnützen –
Steigende Ansprüche

Mehr Einkommen macht kurzfristig glücklicher, wenn man sich damit neue Produkte und Dienstleistungen kaufen kann, die einen komfortableren und luxuriöseren Lebensstil ermöglichen. Doch schnell steigen auch die Ansprüche mit dem steigenden Einkommen, welche die neue Freude am höheren Wohlstand wieder zunichte machen. Nur während der relativ kurzen Phase, in der das Einkommen bereits angestiegen ist, aber die Ansprüche sich noch auf dem ursprünglich tiefen Niveau befinden, macht mehr Einkommen auch glücklicher. Die steigenden Ansprüche und die Gewöhnung an einen höheren Wohlstand führen zu der Anspruchstretmühle, welche die Psychologen Philip Brickman und Donald Campbell im Jahre 1971 mit dem Englischen Begriff „hedonic treadmill" umschrieben haben. Das führt längerfristig zu einer Stagnation des Glücksempfindens, denn gemäß Brickman and Campbell ist es generell die Differenz zwischen individuellem Leistungsniveau und Anspruchsniveau, welche das Glück bestimmt.[58] Mehr Einkommen macht also nur glücklicher, wenn die Differenz zwischen Einkommen und Einkommensansprüchen zunimmt. Doch diese Differenz bleibt trotz stets steigenden durchschnittlichen Einkommen mehr oder weniger konstant.[59]

Die Tatsache, dass die materiellen Ansprüche mit dem Einkommen ansteigen, führt auch dazu, dass die Zufriedenheit mit einem bestimmten Einkommensniveau von der vorherigen Entwicklung des Einkommens abhängig ist. Wenn zum Beispiel jemand in diesem Jahr 100 000 Euro verdient und im vorherigen Jahr waren es 90 000 Euro, dann ist er oder sie vermutlich ziemlich zufrieden mit den 100 000 Euro. Verdiente jemand aber im vorherigen Jahr 110 000 Euro und in diesem Jahr nur noch 100 000 Euro, dann ist er oder sie kaum mehr zufrieden. Im zweiten Fall sind die Ansprüche aufgrund des höheren Einkommens im vorherigen Jahr bereits auf ein höheres Niveau gestiegen, was die Freude an 100 000 Euro Einkommen beträchtlich schmälert. Im ersten Fall ist das Anspruchsniveau hingegen noch nicht angestiegen und demzufolge freut er oder sie sich noch an den 100 000 Euro Einkommen.[60]

Natürlich ist es allgemein bekannt, dass die Ansprüche mit dem Einkommen steigen. Oder wie der Volksmund sagt: Der Appetit kommt mit dem Essen. Trotzdem wird diese Tatsache von den Menschen allgemein ignoriert, wenn es darum geht, das Glücksempfinden aus zukünftigem Einkommen abzuschätzen.

> Mit dem Einkommen steigen die Ansprüche. Oder: der Appetit kommt mit dem Essen.

Menschen überschätzen systematisch das Glückspotential von mehr Einkommen, weil sie die Anspruchstretmühle nicht berücksichtigen. Sie glauben, dass ein neues Auto oder ein neues Mobiltelefon sie dauerhaft glücklicher macht, obwohl diese Freude in Wirklichkeit schon nach kurzer Zeit wieder abklingt.[61] Am besten wurde dieses Phänomen bei Lottogewinnern untersucht.[62] Die meisten Menschen spielen Lotto, weil sie auf den großen Gewinn hoffen, der ihnen die Erfüllung der verschiedensten materiellen Träume ermöglicht: Man möchte gerne um die ganze Welt reisen, ein Einfamilienhaus kaufen, ein Luxusauto fahren und womöglich sogar die Arbeit an den Nagel hängen. Doch wenn er dann tatsächlich kommt, der große Lottogewinn, müssen die Gewinner ernüchtert feststellen, dass sie damit längerfristig nicht glücklich werden. Zwar stellt sich nach dem Gewinn eine Euphorie ein und man freut sich über das einmalige Glück. Doch einige Monate später sind die Gewinner wieder genau so glücklich oder unglücklich, wie sie vor dem Gewinn waren.

Ganz allgemein sind Menschen schlechte Prognostiker, wenn es um ihre eigenen Gefühle geht. Aus diesem Grund haben Psychologen bereits den Begriff „impact bias" geprägt, der die Differenz zwischen dem prognostizierten zukünftigen Glücksempfinden und dem dann in der Zukunft tatsächlich empfundenen Glücksempfinden angibt.[63] Der „impact bias" ist bei den meisten materiellen Gütern positiv, d. h. das mit diesen Gütern verbundene zukünftige Glück wird überschätzt.

Das wohl drastischste Beispiel für einen positiven „impact bias" sind Drogenabhängige. Wenn Menschen die zukünftige Gewöhnung und damit die spätere Abhängigkeit richtig prognostizieren würden, dann gäbe es gar keine Drogenabhängige. Doch wir alle wissen, dass Drogenabhänge existieren, und deren Sucht ist letztlich das Resultat eines für sie besonders unangenehmen „impact bias". Sie überschätzen das zukünftige Glück aus dem Drogenkonsum, da sie die negativen Folgen der Abhängigkeit vernachlässigen.

> Wir überschätzen das künftige Glück – auf Kosten der echten Glücksfaktoren.

Neuere Forschungen in der Psychologie zeigen auch, dass der Gewöhnungseffekt für verschiedene Produkte und Aktivitäten unterschiedlich schnell verläuft.[64] An ein höheres Einkommen und höheren materiellen Wohlstand gewöhnt sich der Mensch sehr schnell und schon nach kurzer Zeit ist die Freude daran verpufft. Ganz anders ist das hingegen beim Essen, dem Zusammensein mit Freunden und Sex. Freude am Essen, Freunde treffen und Sex haben nutzt sich nicht ab. Es ist jedes Mal von neuem ein Genuss zu essen und Freunde zu treffen und auch die Freude am Sex nutzt sich kaum ab. Doch die Menschen sind sich dessen bei ihren Entscheidungen häufig nicht bewusst. Aus diesem Grund wird die Bedeutung der Freunde immer wieder unterschätzt, während etwa das Glück des neuen Autos überschätzt wird. Kein Wunder deshalb, dass gerade Menschen mit einer sehr materialistischen Lebenseinstellung häufig weniger glücklich sind als Menschen, die weniger Wert auf materiellen Wohlstand legen.[65] Bei ersteren ist der „impact bias" besonders groß, was zur Folge hat, dass die Anspruchstretmühle bei ihnen stärker ausgeprägt ist.

Die Anspruchstretmühle muss immer schneller werden

Karrieredenken – der neue kulturelle Imperativ

Die Anspruchstretmühle wird, genau wie die Statustretmühle, durch neue Entwicklungen immer mehr beschleunigt. Besonders stark ist dabei der Einfluss einer ursprünglich aus den USA kommenden Leistungskultur, die inzwischen auch in Europa Berufsleben und Freizeit erobert hat.

Überall hören wir die Botschaft, ja nie mit dem Erreichten zufrieden zu sein, sondern immer mehr zu wollen und ehrgeizig zu sein. „Never go for second best". Was immer man auch tut, man muss dabei Spitze sein und nur das Beste ist gut genug. Nie darf man sich ausruhen, sondern man soll immer noch mehr erreichen, produzieren oder verdienen.

> Unglücklich machende Botschaft:
> Nie mit dem Erreichten zufrieden sein!

Und wenn man einmal mit sich selbst zufrieden ist, dann muss man das für sich behalten. Denn bekennt man sich dazu, wird einem das als Mangel an Ambition ausgelegt, was absolut tabu ist.

Bei der Arbeit sind Ambitionen wichtig, damit man Karriere macht. Diese ist für viele Menschen zum eigentlichen Lebenszweck geworden. Es spielt keine Rolle, was das Unternehmen, in dem man gerade arbeitet, produziert und welche Produkte oder Dienstleistungen vermarktet werden sollen. Hauptsache, man macht Karriere und kommt immer weiter nach oben. Da ist ein Unternehmen so gut wie das andere und manche Manager wechseln die Unternehmen wie ihre Hemden, wenn es der Karriere hilft. Schade nur, dass die Freude am beruflichen Aufstieg jeweils nur von kurzer Dauer ist, denn jeder Karriereschritt wird nach kurzer Zeit als normal betrachtet.[66] Man freut sich kaum lange darüber, dass man endlich Vizedirektor geworden ist. Schon nach kurzer Zeit betrachtet man das als selbstverständlich und ärgert sich, dass man noch nicht Direktor ist. Der berufliche Ehrgeiz hält die Anspruchstretmühle stets am Laufen, da die Karriere typischerweise immer auch von steigenden Ansprüchen begleitet wird. Man darf nie zufrieden sein, bis man ganz oben ist. Und ganz oben ist bekanntlich immer nur einer.

Die typische Biographie eines ambitionierten Studenten der Betriebswirtschaft mag dies verdeutlichen. Nach dem Abschluss des Studiums besteht das Ziel darin, als Berater bei einer international renommierten Firma wie McKinsey oder Boston Consulting Group zu arbeiten, und dort hinzukommen, bedeutet den Himmel auf Erden. Allerdings nicht für lange. Nach ein oder zwei Jahren muss man bereits Projektleiter werden, denn sonst gilt man als Versager. Aber auch das genügt nicht. Entweder man wechselt danach in eine andere Firma oder man wird Partner in einer bekannten Beraterfirma. Ja, und dann geht es bald einmal darum, CEO bei einem größeren Unternehmen zu werden, denn schließlich will man nicht stehen bleiben. Und während die Hochschulabsolventen die Karriereleiter emporklettern und ihre Bezahlung immer besser wird, stagniert ihr subjektives Glücksempfinden wegen der steigenden Ansprüche. Hier zeigt sich auch die enge Verwandtschaft der Anspruchstretmühle mit der Statustretmühle. Einerseits will man Karriere machen, um besser zu sein als die andern. Aber es geht auch darum, immer mehr zu wollen und nie mit dem Erreichten zufrieden zu sein, was wiederum die Anspruchstretmühle am Laufen hält.

Natürlich hilft das immer mehr um sich greifende Karrieredenken der Wirtschaft. Je ehrgeiziger und ambitionierter die Mitarbeiter sind, umso härter werden sie arbeiten. Ehrgeizige Menschen mit hohen Ambitionen sind auf dem Job-Markt gefragt. Aus diesem Grund versuchen viele karrierewillige Personen, ihre Ambitionen auf verschiedenste Art nach außen zu demonstrieren. Da werden Weiterbildungskurse besucht, um lebenslange Lernbereitschaft zu demonstrieren. Regelmäßiges Fitnesstraining soll hohe Belastbarkeit andeuten und ein entsprechendes Golf-Handicap „beweist" zielorientierte Leistungsbereitschaft. Ganz allgemein besteht eine Tendenz, alle Freizeitaktivitäten mit ihrer positiven Auswirkung auf die Leistung am Arbeitsplatz zu begründen. Kulturelle Aktivitäten erhöhen die Kreativität und die mit der Familie verbrachte Zeit schafft den notwendigen Ausgleich zur Arbeit, um dann umso besser arbeiten zu können.

Nichts kann mehr um seiner selbst willen und aus Freude getan werden, sondern alles muss irgendwie der Karriere dienen. Andernfalls wäre es ja reine Zeitverschwendung.

Doch zu hohe Ambitionen sind ein sicherer Weg, um sich unglücklicher zu machen. Verschiedene Untersuchungen zeigen, dass Menschen mit sehr hohen Ambitionen fast immer unzufrieden sind, denn sie erreichen ihre zu hoch gesteckten Ziele nur selten.[67] Und je weiter oben man in der Berufswelt kommen möchte, umso dünner wird die Luft. Immer mehr Karrierewillige bleiben auf der Strecke, denn bekanntlich gibt es weniger Direktoren und Präsidenten als Vizedirektoren und Vizepräsidenten. Längst nicht alle schaffen es an die Spitze. Trotzdem wird uns aber schon in der Kindheit eingetrichtert, dass wir es alle schaffen können, wenn wir nur wirklich wollen. Das ist vermutlich eine der größten und gefährlichsten Lügen unserer Zeit. Kann ein 1.60 Meter großer Mann ein berühmter Basketballspieler werden? Kann ein wohlbeleibtes Mädchen ihren Traum realisieren, ein international gefragtes Supermodel zu werden? Natürlich kann man im Leben alles erreichen unter der Voraussetzung, dass die Wünsche bescheiden bleiben. Es ist möglich, Suaheli zu lernen, wenn man das wirklich will und auch jeden Tag zu joggen ist ein erreichbares Ziel. Doch im Berufsleben gleichen viele Ambitionen eher denjenigen des kleinen Mannes, der Basketballstar werden möchte, oder denjenigen des dicken Mädchens mit Supernodel-Träumen. Mangel an Intelligenz, Talent oder Energie hat schon viele geplante Karrieren gleich nach ihrem Beginn gestoppt, was die Betroffenen kaum glücklich machte.

Der Glücksforscher Mihaly Csikszentmihaly zeigt, dass das Übereinstimmen zwischen den Herausforderungen und den

> Viele wählen die Karriere auf Kosten der Freude.

eigenen Fähigkeiten eine Bedingung für persönliches Glück darstellen.[68] Wenn die Ambitionen zu groß werden, dann führt dies zu Minderwertigkeitsgefühlen und dem Gefühl die Kontrolle zu verlieren. Das kann im Extremfall zum sogenannten Burnout-Syndrom führen, welches die American Psychological Association folgendermaßen definiert: „Ein Zustand physischer, emotioneller und mentaler Erschöpfung, der durch unrealistisch hohe Ambitionen und illusorische oder unmögliche Ziele verursacht wird." Kein Wunder deshalb, dass sich das Burnout-Syndrom immer mehr ausbreitet.

Werbung

Auch die Werbung sorgt dafür, dass die Ansprüche der Menschen ständig steigen. Stets werden uns bessere und trickreichere Güter und Dienstleistungen für alle Bereiche des Lebens angepriesen. Damit werden die Ansprüche nach oben geschraubt, denn sonst lassen sich die angeblich immer besseren und trickreicheren Güter und Dienstleistungen nicht verkaufen. So wird verhindert, dass wir längere Zeit mit den bereits gekauften Produkten zufrieden sind, denn, wie schon der für seine cleveren Sprüche bekannte Wirtschaftswissenschaftler Helmar Nahr einst bemerkte: „Zufriedene sind das Unglück der Werbung." Das beginnt bei simplen Produkten wie Joghurts, die jedes Jahr noch fruchtiger, geschmackvoller und dabei selbstverständlich auch gesünder werden. Und Waschmittel waschen seit Jahrzehnten immer noch sauberer und noch weißer. Weiß ist nicht mehr weiß genug. Kleider müssen ultraweiß sein, was wiederum Ultrasauberkeit signalisiert.

> „Zufriedene sind das Unglück der Werbung."

Doch macht ultraweiße Wäsche glücklich? Sind superfruchtige Joghurts eine Quelle neuen Glücks? Im Allgemeinen tragen wir die ultraweiße Wäsche ohne ein Gefühl der Dankbarkeit für diese neue Errungenschaft, und das superfruchtige Joghurt wird achtlos vor dem Bildschirm in den Mund geschaufelt.

Auch die Unterhaltungsangebote werden angeblich immer besser. TV Shows und Magazine werden stets noch unterhaltender, spannender, lustiger und vielfältiger. Und bei Filmen ist es noch extremer. Jedes Jahr gibt es eine Unmenge an besten Filmen des Jahres, was sich dann bis zum „schönsten Film des Milleniums" steigert. Überall treffen wir nur noch auf Superlative, die den höchsten Ansprüchen gerecht werden sollen. Doch was sehen wir tatsächlich? Langweilige, abgedroschene, mit billigen Effekten aufgepeppte Hollywood-Produktionen, die den geweckten Ansprüchen nicht im mindesten gerecht werden. Und auch die TV-Shows sind im Wesentlichen immer noch dieselben wie in den 50er Jahren, als die Menschen bereits über dieselben Scherze lachten wie heute. Die großartigen Versprechungen der Werbung erweisen sich meist als leer, wodurch die Diskrepanz zwischen Ansprüchen und Realität immer größer wird.

Das betrifft auch die immer vielfältiger werdenden Ferien- und Freizeitangebote. Es genügt heute nicht mehr, einfach irgendwohin in den Urlaub zu fahren bzw. zu fliegen. Die Werbung verspricht uns Traumferien an exotischen Destinationen, wo uns ultraweiße Sandstrände mit kühlen Drinks unter grünen Palmen erwarten. Aber nicht nur das. Man schläft in Luxusbungalows und genießt jeden Abend exklusive kulinarische Kostbarkeiten, mit denen man sich am Buffet à discretion versorgen kann. Tagsüber kann man im Meer tauchen, in Naturparks auf Safari gehen oder die eigene Wellness pflegen. Alles ist in den heutigen Traumferien enthalten, und jede Minute verspricht Genuss oder Abenteuer. Bei solchen Versprechungen kann die Realität gar nicht mehr mithalten und die Enttäuschung folgt fast zwangsläufig. Zum Beispiel nach dem ersten Sonnenbrand, weil man sich dummerweise im Schutzfaktor der mitgebrachten Sonnencreme getäuscht hat. Wo ständig höchste Ansprüche geweckt werden, bleibt nur tiefste Frustration.

Medizinischer Fortschritt

Auch der Forschritt in Medizin und Biotechnologie führt zu einer Beschleunigung der Anspruchstretmühle. Endlich kann man die Natur korrigieren und sich schöner, fröhlicher und sogar intelligenter machen, als man eigentlich wäre. Das enorme Wachstum der Schönheitsoperationen hat die Ansprüche an den Körper vor allem bei Frauen in höherem Alter beträchtlich erhöht. In bestimmten Gegenden der USA fühlt sich eine fünfzigjährige Frau ohne Face-Lifting kaum mehr wohl, denn das ist bereits Standard. Es wird erwartet, dass eine Frau auch in diesem Alter noch jugendlich aussieht. Silverstein und Fiske berichten in ihrem Buch „Trading Up" von Gloria, einer 48-jährigen Frau, die gerade 20 000 $ für ein Facelifting ausgegeben hat. Vor der Operation hatte sie ungefähr zwanzig Frauen getroffen, die bereits eine solche Operation hinter sich hatten und sie fühlte sich deshalb verpflichtet, es ihnen gleich zu tun. Nach der Operation gab sie an, sich entspannter und gesünder zu fühlen, und natürlich fand sie sich auch schöner. Auch ihr Mann war beeindruckt. Sie erzählte: „Mein Mann mag es. Frauen schätzen mich zehn Jahre jünger als ich tatsächlich bin. Ich bin froh, dass ich es gemacht habe." Insgesamt wurden in den USA im Jahr 2004 etwa 9 Milliarden Dollar pro Jahr für Schönheitsoperationen ausgegeben, und die Wachstumsrate liegt bei 40 Prozent.[69] Und diese Operationen scheinen sich letztlich sogar auszuzahlen. So lautete eine Schlagzeile im Glamour Magazin vom Juli 2004: „Plastic surgery doubled my salary."

Doch Schönheitsoperationen sind nur eine von mehreren Möglichkeiten, mit denen wir heute versuchen, mehr aus unseren Körpern und Gehirnen herauszuholen. So gibt es Substanzen, die uns körperlich und geistig beweglicher machen und damit physische und intellektuelle Anstrengungen erleichtern. Psychopharmaka wie Prozac hellen unsere Stimmungen auf, wann immer wir uns deprimiert fühlen, was ein fast dauerhaftes „glücklich sein" ermöglicht. Und auch Kinder muss man nicht mehr einfach so hinnehmen, wie sie von der Natur geformt werden. Dank genetischem Screening kann man diese schon bei der Zeugung optimieren und später lässt sich mit Hilfe der richtigen Tabletten dafür sorgen, dass sie in der Schule aufmerksam und leistungsbereit sind. Schließlich will man ja nicht die ganze Mühe der Kindererziehung auf sich nehmen, um sich nachher Eltern von Versagern schimpfen lassen zu müssen.

Besonders wichtig sind auch die vielen Möglichkeiten zur Verlängerung des Lebens, denn der moderne Mensch möchte mit dem Tod am liebsten gar nichts mehr zu tun haben. Also gibt es alle möglichen Medikamente und Behandlungen, um den Alterungsprozess zu verlangsamen, so dass wir ein immer längeres und aktives Leben führen können. Dadurch sind die Ansprüche an das Alter gewaltig angestiegen, denn inzwischen verlangt man auch nach der Pensionierung Fun und Action. Auch wenn einige der hier beschriebenen medizinischen Errungenschaften für den Normalbürger noch nicht zugänglich sind, und nur von den oberen Zehntausend bezahlt werden können, so setzt sich dieser Fortschritt doch immer mehr durch. Wir scheinen heute teilweise in der Lage zu sein, uns mit Hilfe der Medizin von Hässlichkeit, Dummheit, Alter und Depressionen befreien zu können. Die Folge davon: Die Ansprüche sind so stark angestiegen, dass alle das Gefühl haben, ihren Traum von Schönheit, Jugendlichkeit und einem tollen Lebensgefühl verwirklichen zu können. Und umso größer ist die Enttäuschung, wenn das ersehnte Glücksgefühl dann trotz allen Herumschnipselns am Körper und allen eingeworfenen Tabletten nicht eintritt. Letztlich kann man die Natur eben doch nicht betrügen.

Im Grunde geht es bei dem hier geschilderten medizinischen Fortschritt darum, einen fundamentalen metaphysischen Widerspruch aufzulösen, der letztlich in unserem Wirtschaftssystem steckt.

Auf der einen Seite soll sich dank technischen Fortschritts und Wirtschaftswachstums der Wohlstand ständig erhöhen, was den Menschen ermöglicht, ein immer angenehmeres und interessanteres Leben zu führen. Die Zukunft erscheint so immer besser als die Vergangenheit. Doch in krassem Gegensatz dazu wird der einzelne Mensch alt und zerbrechlich und, welch ungeheure Provokation, stirbt schließlich sogar. Das passt schlecht zusammen und stört die ansonsten so schöne Idee einer immer besseren Zukunft. Deshalb arbeitet man in der medizinischen Forschung fieberhaft daran, den Tod hinauszuschieben

> Die Zukunft scheint immer besser als die Vergangenheit.

und das Leben immer weiter zu verlängern. Aber abschaffen lassen sich Alter und Tod nicht, und es bleibt nach wie vor nur deren psychische Verdrängung. Darin sind wir mittlerweile allerdings Experten, da moderne Gesellschaften stets neue Möglichkeiten entwickeln, um sich ein Menschenleben lang vom Tod abzulenken.

Die Anspruchstretmühle und das Glück

Die mit dem Wohlstand steigenden Ansprüche sind die treibende Kraft hinter der Anspruchstretmühle. Es ist letztlich die Differenz zwischen Einkommen und Einkommensansprüchen, die das Glück ausmacht, und diese Differenz bleibt trotz stets steigenden Einkommens und zunehmenden Wohlstands mehr oder weniger konstant. Also stagniert auch das Glücksempfinden, denn gegen steigende Ansprüche scheint bis heute kein Kraut gewachsen zu sein. Genau so wie die Statustretmühle wird aber auch die Anspruchstretmühle von den Menschen im Allgemeinen ignoriert und bei vielen Entscheidungen vernachlässigt. Könnten die Menschen ihre eigenen, mit dem materiellen Wohlstand steigenden Ansprüche richtig prognostizieren, dann wüssten sie, dass die Freude an materiellen Gütern meist nach kurzer Zeit verpufft. Mehrere gesellschaftliche und wirtschaftliche Tendenzen führen in letzter Zeit noch zu einer zusätzlichen Beschleunigung der Anspruchstretmühle. Zu nennen sind hier das Karrieredenken als neuer kultureller Imperativ, die Werbung und der medizinische Fortschritt, welche unsere Ansprüche stets in neue, noch schwindelerregendere Höhen katapultieren.

9.

Die Multioptionstretmühle

Die steigende Zahl an Fernsehprogrammen – oder warum wir doch immer dasselbe anschauen

Begeben wir uns noch einmal in das Europa der Nachkriegszeit. Damals gab es noch kein Fernsehen und die Menschen mussten sich in den eigenen vier Wänden mit der rein akustischen Unterhaltung begnügen, die ihnen das Radio vermittelte. Allerdings nicht mehr für lange. Bald wurden erste Fernsehsendungen produziert, was einer Revolution des abendlichen Familienlebens gleich kam. Endlich musste man sich nicht mehr mühsam selbst unterhalten, sondern das besorgten jetzt Profis, die man sich mittels der ersten Fernsehempfänger in die Wohnstube holte. Zwar gab es damals in den 50er Jahren noch keine Auswahl zwischen verschiedenen Programmen, und es wurde nur einige Stunden pro Tag und in schwarz und weiß gesendet. Doch was machte das schon aus. Allein die Tatsache, dass man jetzt jeden Tag bewegte Bilder empfangen konnte, war so aufregend, dass der Inhalt der Sendungen eigentlich Nebensache war. Jeden Abend versammelte sich die ganze Familie inklusive der Nachbarn, die noch keinen Fernsehempfänger besaßen, erwartungsfroh um die neuen Fernsehgeräte und ließ sich durch Nachrichten, Filme, Fußballspiele und Fernsehshows begeistern. Und wenn man beispielsweise wusste, dass am Samstagabend ein Spielfilm kam, dann freute man sich bereits Tage vorher auf dieses große Ereignis.

In den 60er Jahren kam es dann noch besser. Zweite und dritte Fernsehprogramme wurden eingeführt und erstmals waren die Menschen in der Lage, zwischen verschiedenen Programmangeboten zu wählen und sich ihr eigenes, individuelles Programm zusammenstellen. Bald konnten auch die Fernsehprogramme der Nachbarstaaten empfangen werden, was die Programmoptionen für den Fernsehabend noch einmal beträchtlich erweiterte. Spezielle Fernsehprogrammhefte kamen auf den Markt, damit man schon vorzeitig die Fernsehabende für die nächsten Tage und insbesondere das Wochenende planen konnte. Und die Höhepunkte des Wochenendprogramms waren oftmals ein beliebtes Gesprächsthema am Montagmorgen bei der Arbeit. Denn da es erst wenige Programme zur Auswahl gab, konnte man noch davon ausgehen, dass die meisten Kollegen und Kolleginnen dieselben Sendungen gesehen hatten. Das galt auch für die Kinder in der Schule, wo sich Pausengespräche um unvergessliche Helden wie Tarzan, Lassie, Fury, Flipper oder Daktari drehten. Kinderprogramme wurden schnell zu einem fixen Bestandteil des Kinderalltags. Und darüber freuten sich auch viele Mütter, denn nie zuvor war der damals oft noch zahlreiche Nachwuchs so angenehm ruhig wie vor dem Bildschirm.

In den 70er Jahren stieg die Zahl der empfangbaren Programme noch einmal beträchtlich an und das endlich auch in Farbe. Die Sendezeiten verlängerten sich und Morgenfernsehen versprach gelangweilten Hausfrauen und Rentnern mehr Abwechslung in ihrem Dasein. Die größte Innovation war aber die Fernbedienung. Man kann sich ja heute kaum mehr vorstellen, welch ungeheuren Aufwand Menschen früher auf sich nehmen mussten, wenn sie das Programm wechseln wollten. Sie waren gezwungen, sich vom Sofa zu erheben, sich zum Fernsehgerät hin zu begeben, um dort einen Knopf zu drücken.

Unter solchen Umständen überlegt man sich schon zweimal, ob sich ein Programmwechsel wirklich lohnt. Die Fernbedienung senkte den Aufwand des Programmwechsels jedoch beträchtlich und damit war die neue Kultur des Zappings geboren. Endlich war es möglich, mehrere Programme parallel zu schauen und so mehrere Programmoptionen gleichzeitig wahrzunehmen. Und auch die Werbeblöcke musste der Fernsehkonsument jetzt nicht mehr einfach erdulden, sondern mit einem bequem vom Sofa aus ausgeführten Knopfdruck konnte er beim Start eines Werbeblocks sofort wegzappen.

Bald darauf, in den 80er Jahren, wurde die Programmvielfalt jedoch so groß, dass eine vernünftige Auswahl unmöglich wurde. Kabel- und Satellitenfernsehen erlaubten es, Programme aus der ganzen Welt zu empfangen. Und gleichzeitig entstanden auch immer mehr private Fernsehstationen, die einem die Wahl zur Qual machten. Sex, Gewalt und Musik rund um die Uhr war jetzt möglich, doch die Freude an der neuen Programmvielfalt war längst nicht so groß, wie man es erwartet hatte. Wollte man jetzt nämlich eine optimale Programmwahl treffen, dann war es notwendig, stundenlang Programmhefte zu studieren, und wenn man das tat, dann hatte man keine Zeit zum Fernsehen mehr. Ein fast auswegloses Dilemma, dass sich nur dadurch lösen ließ, dass die Menschen begannen, sich wahllos durch die verschiedenen Programmangebote zu zappen. Die Auswahl wurde immer zufälliger und immer mehr Menschen hatten keine Ahnung mehr, was sie eigentlich schauen wollten.

In den 90er Jahren explodierte die Zahl der empfangbaren Stationen weiter, und heute ist es nichts Besonderes mehr, wenn man 1000 Stationen im Wohnzimmer empfangen kann. Eine vernünftige Auswahl der Programme wurde dadurch aber so schwierig, dass die meisten Fernsehzuschauer kapitulierten. Schließlich kann man nicht die gesamte Freizeit dafür opfern, Programmhefte zu studieren. Die am häufigsten gewählte Kapitulationsstrategie besteht darin, dass man einfach ein paar wenige Sendungen auf gewohnten Kanälen schaut und den Rest der Programmangebote ignoriert. Und diese wenigen Sendungen sind typischerweise die-

> Statt die Vielfalt zu genießen, leiden wir unter der Qual der Wahl – denn die Opportunitätskosten steigen.

selben, welche sich die Menschen auch schon in den 60er Jahren zum Gemüte führten: Nachrichten, Quizsendungen, einige Soaps, Fußballspiele, Tierfilme. Nur Sexprogramme brachten zumindest für die männlichen Zuschauer eine echte „thematische Erweiterung". Die zweite Kapitulationsstrategie ist das Fernsehen nach dem Zufallsprinzip. Man stellt das Gerät einfach an, schaut kurz irgendetwas, um dann weiter zu zappen, bis einem auch das nächste Programm verleidet ist. Und am Ende des Abends weiß man kaum, was man eigentlich geschaut hat. Nicht wenige Menschen blicken deshalb mit Wehmut in die 60er Jahre zurück, als das Fernsehen mit viel weniger Programmen noch so richtig Spaß machte und man noch sich auf eine bestimmte Sendung freuen konnte. Denn wo ist sie nur geblieben, die Freude an der heutigen Programmvielfalt?

Ganz offenbar bringt eine Zunahme der Programmoptionen auch Probleme mit sich, die sich ökonomisch mit dem Begriff Opportunitätskosten (entgangener Nutzen einer alternativen Verwendung der Zeit) umschreiben lassen. Solange es nur ein einziges Programm gibt, sind diese Opportunitätskosten in Bezug auf andere Fernsehprogramme gleich null. Denn man muss in diesem Fall auf keine anderen Sendungen verzichten, wenn man sich eine Sendung des einen Programms zu Gemüte führt. Schaut man etwa gerade den Samstagabendfilm, dann geht einem dadurch kein anderer Film in einem anderen Programm durch die Lappen. Also ist die Entscheidung einfach. Bei zwei Programmen sind die Opportunitätskosten schon höher. Jetzt entgeht einem nämlich das Programmangebot des zweiten Senders, sobald man sich für eine bestimmte Programmoption entschieden hat.

Je mehr Programme es nun gibt, umso höher werden die Opportunitätskosten der Programmauswahl. Man muss auf immer mehr andere Programmoptionen verzichten, wenn man sich für ein bestimmtes Programm entscheidet. Schaut man etwa einen Western auf Sat1, dann muss man dafür auf den Action-Film auf Pro7, sowie auf den Gangsterfilm im ZDF verzichten. Natürlich könnte man die anderen Filme mit den heutigen technischen Möglichkeiten aufzeichnen und dann später schauen, aber damit ist das Problem auch nicht gelöst. Denn auch zu einem späteren Zeitpunkt laufen wieder eine ganze Menge Filme im Fernsehen, auf die man dann alle verzichten muss, weil man sich die Aufzeichnungen der früher verpassten Filme anschaut. Das Problem ist immer dasselbe: zu viele Optionen und zu wenig Zeit. Die ungeheure Programmvielfalt hat die Menschen nicht glücklicher gemacht, denn aus der Freude an der Wahl wurde die Qual der Wahl.

Die Qual der Wahl –
warum es unmöglich ist, optimal zu entscheiden

Das enorme Wachstum der Programmoptionen beim Fernsehen ist nur ein Beispiel für eine allgemeine Entwicklung hin zur Multioptionsgesellschaft.[70] Mit der Zunahme des Einkommens kommt es auch zu einer konstanten Zunahme der Produkt- und Dienstleistungsvielfalt, die ständig neue Optionen für Konsum, Investitionen, Freizeitaktivitäten und Lebensstile schafft. Ja, die Möglichkeiten sind in den letzten Jahrzehnten förmlich explodiert, ganz egal, ob es um simple Konsumentscheidungen oder um den persönlichen Lebensentwurf geht. Eine Studie in den USA untersuchte die Zunahme der Produktvielfalt zwischen den Jahren 1980 und 1998 für typische Konsumgüter wie Nahrungsmittel, Getränke, Kosmetikartikel und Tierfutter. Im Jahre 1980 wurden dabei insgesamt 4418 Produkte gezählt, während es im Jahr 1998 bereits 24965 waren.[71] Das entspricht einer Zunahme von 565 Prozent.

Wir alle erleben diese Zunahme der Produktvielfalt hautnah mit, wenn wir einen Supermarkt wie Aldi, Lidl, Carrefour oder Migros betreten. Wollen wir etwa ein Joghurt kaufen, dann ist die Auswahl geradezu erschreckend groß. Man sieht sich mit den verschiedensten heimischen und exotischen Geschmacksrichtungen von Früchten, Beeren, Nüssen, Schokolade und allen nur erdenklichen Mischungen zwischen diesen Geschmacksrichtungen konfrontiert, was dem Konsumenten bereits ein erhebliches Ausmaß an Entscheidungsfreudigkeit abverlangt. Doch das ist erst ein kleiner Teil des Angebots. All die erwähnten Geschmacksrichtungen findet man nämlich gleich mehrfach. In einer Marktwirtschaft herrscht Konkurrenz und demzufolge gibt es verschiedene Anbieter von Früchte- Beeren-, Nuss- und Schokolade-Joghurts, die sich gegenseitig mit noch mehr Fruchtigkeit und Geschmacksintensität zu übertrumpfen versuchen.

Und dann kommen noch die ganzen Low-Fat Joghurts, Deluxe-Joghurts, Bio-Joghurts, trinkbaren Joghurts, speziell lustigen Joghurts für Kinder und natürlich

Die Tyrannei der kleinen Entscheidungen.

Sonderangebote hinzu, was insgesamt zu meterlangen Regalen mit nichts anderem als Joghurts führt. Selbst der Kauf eines so einfachen Produktes wird so zu einem komplizierten Auswahlverfahren, das Fred Hirsch als „die Tyrannei der kleinen Entscheidungen" beschrieben hat.[72]

Ich selbst habe mich mehrfach dabei ertappt, wie ich ratlos vor Joghurtregalen auf- und abwanderte, ohne zu wissen, welches Joghurt ich tatsächlich kaufen sollte. Und da das keine angenehme Situation ist, löse ich das Problem einfach dadurch, dass ich immer dieselbe Entscheidung treffe: Ich kaufe ein Joghurt mit Haselnuss-Geschmack, denn damit habe ich in der Vergangenheit gute Esserfahrungen gemacht. Mit andern Worten, ich tue genau das, was auch die Fernsehkonsumenten tun, wenn sie mit zu vielen Programmoptionen konfrontiert werden. Ich handle einfach nach Gewohnheit, da ich mich überfordert fühle, alle Joghurtangebote miteinander zu vergleichen, um so eine optimale Kaufentscheidung zu treffen.

Mit etwas Nostalgie erinnere ich mich an das Jahr 1989, als ich für ein Jahr in Berlin lebte und nach der Maueröffnung sofort in den Ostteil der Stadt gezogen war. Die Lebensmittelläden waren noch dieselben wie zu DDR-Zeiten und die Produktauswahl erwies sich somit als ziemlich beschränkt. Bei den

Joghurts war im Allgemeinen nur eine Geschmacksrichtung erhältlich, die allerdings immer wieder wechselte. Man wusste nie, welche Frucht oder Beere einem an einem bestimmten Tag in den Joghurts begegnen würde und kaufte so ohne Qual der Wahl einfach die gerade erhältliche Geschmacksvariante. Und das erstaunlichste dabei ist: diese Joghurts gehörten zu den besten, die ich bisher in meinem inzwischen auch nicht mehr ganz jungen Leben verzehrt habe. Das beschränkte Angebot an Joghurts und anderen Lebensmitteln hatte seine Vorzüge, denn es vereinfachte das Einkaufen ganz erheblich.

Natürlich äußert sich die Multioptionsgesellschaft nicht nur in der Vielfalt von Milchprodukten wie Joghurts oder Früchtequarks. So gibt es viele im Alltag zu treffende Entscheidungen, die wenig Freude machen, aber unser Budget erheblich beeinflussen. Zum Beispiel sieht man sich immer wieder neu mit dem Problem konfrontiert, die besten Deals für Fix- und Mobiltelefonverträge herauszufinden. Die Anbieter versuchen den Vergleich aber so schwierig wie möglich zu gestalten. Denn könnte man zu leicht vergleichen, dann würden wohl die meisten tatsächlich das billigste Angebot wählen. Doch dank verschiedener Einsteigersonderangebote, spezieller Rabatte und ständiger Änderungen der Bedingungen gelingt es den Telefongesellschaften, uns so zu verwirren, dass wir nie sicher sind, ob wir das beste Angebot gewählt haben. Würden wir diese Entscheidung wirklich ernst nehmen, dann hätten wir kaum noch Zeit dazu, in unserer Freizeit irgendetwas anderes zu tun. Wir könnten dann nicht mehr allzu lange überlegen, wie wir unser Geld optimalerweise anlegen sollten oder ob es angebracht wäre, die Krankenversicherung zu wechseln. Typischerweise reichen Energie und Zeit nur für ein paar wenige optimale Alltagsentscheidungen, während man die übrigen Entscheide dann ziemlich zufällig trifft. Insgesamt führt das zu einem schizophrenen Verhalten, da die Optimierung in einem Lebensbereich oft durch Verschwendung in anderen Lebensbereichen kompensiert wird. Überall optimal zu entscheiden ist schlichtweg unmöglich bei der heutigen Menge an Optionen.

Auch in Bezug auf unsere Freizeit müssen wir ständig Entscheidungen treffen wie zum Beispiel: Wohin soll es dieses Jahr in die Ferien gehen? Wollen wir uns an einem karibischen Strand in der Sonne räkeln? Oder wäre ein Strand in Thailand besser dafür geeignet wegen der besseren kulinarischen Möglichkeiten? Oder wäre es sinnvoller, den Strandurlaub in Kenia zu verbringen, denn dann könnte man ihn noch mit einer Safari kombinieren? Oder soll man den Strandaufenthalt mit einem Tauchkurs in den Malediven verbinden? Doch ist ein Strandurlaub überhaupt das richtige für dieses Jahr, nachdem man schon letztes Jahr am Strand war? Wäre es nicht Zeit für etwas Abenteuerlicheres wie eine Trekking-Tour in Nepal oder eine Schiffsreise zum Ursprung des Amazonas? Unzählige Optionen stehen einem zur Verfügung und meist fehlen klare Kriterien für eine Entscheidung. Und je mehr man darüber nachdenkt, umso komplizierter wird es. Denn schon bald kann auch die Frage auftauchen, ob es sich überhaupt lohnt, in die Ferien zu fahren. Sollte man nicht besser das Geld sparen und stattdessen ein neues Auto kaufen, welches man dann das ganze Jahr fahren kann? Um rational entscheiden zu können, müsste man wissen, wie viel Spaß die Ferien bringen und diesen Spaß mit der Freude am neuen Auto vergleichen. Aber ein solcher Vergleich ist für die meisten von uns eine krasse Überforderung.

Die Multioptionsgesellschaft spüren wir aber auch bei den großen Entscheidungen des Lebens. Traditionellerweise war dieses durch Traditionen aus Religion und Kultur stark vorgezeichnet. Nach der Schule lernten Männer einen Beruf, heirateten, hatten Kinder, arbeiteten bis zur Pensionierung und freuten sich danach an ihren Enkeln, von denen man genau dieselbe Biographie erwartete. Frauen hingegen erlernten oftmals gar keinen Beruf, sondern heirateten gleich nach der Schule, um sich dann um Familie und Kinder zu kümmern. Doch heute ist das alles nicht mehr zwingend, da verbindliche Regeln aus religiösen und kulturellen Traditionen immer mehr an Bedeutung verloren haben. Es ist uns überlassen, ob wir heiraten wollen oder nicht, ob wir Kinder haben wollen oder nicht, ob wir im angestammten Beruf bleiben oder eine weitere Ausbildung machen. Und wenn wir einmal verheiratet sind, kann man sich jederzeit auch für eine Scheidung entscheiden, was inzwischen fast 50 Prozent der Verheirateten tun.

Es gilt: Anything goes. Allerdings geht es häufig nicht sehr gut, denn wir sind uns unserer Entscheidungen kaum je sicher, da auch hier klare Kriterien schmerzlich vermisst werden. Auf der einen Seite ist die neue Wahlfreiheit in der Multioptionsgesellschaft etwas Großartiges, denn die äußeren Zwänge und Beschränkungen sind weggefallen. Doch umso erschreckter müssen wir dann feststellen, dass die neuen Beschränkungen in uns selbst liegen und wir uns schwer tun, mit dieser Optionsvielfalt umzugehen.

> Anything goes – doch oft nicht sehr gut.

Aus diesem Grund fühlen sich die Menschen oftmals wohler, wenn sie weniger Auswahlmöglichkeiten haben, als dies heute allgemein der Fall ist.[73] Ein drastisches Beispiel dafür ist die pränatale Diagnostik. Wenn der Arzt einer werdenden Mutter (oder den Eltern) mitteilt, dass ihr Kind wahrscheinlich schwer behindert sein wird, dann führt dies zu einem psychisch kaum mehr zu bewältigenden Dilemma. Entscheidet sie sich für eine Abtreibung, dann ist sie nicht sicher, ob sie nicht ein wertvolles Leben zerstört hat, denn möglicherweise wäre die Behinderung gar nicht so schlimm gewesen. Und wenn sie sich gegen die Abtreibung entscheidet und das Kind mit einer schweren Behinderung geboren wird, dann fühlt sie sich wahrscheinlich auch schuldig, da hier eine lebenslange Leidensgeschichte beginnt.[74] Aus diesem Grund gibt es in verschiedenen Ländern Anstrengungen, die pränatale Diagnostik zu verbieten, um den Eltern solche Entscheidungen zu ersparen. Hier wird die Wahl endgültig zur Tyrannei.

Optionen zu haben ist schön –
doch zu viele Optionen garantieren kein Glück

Neue Untersuchungen in der Psychologie lassen deutlich erkennen, dass es Menschen nicht schätzen, unter einer zu großen Menge von Optionen auswählen zu müssen. Das zeigt sich wiederum bei ganz alltäglichen Konsumentscheidungen. Die beiden Psychologen Sheena Iyengar und Mark Lepper analysierten die Zufriedenheit von Menschen beim Kauf von Marmelade und Schokolade. Produkte, von denen es bekanntlich die unterschiedlichsten Varianten und Geschmacksrichtungen gibt. Die Forscher ermittelten die Zufriedenheit der Menschen, wenn sie jeweils die Auswahl zwischen sechs Varianten hatten und dann zwischen jeweils 30 Varianten. Das Resultat war kaum überraschend. Bei sechs Varianten war die Zufriedenheit der Konsumenten wesentlich größer als bei 30 Varianten, denn im letzteren Fall fühlten sie sich überfordert und die Auswahl machte keine Freude mehr.[75] Würden wir den Zusammenhang zwischen der Zahl der Optionen und der Zufriedenheit der Konsumenten graphisch darstellen, dann ergäbe sich eine umgekehrte U-Kurve.[76] Solange nur wenige Optionen vorhanden sind, nimmt die Zufriedenheit mit der Zahl der Optionen zu. Doch sobald einmal ein bestimmter Schwellenwert erreicht ist, sinkt die Zufriedenheit wieder. Ab diesem Schwellenwert gibt es somit einen negativen Zusammenhang zwischen der Zahl der Optionen und der Zufriedenheit bei der Auswahl.

Je mehr Optionen, desto schlechter die Entscheidung.

Doch nicht nur die Zufriedenheit nimmt mit der Zahl der Optionen ab, sobald einmal ein bestimmter Schwellenwert überschritten ist. Auch die Qualität der Entscheidungen leidet darunter, da die Menschen immer weniger in der Lage sind, die für sie beste Option auszuwählen.[77] Stattdessen weichen sie dann auf simple Regeln aus und wählen zum Beispiel die vermeintlich billigste oder die teuerste Option. Doch solche simplen Regeln führen häufig zu schlechten Kaufentscheidungen. So ist es nicht erstaunlich, dass es Menschen, wenn sie mit zu vielen Optionen konfrontiert werden, häufig vorziehen, wenn andere die Entscheidung für sie fällen. Auf diese Weise können sie wenigstens jemand anderen dafür verantwortlich machen, wenn sie die Entscheidung später bereuen.

Aufgrund der eben geschilderten Zusammenhänge lässt sich auch erklären, wie die Multioptionstretmühle eine Zunahme des Glücksempfindens bei steigenden durchschnittlichen Einkommen in den Industrieländern verhindert. Gibt es wenige Optionen, dann sorgt ein Anstieg der Güter- und Dienstleistungsvielfalt zunächst für mehr Zufriedenheit und Glück, denn damit lassen sich zusätzliche Bedürfnisse befriedigen, die das Leben erleichtern und mehr Freude bringen. Ist aber einmal ein bestimmter Wohlstand erreicht, und sind die wichtigsten Bedürfnisse abgedeckt, dann ist die Spitze der umgekehrten U-Kurve erreicht. Nimmt jetzt die Zahl der Optionen weiter zu, dann wirkt sich das negativ auf das subjektive Glücksempfinden aus, denn aus der Freude an der Wahl wird jetzt die Qual der Wahl. Ab diesem Zeitpunkt befinden wir uns in der Multioptionstretmühle, die sich immer stärker bemerkbar macht, je mehr und schneller die Zahl der Optionen ansteigt.

Viel versprochen, wenig gehalten – Optionen, Pseudooptionen und Phantomoptionen

Die ständige Zunahme der Produktvielfalt und Dienstleistungsangebote ist allerdings eine Notwendigkeit, um in weitgehend gesättigten Märkten immer noch mehr Güter und Dienstleistungen zu verkaufen. Andernfalls macht sich nämlich bald einmal das in der Ökonomie bestens bekannte Gesetz des abnehmenden Grenznutzens bemerkbar. Es macht keinen Sinn, stets weitere Schuhe zu kaufen, wenn es nur ein paar wenige Schuhmodelle gibt. Der zusätzliche Nutzen eines weiteren Schuhpaares wird nämlich immer kleiner, je mehr Schuhe man schon besitzt. Und irgendwann ist er so klein, dass sich ein weiterer Kauf nicht mehr lohnt. Wenn das bei vielen Menschen der Fall ist, dann ist der Schuhmarkt gesättigt und die Verkaufszahlen beginnen zu stagnieren. Gibt es aber eine Vielfalt von Schuhen und werden jedes Jahr neue Schuhmodelle entwickelt, dann lässt sich der Absatz von Schuhen immer weiter steigern. Die Lust am Kaufen wird durch ständig neue Produktvarianten genährt. Wohl niemand weiß das besser als die Gattin des vormaligen Präsidenten der Philippinnen, Imelda Marcos, die in ihren besten Zeiten eine Sammlung von 1600 Schuhpaaren ihr Eigen nannte. Dank der ungeheuren Menge an heute existierenden Schuhoptionen, die von Spezial-Joggerschuhen bis zu eleganten Stöckelschuhen reichen, gibt es einen ständigen Anreiz, noch weitere Schuhe zu kaufen, obwohl man längst genügend Schuhe hat. In diesem Fall hat man nämlich das Gefühl, etwas Neues zu kaufen, obwohl man eigentlich stets eine weitere Variante desselben Produkts kauft.

Doch Schuhe sind nur ein Beispiel von vielen. Auch auf dem Zeitschriftenmarkt nimmt die Angebotsvielfalt ständig zu, obwohl immer weniger gelesen wird. Coury Turczyn, der Redakteur des Pop Cult Magazines hat das Wachstum an Illustriertenerzeugnissen unlängst folgendermaßen beschrieben:

„Trotz all der Behauptungen, dass der Markt für Printmedien tot sei, sind die Zeitschriftenregale prall gefüllt. Das ist noch verständlich, so lange es sich um spezielle Nischenprodukte handelt, die Themen wie Elektronik, Nähen oder Puppen abhandeln, aber ein wachsender Teil der Zeitschriftenerzeugnisse gehört nicht zu dieser Kategorie. Dick, hochglänzend, bunt und teuer werden diese allgemein als Style-Magazine bezeichnet, aber scheinen irgendwie höhere Ambitionen zu haben, auch wenn niemand weiß, was diese genau sind. Kultur vielleicht? Sie sind alle mit zufriedenen, sich selbst gratulierenden Editorials der Chefredakteure ausgestattet, teuer aufgemacht und raffiniert gestaltet – allerdings ohne überzeugenden Inhalt zu liefern. Die großartig im Editorial angekündigten Visionen sind meist nicht mehr als recycelte Interviews mit irgendwelchen

Prominenten zweiter Klasse und Präsentation der neuesten Modegags. Wer liest eigentlich diese Publikationen? Wie ist es möglich, dass die Herausgeber diese weiterhin drucken können? Warum gibt es Unternehmen, die dort inserieren? Die Antwort liegt möglicherweise in der Massenillusion, dass diese Zeitschriften etwas Wichtiges zu bieten haben. Doch das haben sie nicht."

Bei vielen Produkten ist die Vielfalt der Angebote inzwischen so stark angestiegen, dass außer den Herstellern niemand mehr eine Ahnung hat, wozu sie eigentlich gut sind. Und genau genommen wissen es die Hersteller häufig auch nicht. Doch solange die Verkaufszahlen steigen, ist ihnen das egal. Hauptsache, die Menschen halten die Illusion aufrecht, dass weitere Optionen etwas Neues bieten und damit zu mehr Zufriedenheit führen.

Die angebliche Vielfalt an Optionen, wie etwa auf dem Zeitschriftenmarkt oder bei den Fernsehprogrammen, besteht oft nur aus Pseudooptionen. In diesem Fall ist die Vielfalt vorgetäuscht, denn in Wirklichkeit werden stets dieselben Inhalte recycelt. Wir haben zwar Hunderte von Zeitschriften, aber überall treffen wir auf denselben Themen-Mix, der nur jeweils etwas anders aufbereitet wird. Und auch beim Fernsehen entpuppt sich die Programmvielfalt als ein Einheitsbrei von denselben Shows, Soaps, Filmen und Unterhaltungsmagazinen, die vielen Menschen längst zum Halse heraushängen. Die Existenz solcher Pseudooptionen nimmt uns zusätzliche Freude an der ganzen Produktvielfalt. Mark Twain hatte wohl recht, als er bereits im 19. Jahrhundert erkannte: „Zivilisation ist die unablässige Vermehrung von unnötigen Notwendigkeiten." Immer mehr Güter- und Dienstleistungsvarianten sind aber gerade solche unnötigen Notwendigkeiten, die sich bei genauerem Hinsehen als Pseudooptionen entpuppen.

Neben Pseudooptionen existieren auch so genannte Phantomoptionen. Solche Optionen sind nur scheinbar für jeden

> „Zivilisation ist die unablässige Vermehrung von unnötigen Notwendigkeiten."

Mann und jede Frau zugänglich. Ist jemand reich, attraktiv oder berühmt, dann stehen ihm oder ihr viele Auswahlmöglichkeiten zur Verfügung und die Multioptionsgesellschaft erscheint demzufolge attraktiv. Doch für die armen, hässlichen und schlecht ausgebildeten Mitglieder der Gesellschaft sieht das anders aus. Die wirklich attraktiven Optionen sind für sie meist Phantomoptionen. Natürlich können auch sie unter hunderten von Fernsehprogrammen und Joghurts auswählen, doch das Glückspotential von Fernsehen und Joghurts ist nicht allzu groß.

Ein hohes Glückspotential besitzt hingegen Sex, wie wir das von den in Teil I vorgestellten Forschungsresultaten wissen. Nur ist „Sex haben" leichter gesagt als getan. Und wenn man dann noch Ansprüche stellt und dies mit einem attraktiven Partner tun möchte, dann wird Sex für viele Normalbürger und -bürgerinnen zur Phantomoption. Das ist umso frustrierender, als einem in den Medien und der Werbung überall attraktive und vor Erotik sprühende Frauen und Männer ins Gesicht springen.

Der französische Autor Michel Houellebecq hat dieses Thema in seinem 1994 erschienen Buch „Ausweitung der Kampfzone" aufgearbeitet. Dort beschreibt er, wie sich seit den 70er Jahren gerade wegen der sexuellen Befreiung eine neue sexuelle Hierarchie etabliert hat. Diese führte paradoxerweise dazu, dass viele Menschen nicht mehr in der Lage sind, Sex zu haben. Einer der Protagonisten des Buches ist so hässlich, das sich keine Frau für ihn interessiert, und es bleiben ihm nur frustrierende Erfahrungen mit Prostituierten. Nicht gerade das, was man sich unter der sexuellen Befreiung vorgestellt hat. Die Erfolgreichen, Schönen und Reichen profitierten von dieser Befreiung, in dem sich ihre Optionen für sexuelle Kontakte beträchtlich erweiterten. Sie sind in der Lage, Sex mit vielen attraktiven Partnern zu haben. Doch am unteren Ende der Hierarchie sieht es anders aus. Dort lauern Einsamkeit, Pornographie und Selbstbefriedigung und die Multioptionsgesellschaft entpuppt sich als moderne Hölle.

Die von Houellebecq beschriebene neue sexuelle Hierarchie ist nur ein Beispiel dafür, wie attraktive Optionen für eine Vielzahl von Menschen unerreichbar bleiben und damit zu Phantomoptionen werden. Weiterhin gibt es auch eine finanzielle Hierarchie, die tendenziell sogar zunimmt. Die in vielen Ländern steigende Einkommensungleichheit sorgt dafür, dass der Unterschicht die besonders attraktiven Optionen verschlossen bleiben. Ja, häufig werden Optionen für die besser Begüterten gerade erst dadurch attraktiv, dass sie nicht alle wahrnehmen können. In diesem Punkt gibt es einen engen Zusammenhang zwischen Multioptionstretmühle und Statustretmühle. Ständig werden auch neue Optionen für Statussymbole geschaffen, die dann für die ärmeren Mitbürger zu Phantomoptionen werden. Die zunehmende Zahl von Phantomoptionen verstärkt zusammen mit den Pseudooptionen die Unzufriedenheit vieler Menschen in der Multioptionsgesellschaft, die so viel verspricht und so wenig hält.

Die zunehmende Qual der Wahl

Die Multioptionsgesellschaft hat die Menschen von ihren traditionellen Beschränkungen befreit. Weder Religion noch andere moralische Traditionen begrenzen den modernen Menschen in der Gestaltung seines individuellen Lebensstils. Er oder sie kann sich im Vergleich zu früheren Generationen mit einer nie da gewesenen Freiheit entfalten, auch wenn sich die Individualität in der Praxis häufig im Konsum von individuellen Produkten erschöpft. Doch auf der anderen Seite sind neue Beschränkungen entstanden, die mit der wachsenden Zahl von Optionen immer gravierender werden und dafür sorgen, dass der Mensch in der Multioptionsgesellschaft zum Gefangenen seiner selbst wird. Nicht mehr äußere Zwänge, sondern das innere Unvermögen sinnvolle Entscheidungen zu treffen, setzen jetzt die Grenzen. Und das ist psychisch schwieriger zu verkraften, da man niemand anderen mehr verantwortlich machen kann, wenn man trotz der Vielzahl an faszinierenden Optionen nicht glücklich wird. Die in den folgenden drei Abschnitten vorgestellten Mängel sorgen dafür, dass sich die Qual der Wahl mit der Zahl der Optionen kontinuierlich erhöht.

Informationsflut

Je größer die Zahl der Optionen wird, umso mehr steigt auch der Bedarf an Information. Schließlich muss man über immer mehr Optionen Bescheid wissen, damit man eine einigermaßen vernünftige Auswahl treffen kann. Doch das Sammeln und Evaluieren von Information braucht Zeit und verursacht zusätzliche Suchkosten. Traditionellerweise wurden diese Kosten in der Ökonomie heruntergespielt, indem man angenommen hat, dass Menschen im Normalfall wie bei einem Buffet auswählen können.[78] Dort sind alle Essensoptionen auf einem oder mehreren Tischen ausgebreitet, und es lassen sich in Ruhe diejenigen Speisen auswählen, die am meisten Genuss versprechen. Unter solchen Bedingungen sind vernünftige Entscheidungen noch relativ leicht möglich, und es braucht auch nicht allzu viel Information, da man alle Speisen sehen und riechen kann. Wenn alle Auswahlprozesse so einfach funktionieren würden, dann hätten wir wirklich die „unerträgliche Leichtigkeit des Seins" hier auf Erden.

Die „Buffets des realen Lebens" sind aber dadurch charakterisiert, dass sie oft kilometerlang und total unübersichtlich sind. Und dann verändern sich die angebotenen Optionen auch noch permanent, so dass man keinen Moment sicher sein kann, ob man die richtige Wahl getroffen hat.

> Die „Buffets des realen Lebens" sind kilometerlang und total unübersichtlich.

Unter solchen Bedingungen bleiben „Entscheidungen unter vollständiger Information" ein frommer Wunsch. Relativ zur stets wachsenden Zahl der vorhandenen Optionen sind wir im Gegenteil immer schlechter informiert und müssen unter immer größerer Unsicherheit entscheiden.

Paradoxerweise wird der Informationsmangel in der Multioptionsgesellschaft noch dadurch verstärkt, dass immer mehr Information vorhanden ist. Wir sprechen deshalb von Informationsüberflutung bzw. „information overload".[79] Zu viel Information zu haben ist aber genau so gefährlich, wie zu wenig informiert zu sein. Es wird nämlich immer schwieriger, die wirklich relevanten Informationen herauszufiltern, da wir täglich mit Massen von für uns vollkommen irrelevanten Informationen bombardiert werden. Da erfahren wir, dass ein Breitband-Internetanschluss jetzt statt 49.99 Euro nur noch 39.99 Euro pro Monat kostet, obwohl wir gar kein Internet zu Hause haben. Und wir wissen dank der Nachrichten Bescheid, dass in Ost-Timor ein Aufstand niedergeschlagen wurde. Doch was wir wirklich wissen wollen, etwa wie hoch die tatsächlichen Gebühren sind, die wir unserer Bank für das Verwalten der Portfolios bezahlen, erfahren wir, wenn überhaupt, erst nach einem langen und mühsamen Suchprozess.

Insgesamt versinken wir in einem Überangebot an für uns unbrauchbaren Informationen, die uns aus allen Medien entgegenströmen. Immer mehr wird geschrieben, gesendet, ausgestrahlt und telefoniert, ohne dass wir wirklich etwas Neues erfahren. Der Zukunftsforscher John Nasbitt hat das bereits in seinem 1982 erschienenen Bestseller „Megatrends" so ausgedrückt: „Wir ertrinken in Information, aber dürsten nach Wissen." Die Informationsüberflutung sorgt so für eine zusätzliche Paralysierung der Menschen, welche mit dem Begriff „Information Fatigue Syndrom" bezeichnet wurde.[80] Dieses Syndrom beschreibt das permanente Gefühl vieler Menschen, trotz massenhaft vorhandener Information, nie richtig informiert zu sein.

> „Wir ertrinken in Information, aber dürsten nach Wissen."

Immer rennt man den Informationen hinterher und auch die ganzen Informationstechnologien helfen nicht wirklich weiter. Denn kaum hat man einmal die angeblich richtige Information erhalten, schon kommt eine zweite Information, welche die erste wieder in Frage stellt. Ständig zweifelt man an der

Korrektheit, der Relevanz und der Vollständigkeit von Informationen, was schon manchen Menschen fast zum Wahnsinn getrieben hat. Es kommt so, wie es der Kolumbianische Aphoristiker Nicolas Gomez-Davila bereits vor 30 Jahren formuliert hat: „Die Informationstechnologien erlauben es dem modernen Menschen, über alles informiert zu sein, ohne irgend etwas zu verstehen."

Geistige Buchhaltung

Selbst wenn wir in der Lage wären, alle für eine Auswahl relevanten Informationen zu erhalten, dann bleibt immer noch das Problem der Evaluation dieser Information. Um wirklich optimal entscheiden zu können, sollten wir nämlich wissen, wie glücklich oder unglücklich uns bestimmte zur Wahl stehende Optionen in Zukunft machen werden. Doch das ist in den meisten Fällen eine krasse Überforderung des menschlichen Gehirns. Wie wir bereits gesehen haben, sind Menschen nicht besonders gut darin, zukünftige Gefühle abzuschätzen und für verschiedene Optionen untereinander zu vergleichen. Irgendwie müssen sie die vorhandenen Optionen zu diesem Zweck nämlich geistig kategorisieren, und das ist eine äußerst anspruchsvolle Aufgabe. Dieser Kategorisierungsprozess wird in der Ökonomie mit dem Begriff „geistige Buchhaltung" (mental accounting) umschrieben.[81] Denn ähnlich wie Unternehmen mit Hilfe ihres Buchhaltungssystems herausfinden müssen, ob bestimmte Projekte mit einem Gewinn oder Verlust enden werden, so müssen Menschen mit Hilfe ihrer geistigen Buchhaltung herausfinden, ob sich bestimmte Optionen lohnen oder nicht.

Wenn nun diese geistige Buchhaltung nicht richtig funktioniert, dann resultieren daraus irrationale Entscheidungen, die in Bezug auf das zukünftige Glücksempfinden nicht optimal sind. Vergleichen wir zu diesem Zweck (und nur zu diesem Zweck) den Menschen einmal mit einem Unternehmen. Nehmen wir an, es handle sich um ein kleines Architekturbüro, welches ein fehlerhaftes bzw. unvollständiges Buchhaltungssystem besitzt.

In diesem System werden alle Ausgaben für Material wie Druckerpatronen und Bleistifte peinlich genau erfasst, obwohl diese insgesamt nur einen Bruchteil der gesamten Produktionskosten ausmachen. Die gesamten Lohnnebenkosten werden hingegen vernachlässigt, denn dafür ist in dem Buchhaltungssystem kein Konto vorhanden. Operiert nun das Architekturbüro mit diesem fehlerhaften Buchhaltungssystem, wird es große Anstrengungen unternehmen, seine Materialkosten immer mehr zu senken, obwohl diese für das gesamte Betriebsergebnis ziemlich irrelevant sind. Die viel relevanteren Lohnnebenkosten steigen dagegen unbemerkt immer weiter an, da das fehlerhafte Buchhaltungssystem dazu verleitet, zu viele Arbeitskräfte anzustellen. Das Resultat davon ist, dass der Betrieb irgendwann Pleite geht. Mit einem fehlerhaften Buchhaltungssystem kann ein Unternehmen nicht allzu lange überleben. Menschen leben hingegen auch mit fehlerhaften geistigen Buchhaltungssystemen weiter, doch führen diese zu unglücklichen Entscheidungen.

Je zahlreicher die Optionen sind und je komplexer diese werden, umso fehleranfälliger werden die geistigen Buchhaltungssysteme und umso mehr verletzen sie elementare Gesetze rationaler Entscheidungen. Genau wie in dem vorhin erwähnten Beispiel des Architekturbüros, tendieren Menschen dazu, unwichtige Nebensächlichkeiten geistig hochzuspielen und dabei die wirklich wichtigen Tatsachen zu vernachlässigen. Das erkennt man besonders deutlich am Umgang mit Geld. Viele Menschen können sich unheimlich darüber aufregen, dass der Kaffee in einem bestimmten Lokal 2.90 Euro statt 2.80 Euro kostet oder dass der Preis eines Joghurts im Supermarkt von 40 auf 50 Cents gestiegen ist. Und eine Erhöhung der Parkgebühren, welche sie pro Monat einige Euro kostet, treibt sie zur Weißglut. Den gleichen Menschen ist es aber vollkommen gleichgültig, Tausende von Euros an der Börse zu verlieren, weil sie etwa vergessen haben, die Aktien rechtzeitig abzustoßen. Und auch 10 000 Euro Mehrkosten für ein neues Automodell ist für sie nicht weiter von Bedeutung, wenn sie dieses Auto unbedingt haben wollen. Bei vielen kleinen Einkäufen wird auf den Cent geschaut, während bei anderen Gelegenheiten der Euro großzügig zum Fenster hinausgeworfen wird. Nicht gerade das, was man unter rationalem Verhalten versteht.

> Wenn wir meinen zu sparen, werfen wir oft das Geld zum Fenster hinaus.

Würden sich die Menschen rational verhalten, so wie es die Wirtschaftstheorie gerne hätte, dann wäre ein Euro natürlich immer gleich ein Euro. Das ist das Prinzip der „Fungibilität des Geldes", welches besagt, dass alle Ausgaben und Einnahmen immer gleich bewertet werden müssen. In der Realität ist das aber nicht einmal annähernd der Fall, da die real existierende geistige Buchhaltung der Menschen anders funktioniert. Je nachdem, wie man das Geld verdient und wie man es ausgibt, wird es geistig verschiedenen Konten zugeordnet, in denen ein Euro jeweils einen ganz unterschiedlichen Wert besitzt.[82] Wird etwa Geld durch Zufall verdient, wie bei einem Lottogewinn, dann trennt man sich viel leichter davon, als wenn man es mit saurer Arbeit verdient hat. Ganz offensichtlich werden Lottogewinne einem anderen geistigen Konto zugeordnet als der Arbeitslohn. Und solche Unterschiede lassen sich auch bei Ausgaben beobachten. Da gibt es vielleicht ein „Joghurt Konto", bei dem ein Euro sehr hoch bewertet wird, da man nicht die Absicht hat, pro Woche mehr als ein paar Euros für Joghurts auszugeben. Auf der anderen Seite existiert in den Köpfen vieler Menschen aber auch ein großzügig gefülltes „Spielgeld-Konto", welches je nach persönlicher Vorliebe für Spekulation an der Börse oder für Glücksspiele verwendet wird. Und in diesem Konto hat ein einzelner Euro praktisch keinen Wert mehr, denn im Gegensatz zum knauserig verwalteten Joghurt-Konto wird das Spielgeld-Konto jeden Monat großzügig wieder aufgefüllt. In der geistigen Buchhaltung offenbart sich somit eine grundlegende Schizophrenie im Umgang mit Geld, von der fast alle Menschen befallen sind.

Wenn schon der Umgang mit Geld dermaßen irrational abläuft, kann man auch in anderen Lebensbereichen nicht mit viel Rationalität rechnen.

Meistens können nämlich die Kosten und Erträge von bestimmten zur Wahl stehenden Optionen gar nicht in Geld ausgedrückt werden. In diesem Fall gibt es keinen allgemeinen Vergleichsmaßstab mehr, und die Menschen hängen mit ihrer geistigen Buchhaltung noch viel mehr in der Luft. So lassen sie sich etwa bei der Auswahl zwischen verschiedenen Optionen zu stark von in Geld ausgedrückten Kosten und Erträgen leiten und vernachlässigen tendenziell alle nicht in Geld messbaren Kosten und Erträge.[83] Deshalb wird etwa der Wert von freier Zeit oft unterbewertet, da er sich nicht unmittelbar in Geld ausdrücken lässt. Das gilt auch

Der Umgang mit Geld ist oft irrational.

für soziale Kontakte und die mit Freunden verbrachte Zeit. Der Ertrag dieser Sozialkontakte lässt sich beim besten Willen nicht in Geld ausdrücken und deshalb haben Menschen fälschlicherweise immer wieder das Gefühl, dass diese Kontakte auch nichts bringen. Sie machen dann lieber Überstunden, denn diese Überstunden bringen einen eindeutigen und in Geld ausgedrückten Ertrag. Die Fokussierung der geistigen Buchhaltung vieler Menschen auf in Geld messbare Kosten und Erträge trägt wesentlich dazu bei, dass Menschen nicht die für sie eigentlich optimalen Optionen wählen.

Mangel an Zeit

Zwar nimmt die Zahl der Optionen in geradezu beängstigendem Tempo zu, doch die den Menschen zur Verfügung stehende Zeit bleibt bei 24 Stunden pro Tag. Eine stets wachsende Zahl von Möglichkeiten trifft somit auf ein konstantes Zeitbudget, wie es in dem englischen Ausspruch „So many options, so little time" zum Ausdruck kommt.

Es kommt zu einer Beschleunigung und Intensivierung der Zeit, die das permanente Gefühl erzeugt, nie genügend Zeit zu haben. Dieses Gefühl ist letztlich das Resultat der steigenden

Opportunitätskosten, sich für eine bestimmte Option zu entscheiden. Je mehr Optionen zur Verfügung stehen und je besser und attraktiver diese sind, auf umso mehr muss man verzichten, wenn man sich für eine bestimme Option entscheidet.

„You can't have the cake and eat it"

Absurderweise fühlt man sich somit immer ärmer, obwohl man immer mehr hat. Und so wird die Freude an stets wachsenden neuen Möglichkeiten von der Trauer begleitet, immer mehr dieser Möglichkeiten gar nicht wahrnehmen zu können. „You can't have the cake and eat it."

Das Bedauern über die ganzen verpassten Möglichkeiten wird noch durch ein Phänomen verstärkt, das Psychologen als „post decisional regret" oder „post choice discomfort" bezeichnen und das auch in der Konsumentenforschung bestens bekannt ist.[84] Wenn Menschen sich einmal für eine bestimmte Option entschieden haben, dann werden die nicht gewählten Optionen oftmals höher eingeschätzt als die eben gewählte, und man bereut die gerade getroffene Entscheidung. Wir alle kennen das von Restaurants, wo wir oft lange Zeit damit verbringen, aus seitenlangen Menüs eine optimale Speiseauswahl zu treffen. Kaum haben wir aber beispielsweise Pizza Quatro Stagioni bestellt, sehen wir, wie am Nebentisch jemandem Lasagne serviert wird, die unheimlich lecker aussieht. Und schon bereut man die gerade getroffene Entscheidung und würde sie am liebsten rückgängig machen. Forschungen haben dabei auch ergeben, dass der „post decisional regret" umso größer ist, je mehr Optionen existieren, je attraktiver die entgangenen Optionen sind, je ähnlicher die Optionen einander sind und je mehr Freiheit der Konsument bei der Auswahl besitzt.[85]

Bei kleinen Entscheidungen des Alltags sind die Opportunitätskosten noch nicht allzu schlimm, da wir stets wieder eine neue Auswahl treffen können: Haben wir uns für ein Schokoladen-Joghurt entschieden, hätten aber eigentlich lieber ein Haselnuss-Joghurt gehabt, dann kann man sich auf den nächsten Tag vertrösten. Bei Ferien ist es schon etwas schlimmer. Hat man sich für ein Ferienziel entschieden, das man schon kurz nach der Ankunft bereut, dann muss man vielleicht ein halbes oder sogar ein ganzes Jahr warten, bis die nächste Chance kommt. Am höchsten sind die Opportunitätskosten, wenn es um Entscheidungen geht, die nicht mehr rückgängig gemacht werden können und für die man in diesem Leben keine zweite Chance erhält. So müssen sich heute viele Frauen entscheiden, ob sie Kinder wollen oder nicht. Diese Entscheidung ist ab einem gewissen Alter irreversibel und deshalb alles andere als einfach. Entscheidet sich eine Frau zu Gunsten von Kindern, dann kann sie möglicherweise nicht mehr in ihrem Beruf arbeiten und die Karriere ist beendet. Und entscheidet sie sich gegen Kinder, dann wird sie niemals die Freuden einer Mutter mit ihren Kindern erfahren, was sie dann vielleicht ebenfalls den Rest ihres Lebens bereut. Das Leben scheint heute zu kurz für Entscheidungen dieser Tragweite.

Die Opportunitätskosten steigen auch dadurch an, dass sich alles ständig ändert. Kaum hat man sich für ein bestimmtes Notebook oder ein Mobiltelefon entschieden, kommt ein besseres oder billigeres auf den Markt, und lässt den vorherigen Kaufentscheid als nicht mehr optimal erscheinen. Dieses Problem ist wiederum dort am größten, wo Entscheidungen langfristige und oder irreversible Konsequenzen haben. Aus diesem Grund versuchen immer mehr Menschen, aber auch Institutionen, solche Entscheidungen ganz zu vermeiden.

Die vielen Optionen führen zu Vermeidungsstrategien.

Unternehmen zeigen immer mehr Skepsis, jemanden fix anzustellen und ziehen flexible, temporär gültige Arbeitsverhältnisse vor. Und auch auf die Gründung einer Familie, eine typische Entscheidung mit Langzeitwirkung, wollen sich immer weniger Menschen einlassen. Man weiß ja nie, ob diese unter geänderten Umständen auch noch funktioniert. Und beim modernen Menschen ändern sich die Umstände dauernd, ganz egal ob es die Arbeit oder die eigene Psyche betrifft. Hat man heute Lust auf Kinder, ist nicht gesagt, dass das in zwei Jahren unter veränderten Umständen auch noch so ist. Also lässt man es besser sein und bleibt Single. Und auch für die Wirtschaft haben Singles gewisse Vorzüge, denn diese kann man am leichtesten rund um die Uhr in Anspruch nehmen und je nach Bedarf auf der ganzen Erde umher schieben. Der global mobile Single ist zum Idealmodell geworden[86], denn mit dieser Lebensform ist die größte zeitliche und räumliche Flexibilität verbunden.

Die Multioptionstretmühle und das Glück

Auch die Entwicklung zur Multioptionsgesellschaft führt also zu einem Tretmühleneffekt. Mit dem Wirtschaftswachstum ist eine immer größere Vielfalt an Gütern Dienstleistungen sowie Arbeits- und Freizeitmöglichkeiten verbunden, die jedoch nur solange zum durchschnittlichen Glück der Menschen beitragen, wie die Zahl der Optionen noch überschaubar ist. Ist einmal ein gewisser Schwellenwert erreicht, dann bringen zusätzliche Optionen kein weiteres Glück mehr, da die Freude an zusätzlichen Möglichkeiten der Bedürfnisbefriedigung durch die stets größer werdenden Probleme bei der Auswahl der richtigen Option wieder zunichte gemacht werden. Diese Probleme sind letztlich darin begründet, dass die stets steigende Zahl an Optionen auf ein konstantes Zeitbudget trifft. Um wirklich gute Entscheidungen zu treffen, fehlt es uns sowohl an Informationen (bzw. der Zeit, diese zu beschaffen) als auch grundsätzlich an Zeit. Und zusätzlich macht uns auch unsere mangelhafte „geistige Buchhaltung" zu schaffen, da wir nicht in der Lage sind, die riesige Zahl von vorhandenen Optionen in Bezug auf den Beitrag zu unserem persönlichen Glück zu evaluieren. Ein Problem, welches noch dadurch verstärkt wird, dass viele Optionen nur Pseudooptionen oder Phantomoptionen sind, die nichts zu unserem Glück beitragen können.

Wir leben in der Illusion, dass unser Leben dank einer stets höheren Produktvielfalt und des Wegfalls von religiösen und kulturellen Tabus immer besser wird. Das ist mit ein Grund, warum wir nach immer mehr Wohlstand streben. Doch damit beschleunigen wir letztlich nur die Multioptionstretmühle, die den ersehnten Anstieg des Glücks erfolgreich verhindert.

10.

Die Zeitspartretmühle

Vom Pendeln – oder warum wir immer mehr Zeit brauchen, um zur Arbeit zu kommen

Auch zur Erklärung der Zeitspartretmühle bietet die Nachkriegsgeschichte Westeuropas ein gutes Beispiel. Ende der 40er und zu Beginn der 50er Jahre lebten die meisten Menschen noch relativ nahe bei ihrem Arbeitsplatz. Es war normal, dass man morgens zur Arbeit entweder zu Fuß ging oder mit dem Fahrrad fuhr. Und in der Mittagspause kehrten viele verheiratete Männer wieder nach Hause zurück, um dort mit ihrer Ehefrau und den Kindern zu Mittag zu essen. Nach einem kurzen Mittagsschlaf ging es dann wieder zur Arbeit zurück, wobei der Arbeitsweg typischerweise 10 bis 20 Minuten dauerte. Insgesamt beanspruchte der täglich doppelt zurückgelegte Weg zwischen Wohnung und Arbeitsplatz nicht mehr als eine Stunde und kaum jemand fühlte sich durch dieses Pendeln gestresst. Allerdings träumten einige Arbeitnehmer bereits davon, täglich mit dem Auto in die Firma zu fahren, und so in noch kürzerer Zeit und noch bequemer zur Arbeit zu gelangen. Ein Traum, der niemals wahr wurde, obwohl heute tatsächlich ein Großteil der Menschen mit dem Auto zur Arbeit fährt.

Was war geschehen? Schnellere Verkehrsmittel und bessere Straßen beendeten die traditionelle Nähe zwischen Wohnort und Arbeitsplatz. Die Menschen vieler Länder fanden es zunehmend attraktiver, nicht mehr in den Zentren der Städte, sondern in Außenquartieren und in den umliegenden Dörfern zu wohnen. Dort machten sie sich daran, den großen Wohlstandstraum der Nachkriegszeit zu verwirklichen: das Einfamilienhaus im Grünen. Doch auch viele Firmen gingen von den Städten hinaus aufs Land, wo die Grundstückpreise wesentlich niedriger waren und den Bau von großen Fabrik- und Bürogebäuden ermöglichten. Der zeitsparende Forschritt im Verkehr erlaubte es den Angestellten, täglich immer größere Entfernungen für ihren Arbeitsweg zurückzulegen. Schon bald war es nicht mehr möglich, für das Mittagessen nach Hause zurückzukehren, doch der tägliche Trip zur Arbeit und nach Hause brauchte mehr Zeit als der früher doppelt zu Fuß oder mit dem Fahrrad zurückgelegte Arbeitsweg.

Vor allem in den urbanen Zentren spielte auch der Ausbau des öffentlichen Verkehrs eine entscheidende Rolle für diese Entwicklung. Der städtische Nahverkehr wurde immer mehr ausgebaut und der Transport vor allem dank U- und S-Bahnen zunehmend schneller. Und kaum waren jeweils neue U- und S-Bahnlinien errichtet, zogen die Menschen in die Außenquartiere, die jetzt durch die neuen Linien schnell und bequem erreichbar waren. Die Städte wuchsen zusammen und fraßen sich immer mehr in die grünen Lungen rund um die früheren Stadtkerne. In den USA, wo man das in 75 städtischen Gegenden genauer erforscht hat, erhöhte sich dadurch die Zeit für das Pendeln zur Arbeit von 1982 bis 2000 um durchschnittlich 21 Prozent.[87] Und das, obwohl der Verkehr gleichzeitig immer schneller geworden war. Von 1976 bis 1995 stieg die durchschnittliche Geschwindigkeit auf den amerikanischen Straßen um 14 Prozent und beim öffentlichen Verkehr um sage und schreibe 64 Prozent. Doch die im Auto verbrachte Zeit stieg gleichzeitig um 66 Prozent und beim öffentlichen Verkehr erhöhte sich die durchschnittliche Fahrtzeit um 38 Prozent.[88]

Je besser die Verkehrsmittel ausgebaut sind und je schneller man sich fortbewegen kann, umso länger werden die Arbeitswege und umso mehr Leute sind demzufolge täglich unterwegs und sorgen so während der Rush-Hour für Verkehrsstaus und überfüllte öffentliche Verkehrsmittel. Die Folge davon ist, dass nicht weniger, sondern mehr Zeit für das Pendeln aufgewendet werden muss, wie es der bekannte Deutsche Sozialethiker Oswald von Nell-Breuning anlässlich seines hundertsten Geburtstages (kein Scherz!) im Jahre 1990 auf den Punkt brachte.[89] In den 20er Jahren habe er, so Nell-Breuning, von seiner Hochschule zum Frankfurter Hauptbahnhof 15 Minuten gebraucht. Heute brauche er hingegen „nur noch" gut 25 Minuten.

In neuester Zeit wurde den Pendlern dank Hochgeschwindigkeitszügen noch einmal ganz neue Möglichkeiten eröffnet. Ein erster solcher Zug verkehrte in Japan zwischen Tokio und Osaka im Jahre 1964 und wurde damals wie heute Shinkansen genannt. In Europa heißen diese Hochgeschwindigkeitszüge etwa TGV (Frankreich) oder ICE (Deutschland) und ermöglichen durchschnittliche Reisegeschwindigkeiten von 250 bis 300 Kilometer pro Stunde. Natürlich ließen sich die Menschen diese einmalige Chance für noch viel größere Pendlerdistanzen nicht entgehen.

> Immer schnellere Verkehrsmittel – immer weitere Pendlerwege.

In Japan wohnen Menschen heute in Nagano und pendeln täglich in das „nur" 200 Kilometer entfernte Tokio. Denn schließlich sind die Grundstückpreise in Nagano wesentlich günstiger und man vermag dort ein etwas größeres Haus (für europäische Verhältnisse immer noch klein) zu kaufen als in Tokio. Was kümmert es einen da, wenn der Arbeitsplatz 200 Kilometer entfernt ist, denn diese Distanz schafft man dank Shinkansen in weniger als einer Stunde. Die Verkehrsmittel werden immer schneller – die neue Devise lautet somit: in einer Stadt wohnen, aber in einer anderen arbeiten. Hätte man in Deutschland den in den 90er Jahren geplanten superschnellen Transrapid zwischen Berlin und Hamburg tatsächlich gebaut, dann würde inzwischen sicher ein erheblicher Teil der in Hamburg lebenden Menschen in Berlin und ein Teil der in Berlin lebenden Menschen in Hamburg arbeiten.

Nun wäre an dieser ganzen Zunahme der Pendlerströme nicht viel auszusetzen, wenn die Menschen tatsächlich Freude am Pendeln hätten. Doch dem ist keineswegs so. Wie wir schon aus Teil I des Buches wissen, ist das morgendliche Pendeln zur Arbeit zumindest für texanische Frauen die unangenehmste Tätigkeit während des ganzen Tages. Dieses Ergebnis wurde auch von mehreren anderen Studien bestätigt. Das Pendeln zur Arbeit ist zu einem der entscheidenden Stressfaktoren im modernen Leben geworden.[90] Die beiden Schweizer Ökonomen Bruno Frey und Alois Stutzer zeigen in einer neuen Untersuchung mit Daten aus Deutschland, dass das Glück systematisch von der täglich für das Pendeln aufgewendeten Zeit beeinflusst wird. Je mehr täglich gependelt wird, umso unglücklicher fühlen sich die Menschen im Durchschnitt. Frey und Stutzer sprechen deshalb von einem „Commuting Paradox", da die Menschen immer mehr Zeit für eine Tätigkeit aufwenden, die sich negativ auf ihr allgemeines Glücksempfinden auswirkt.[91] Das Commuting Paradox ist das wahrscheinlich eindrücklichste Beispiel für die in diesem Kapitel vorgestellte Zeitspartretmühle, die das Zeitsparen trotz des zeitsparenden technischen Fortschritts verhindert.

Die ökonomische Logik hinter dem Zeitsparen

Der Grund für die heute überall unternommenen Zeitsparanstrengungen wurde bereits im letzten Kapitel zur Multioptionstretmühle angedeutet. Gibt es mit zunehmendem Einkommen immer mehr Optionen und bleibt gleichzeitig das Zeitbudget der Menschen konstant, wird Zeit zunehmend knapp. Bei vielen Tätigkeiten ist Zeit heute der beschränkende Faktor und das sowohl bei der Arbeit als auch in der Freizeit. Und wenn ein Gut knapp wird, dann steigt bekanntlich dessen Preis. Bei der Arbeitszeit ist das offensichtlich. Der Produktionsfaktor Arbeit ist seit dem Beginn der industriellen Revolution relativ zum leicht durch Investitionen vermehrbaren Produktionsfaktor Kapital stets knapper und demzufolge wertvoller geworden. Aus einer Arbeitsstunde ließ sich durch den Einsatz von Maschinen und Computern von Jahr zu Jahr mehr an Wertschöpfung herausholen, so dass die Wertschöpfung pro Arbeitsstunde und auch pro Beschäftigten (die Arbeitsproduktivität) kontinuierlich angestiegen ist. Mit der zunehmenden Arbeitsproduktivität wurde der Einsatz von Arbeit stets lohnender und demzufolge die Arbeitzeit auch besser entlohnt.

Der Preis der am Arbeitsort verbrachten Zeit erhöhte sich dadurch gewaltig und Arbeitszeit wurde immer mehr zu Geld.

> Zeit ist Geld, auch wenn es sich um Freizeit handelt.

Doch dass Zeit Geld ist, gilt nicht nur unmittelbar am Arbeitsplatz. Benjamin Franklin schrieb 1748: „Bedenke, dass die Zeit Geld ist: wer täglich zehn Schillinge durch seine Arbeit erwerben könnte und den halben Tag spazieren geht, oder auf seinem Zimmer faulenzt, der darf, auch wenn er sechs Pence für Vergnügungen ausgibt, nicht dies allein berechnen, er hat neben dem noch fünf Schillinge ausgegeben oder vielmehr weggeworfen."

Die fünf Schillinge sind bei Franklin die Opportunitätskosten des freien halben Tages, und je mehr man während dieser Zeit verdienen könnte, umso mehr steigen die Opportunitätskosten. Mit seinem kurzen Statement hat Benjamin Franklin gemäß dem Soziologen Max Weber „den Geist des Kapitalismus in nahezu klassischer Reinheit" erfasst.[92] Im Kapitalismus ist Zeit eben immer Geld, und zwar auch dann, wenn es sich um Freizeit handelt. Nur geht es in diesem Fall nicht um tatsächlich verdientes Geld, sondern um das Geld, das man hätte verdienen können, wenn man gearbeitet hätte. Die Löhne werden so zu Opportunitätskosten der Freizeit, und bestimmen damit auch deren Wert.

Doch es ist nicht nur der gegenwärtige Lohn, der sich auf die Opportunitätskosten auswirkt. Beispielsweise könnte man die Freizeit ja dafür aufwenden, um Weiterbildungskurse zu besuchen, um dann in Zukunft mehr zu verdienen. In diesem Fall werden die zukünftigen erwarteten Löhne zu Opportunitätskosten von Spazieren und Faulenzen. Oder man könnte die Zeit auch vermehrt dazu verwenden, um Fitness zu betreiben, damit man am Arbeitsplatz noch leistungsfähiger wird, womit man wiederum die Karrierechancen verbessert. Je besser die beruflichen Aufstiegsmöglichkeiten sind, umso höher werden die Opportunitätskosten von nicht lohnend verbrachter Freizeit. Natürlich gilt das nicht für alle Menschen. Arbeitslose leiden oft darunter, dass sie zu viel und nicht zu wenig Zeit haben. Doch in einer funktionierenden Wirtschaft stellen diese eine Minderheit dar und gelten nicht als Normalfall.

In heutigen Wirtschaften lautet die Devise somit, dass Zeit, als kostbares Gut, unter keinen Umständen verschwendet werden darf. Denn, um wiederum mit Max Weber zu sprechen, „Zeitverschwendung ist die erste und grundsätzlich größte Todsünde in einer kapitalistischen Wirtschaft." Doch was fällt nun tatsächlich unter die Kategorie „verschwendete Zeit"? Solange die Menschen fälschlicherweise annehmen, dass ihr Glück hauptsächlich vom Einkommen abhängig ist, sind lohnende Tätigkeiten solche, die direkt oder indirekt der Erzielung von Einkommen dienen. Tätigkeiten, die kein Geld einbringen, sind hingegen Zeitverschwendung. Die Folge davon ist, dass man die für zeitverschwenderische Tätigkeiten aufgewendete Zeit so weit wie möglich reduziert, indem man versucht, sie möglichst zeiteffizient durchzuführen. Im besten Fall kann man sie sogar ganz eliminieren wie etwa das Faulenzen, welches für den modernen, leistungsbewussten Menschen strikt verpönt ist. Lohnende Tätigkeiten sollten hingegen möglichst intensiviert werden, so dass man aus einer bestimmten Zeiteinheit mehr Arbeitsleistung bzw. mehr Fitness herausquetschen kann. Auch Sozialkontakte sind davon nicht ausgenommen. Damit diese nicht mehr als Zeitverschwendung gelten, müssen sie als „Networking" deklariert werden. In diesem Fall dienen sie nämlich dem Knüpfen von wichtigen Beziehungen, die der späteren Karriere dienen könnten oder vielleicht zu neuen Aufträgen führen.[93]

Es dürfte inzwischen klar geworden sein, dass die rein monetäre Bewertung der Zeit in Wirklichkeit alles andere als optimal ist. Hier macht sich wiederum die mangelhafte geistige Buchhaltung in den Köpfen der meisten Menschen bemerkbar, die es ihnen unmöglich macht, Tätigkeiten aufgrund ihres Beitrags zum persönlichen Glück zu bewerten. Wie schon erwähnt, lassen sie sich bei ihrer Bewertung viel zu stark von den in Geld ausgedrückten Erträgen leiten und vernachlässigen die übrigen Erträge, die jedoch für das Glück oftmals viel wichtiger sind. Die nicht in Geld messbaren Beiträge zum Glück von „verschwendeter Zeit" werden auf diese Weise oft sträflich vernachlässigt.

Die Irrationalität der ganzen Zeitsparmentalität erkennt man vor allem daran, dass die Tätigkeit, mit der die Menschen am meisten Zeit verschwenden, von der geistigen Buchhaltung einfach ausgeklammert wird. Gemeint ist das Fernsehen. Seit den 60er Jahren hat die vor der Glotze verbrachte Zeit, parallel zu den vielen Zeitsparanstrengungen, stets zugenommen.[94] Die durchschnittlich vor dem Fernseher verbrachte Zeit betrug im Jahre 2003 für Europa 3,5 Stunden pro Tag und in den USA sogar 4,5 Stunden.[95] Nicht selten führt dies zu einem absurden Verhalten. Viele Menschen versuchen tagsüber, immer noch zeiteffizienter zu werden, indem sie jede als überflüssig erachtete Minute einsparen. Doch am Abend wird dieses Effizienzdenken dann vollständig vergessen und die gleichen Menschen scheinen vor dem Fernsehen fast unbeschränkt Zeit zu besitzen. Der bekannte Glückspsychologe Mihaly Csikszentmihaly schreibt dazu, dass durch den Fernsehkonsum Millionen von Jahren verloren gehen, da man diese Zeit dafür verwenden könnte, Dinge zu tun, die dem eigenen Glück wesentlich dienlicher wären.[96]

Letztlich lässt sich in diesem schizophrenen Verhalten aber eine perverse Logik erkennen. Je mehr Zeit tagsüber gespart wird und je intensiver die Zeit genutzt wird, umso gestresster werden die Menschen. Also haben sie abends keine Energie mehr, um dann auch noch etwas Sinnvolles zu tun. Da kommt das Fernsehen gerade recht, denn keine andere Tätigkeit bietet mehr Unterhaltung für noch weniger Aufwand.

Warum wir immer mehr Zeit sparen
und doch weniger Zeit haben

Zeit ist also wertvoll, und es lohnt sich, Zeit zu sparen. Die Zeitspartretmühle beschreibt nun das paradoxe Phänomen, dass die subjektiv empfundene Zeitknappheit trotz unaufhörlichen und vielfältigen Zeitsparanstrengungen weiterhin zunimmt und die Menschen demzufolge nicht weniger, sondern mehr Stress fühlen. Eigentlich sollten die ganzen technischen und organisatorischen Erfindungen, die der Zeitersparnis dienen, ja dazu führen, dass wir immer mehr Zeit für angenehme Tätigkeiten zur Verfügung haben. Doch irgendwie klappt das nicht, obwohl es gerade das ist, was viele Menschen anstreben. Eine neue Untersuchung zur Lebensqualität in verschiedenen europäischen Ländern und Israel zeigt, dass es einen Mangel gibt, dessen Beseitigung die Menschen in allen untersuchten Ländern glücklicher machen würde: der Mangel an frei verfügbarer Zeit.[97] Doch das blieb bis heute ein frommer Wunsch.

Der Grund für die Zeitspartretmühle ist letztlich simple Ökonomie. Zeitsparanstrengungen führen dazu, dass bestimmte Tätigkeiten schneller oder auch intensiver und damit zeiteffizienter durchgeführt werden können. Beim Verkehr etwa heißt das, dass eine bestimme Strecke in kürzerer Zeit zurückgelegt werden kann. Wird aber eine Tätigkeit zeiteffizienter, dann wird sie dadurch auch in dem Sinn „billiger", dass man weniger der kostbaren und knappen Zeit für sie aufwenden muss. Was geschieht aber, wenn ein Gut oder eine Dienstleistung wie Mobilität sich verbilligt? Im Normalfall wird das Gut oder die Dienstleistung dann mehr nachgefragt, und genau das geschieht auch beim Zeitsparen. Verbilligt sich die Mobilität durch eine höhere Zeiteffizienz, dann wird auch mehr Mobilität nachgefragt. Will heißen: Wir reisen mehr und häufiger und die eingesparte Zeit geht dadurch wieder verloren. Zum Beispiel, indem man eben immer weiter vom Arbeitsplatz entfernt wohnt.[98]

> Glück ist: mehr frei verfügbare Zeit.

Im Folgenden sollen zwei verschiedene Formen von Zeit-sparanstrengungen unterschieden werden, die beide für die Zeitspartretmühle verantwortlich sind. Einerseits geht es um den zeitsparenden technischen Fortschritt und andererseits um die Beschleunigung und Intensivierung von Tätigkeiten.

Technischer Fortschritt

Zeitsparender technischer Fortschritt führt dazu, dass wir bestimmte Tätigkeiten immer schneller und in kürzerer Zeit durchführen können. Dadurch erhöht sich ihre Zeiteffizienz (oder Zeitproduktivität), da wir dasselbe in kürzerer Zeit tun können. Wir können eine bestimmte Distanz innerhalb kürzerer Zeit zurücklegen oder die gleiche Menge an Information in kürzerer Zeit übermitteln. Der zeitsparende technische Fortschritt ist sowohl bei der Arbeit als auch in der Freizeit von Bedeutung. Am Arbeitsplatz waren zeitsparende Innovationen wesentlich für den Anstieg der Arbeitsproduktivität verantwortlich. Doch auch viele Haushaltsarbeiten und Freizeitaktivitäten wurden dank des technischen Fortschritts immer zeiteffizienter. In einem Artikel zur Zeitallokation in Haushalten aus dem Jahre 1965 erwähnt der spätere Nobelpreisträger für Ökonomie, Gary Becker, folgende Beispiele für zeitsparende Innovationen außerhalb des Arbeitsplatzes:

- Supermärkte: sparen Zeit beim Einkaufen.
- Autos: sparen Zeit beim Transport.
- Elektrische Rasierapparate: sparen Zeit beim Rasieren.
- Telefone: sparen Zeit bei der Kommunikation, da man die Leute nicht mehr besuchen muss.

Doch hat irgendeine dieser von Becker erwähnten zeitsparenden Innovationen tatsächlich zu Zeitersparnissen geführt? Brauchen die Menschen heute weniger Zeit für das Einkaufen im Vergleich zu früher? Wenden Sie weniger Zeit für den Transport auf? Und brauchen wir heute dank des Telefons weniger Zeit für die Kommunikation als zu der Zeit, als man die Menschen noch persönlich aufsuchen musste?

Die einzige der von Becker erwähnten Innovationen, die tatsächlich zeitsparend war, ist der elektrische Rasierapparat. Männer brauchen heute weniger Zeit für das Rasieren, denn früher war es üblich, zu diesem Zweck einen Barbier aufzusuchen. In den anderen Fällen hat das hingegen nicht funktioniert. Die für das Einkaufen durchschnittlich verwendete Zeit ist zum Beispiel in Großbritannien von den 60er Jahren bis in die 90er Jahre von 40 Minuten auf 70 Minuten pro Tag angestiegen.[99] Und die durchschnittlich für Kommunikation aufgewendete Zeit hat sich durch das Telefon stark erhöht. Allein in der Zeit von Mitte der 80er Jahre bis Mitte der 90er Jahre hat sich die am Telefon verbrachte Zeit verdoppelt.[100] Und auch die für Mobilität durchschnittlich aufgewendete Zeit hat nicht abgenommen. Die für Transport aufgewendete Zeit bleibt immer ungefähr konstant, ganz egal mit welchen Transportmitteln wir uns fortbewegen. Das ist die sogenannte „Constant Travel Time Hypothese", die gemäß diversen empirischen Untersuchungen weltweite Gültigkeit besitzt.[101]

> Die einzige zeitsparende Innovation ist der elektrische Rasierapparat.

Sowohl in Tansania als auch in den USA wenden die Menschen pro Tag etwa 70 Minuten für Mobilität auf. Nur tun sie dies in Tansania zu Fuß und legen pro Tag einige Kilometer zurück, während die Fortbewegung in den USA vor allem im Auto oder im Flugzeug stattfindet und im Durchschnitt 60 Kilometer beträgt. Die Motorisierung des Verkehrs führte stets zu einer Zunahme der Mobilität.[102]

Es gibt noch eine ganze Reihe weiterer Beispiele für zeitsparenden technischen Fortschritt, die insgesamt zu keinen Zeitersparnissen führten. Da wäre etwa die 1925 erfundene Waschmaschine, welche die Zeiteffizienz des Waschens enorm erhöht hat. Zuvor war das Waschen eine mühsame und zeitintensive Angelegenheit, bei der die Wäsche mit Hilfe eines Waschbretts geschrubbt werden musste. Die Waschmaschine brachte deshalb insbesondere für Frauen eine gewaltige Erleichterung, denn waschende Männer waren damals noch selten.

Doch die Menschen passten sich dieser Innovation ziemlich schnell an, in dem sie mehr „Waschleistung" nachzufragen begannen. Während es vor der Erfindung der Waschmaschine üblich gewesen war, die Hemden einmal pro Woche zu wechseln, änderte sich das nach 1925 ziemlich rasch. Die Hygieneansprüche wurden nach oben geschraubt, und die Hemden bald jeden Tag gewechselt.[103] Und heute ist man schon so weit, dass die gesamte Kleidung täglich oder sogar mehrmals täglich gewechselt wird. Das dank der Erfindung der Waschmaschine gewonnene Zeitsparpotenzial ging so zu einem Großteil dadurch wieder verloren, dass man heute im Vergleich zu früher viel mehr wäscht. Tatsächlich festgestellte Zeitersparnisse beim Waschen sind nicht auf die Waschmaschine, sondern auf die Entwicklung von Wegwerfwindeln zurückzuführen, da Windeln früher einen Großteil der Wäsche ausmachten.[104]

Auch der neueste technische Fortschritt im Bereich der Informationstechnologien liefert Anschauungsmaterial für die Zeitspartretmühle. Heute können wir Informationen mit noch nie da gewesener Geschwindigkeit suchen, aufbereiten, übermitteln, sammeln und verarbeiten. Doch leider führten auch die ganzen ICT-Innovationen zu keinen Zeitersparnissen. Zum Beispiel ist das E-Mail eine Innovation mit enormem Zeitsparpotenzial. Einen Brief zu schreiben, in ein Kuvert zu verpacken, mit einer Briefmarke zu versehen und zur Post zu bringen, braucht sehr viel mehr Zeit als eine E-Mail per Mausklick zu versenden. Allerdings wurde dieses Zeitsparpotenzial nie realisiert, da Menschen heute viel mehr Botschaften verschicken als jemals zuvor. Die Zeit für Kommunikation ist für viele Menschen überhaupt erst knapp geworden, seit sie jeden Tag mit einer überfüllten Mail-Box konfrontiert werden. Eine kürzlich durchgeführte Untersuchung durch Greenfield Online zeigt etwa, dass der E-Mail-Verkehr inzwischen einen Großteil der Arbeitszeit in vielen Büros in Anspruch nimmt. 74 Prozent der Angestellten gaben an, dass sie ihre E-Mail-Box bis zu fünf Mal pro Tag auf neue E-Mails überprüfen. 11 Prozent taten dies sechs- bis zehnmal und acht Prozent gaben zu, dies mehr als

15 Mal pro Tag zu tun. Niemand wäre aber auf die Idee gekommen, mehrmals pro Tag im Briefkasten nach neuer Post zu schauen, denn die wurde im Normalfall nur einmal pro Tag ausgetragen.

Eine ähnliche Entwicklung lässt sich auch beim Internet beobachten. Zwar hat das Internet ein enormes Potenzial, um die Zeit für die Suche nach Informationen zu verringern. Aber es stellt auch einen großen Anreiz dar, die so gewonnene Zeit mit oftmals ziemlich planlosem Surfen, Chatten, Mailen oder zielgerichteter Suche nach Sex und schönen Frauen (gilt für Männer) wieder zu vergeuden. Inzwischen ist der Missbrauch der zeitsparenden Innovation „Internet" in vielen Unternehmen zu einem Thema geworden, da diese die Arbeitsproduktivität ernsthaft bedroht. Das zumindest glauben 55 Prozent der befragten Manager von 1000 amerikanischen Firmen.[105] Und eine weitere Studie fand heraus, dass nur 23 Prozent der am Internet während der Arbeitszeit abgerufenen Inhalte, irgendeinen Bezug zur Arbeit hatte.[106] Und auch Studenten sind durch das Internet kaum effizienter geworden. Eine Untersuchung an einer amerikanischen Universität zeigte, dass Studenten, die bei Prüfungen durchfielen, besonders häufig nachts im Internet herumsurften.[107] Von Zeitersparnis kann in all diesen Fällen nicht die Rede sein und das Internet raubt heute mehr Zeit, als es Zeit spart.

> Das Internet raubt heute mehr Zeit als es spart.

Natürlich soll hier nicht verschwiegen werden, dass es auch Fortschritt gibt, der tatsächlich zu Zeitersparnissen führte. Das betrifft etwa die bereits erwähnten Beispiele des elektrischen Rasierapparates und der Wegwerfwindeln. Zeitsparende Innovationen führen immer dann zu tatsächlichen Zeitersparnissen, wenn der Tätigkeit, bei der Zeit gespart wird, natürliche Grenzen gesetzt sind. Es macht keinen Sinn, sich mehr als maximal zweimal täglich zu rasieren oder einem Kind öfter die Windeln zu wechseln als diese tatsächlich voll sind. Erfolgreiche Beispiele für Zeitsparinnovationen sind auch der Mikrowellenherd und die Geschirrspülmaschine. Man kann pro Tag nicht stets größere Mengen an Nahrung zu sich nehmen und hat demzufolge auch nicht immer mehr Geschirr. So hat sich zwischen den Jahren 1925 und 1975 die für Kochen und Abwaschen aufgewendete Zeit in urbanen Gegenden der USA von 22 Stunden pro Woche auf 10 Stunden reduziert.[108] Für das Putzen gilt das aber schon nicht mehr, denn eine Wohnung könnte immer noch sauberer sein und somit sind dem Putzen keine natürlichen Grenzen gesetzt. Der im Staubsauger verkörperte zeitsparende Forschritt hat somit zu keinen effektiven Zeitersparnissen geführt.[109] Und betrachten wir die gesamte Hausarbeit, dann ist es zumindest in den USA seit 1910 offenbar zu keinen Zeitersparnissen mehr gekommen.[110]

Beschleunigung und Intensivierung von Tätigkeiten

Neben dem Einsatz von immer mehr technischen Innovationen, die der Erhöhung der Zeiteffizienz dienen, versucht man auch durch Beschleunigung und Intensivierung von Tätigkeiten Zeit zu sparen. Viele Menschen kennen das von ihrer Arbeit, wo immer mehr Aufgaben in kürzerer Zeit erledigt werden sollen, um so die Arbeitsproduktivität zu steigern. Doch die Beschleunigung und Intensivierung ist keineswegs auf die Arbeitszeit beschränkt. Ein typisches Beispiel ist die Beschleunigung des Essens durch die Verbreitung von Fast-Food-Restaurants. Dank dieser Entwicklung ist es etwa in Großbritannien gelungen, die traditionelle Lunch-Hour auf eine halbe Stunde zu verkürzen[111] und in anderen Ländern lassen sich ähnliche Entwicklungen beobachten.[112] Doch was ist das Resultat dieser Beschleunigung des Essens? Weniger Stress und mehr Lebensqualität?

Wohl kaum. Die Beschleunigung des Essens macht aus dieser ehemals erholsamen und freudvollen Tätigkeit eine gestresste Angelegenheit, die man kaum mehr als Genuss bezeichnen kann. Doch auch die gesparte Zeit ist meist nur eine Illusion. Früher hatte man Zeit während des Mittagessens, informelle Gespräche mit den Kollegen oder Kolleginnen zu führen, ohne dass es dafür irgendeinen Organisationsaufwand brauchte. Diese Gespräche müssen jetzt mühsam organisiert werden, was auch wieder Zeit kostet. Und natürlich muss auch die fehlende Erholungszeit während des Essens irgendwie kompensiert werden. Das geschieht dann meist dadurch, dass man abends einfach vor dem Fernseher sitzt, denn für andere, aktivere Freizeitbeschäftigungen fehlt dann die Energie.

Das Essen ist nur ein Beispiel dafür, wie versucht wird, bestimmte Tätigkeiten immer mehr zu beschleunigen und zu intensivieren. So können einige Menschen heute nicht mehr einfach spazieren gehen, denn das wäre Zeitverschwendung. Stattdessen ist Power-Walking (neu auch Nordic-Walking) angesagt, wo es offenbar gelingt, die Fitnesswirkung von Laufen und Aerobic zu kombinieren. Auch Meditation lässt sich dank Power-Yoga zeitsparender und fitnessorientierter durchführen, denn zur wirklichen Meditation fehlt es dem heutigen Menschen sowohl an Zeit als auch an Geduld. Schlafen kann dank Power-Napping ebenfalls zeitlich intensiviert werden, denn diese neu entwickelte Schlaftechnik erlaubt es angeblich, jede freie Minute für einen kurzen Schlaf zu nutzen. Und Speed-Dating ermöglicht das Treffen einer maximalen Zahl von potenziellen Partnern des anderen Geschlechts innerhalb kürzester Zeit, was den Partnersuchprozess beschleunigt und intensiviert. Bei solchen Anlässen trifft man mögliche Partner für jeweils drei Minuten und wechselt dann sofort zum nächsten. Drei Minuten müssen einfach reichen, um herauszufinden, ob man eine Person des anderen Geschlechts nach dem Speed-Dating-Event nochmals treffen will.

Viele Freizeitaktivitäten existieren heute in einer intensivierten und beschleunigten Power-Version.[113] Es wäre nicht überraschend, wenn wir in Zukunft auch noch mit Power-Teezeremonien oder Power-Gottesdiensten beglückt werden. Doch die Intensivierung und Beschleunigung hat ihren Preis, auch wenn man diesen nicht sofort erkennt. Der ursprüngliche Sinn

> Mega-Trends: Power-Walking, Power-Napping, Speed-Dating.

all der oben erwähnten Tätigkeiten geht dadurch nämlich verloren. Eine Power-Meditation bietet keine wirkliche Entspannung mehr und bald einmal brauchen wir zusätzliche Zeit, um uns von all den Power-Entspannungsprogrammen zu erholen. Und nicht wenige Männer, die an einem Speed-Dating teilgenommen haben, wünschen sich danach die gute alte Zeit zurück, als es tatsächlich möglich war, eine fremde Frau auf der Straße oder in einem Café anzusprechen und so ohne Zeitdruck eine Bekanntschaft zu machen. Doch eine so einfache Sache, wie mit jemand Fremdem ins Gespräch kommen, ist in der heutigen Multioptionsgesellschaft der unbegrenzten Möglichkeiten bereits zur unmöglichen Phantomoption geworden. Speed-Dating ist somit nicht nur ein Zeichen der heutigen Zeitsparmentalität, sondern auch Ausdruck einer neurotischen Wohlstandsverblödung.

Eine weitere Intensivierung der Zeitnutzung findet dadurch statt, dass man versucht, mit Hilfe des sogenannten Multi-Tasking Tätigkeiten simultan durchzuführen. Das Mobiltelefon ermöglicht uns, Telefonieren mit fast jeder anderen Tätigkeit zu verbinden, ganz egal ob diese Kombination legal (telefonieren und essen in einem Restaurant) oder illegal (telefonieren und Auto fahren) ist. Doch die neusten Mobilfunkgeräte bieten noch viel mehr Optionen für Multi-Tasking. Da kann man etwa während eines Business-Meetings seine E-Mails checken oder die Agenda updaten und während der Fahrt im öffentlichen Verkehrsmittel lässt sich damit auch Musik hören, während man gleichzeitig noch die Zeitung liest. Nur noch eine Sache gleichzeitig zu tun, kommt heute einer Zeitverschwendung gleich, denn wozu hat man die ganzen Multi-Tasking Geräte sonst entwickelt?

Auch das Multi-Tasking führt direkt in die Zeitspartretmühle. Je besser Tätigkeiten kombiniert werden können, umso mehr Tätigkeiten werden simultan durchgeführt. Letztlich ist das menschliche Gehirn aber nicht dafür geschaffen, mehrere Tätigkeiten mit voller Aufmerksamkeit gleichzeitig durchzuführen. Man versucht zwar alles Mögliche zu kombinieren, aber die Resultate sind dann alles andere als großartig. Schreiben wir etwa eine E-Mail, während wir gleichzeitig fernsehen, dann ist der Inhalt dieser E-Mail vermutlich von minderer Qualität und natürlich wissen wir nach kurzer Zeit auch nicht mehr, was wir im Fernsehen gesehen haben. Multi-Tasking bewirkt so keine Stressreduktion, sondern macht das Leben nur noch hektischer.

Zeitwohlstand und Zeitgefängnisse

Ein wesentlicher Aspekt der Zeit wurde bis jetzt vernachlässigt. Sobald Zeit mit der Natur und Lebewesen in Verbindung gebracht wird, spielt nicht nur die Quantität, sondern auch die Qualität der Zeit eine Rolle. Will heißen: Es kommt darauf an, wann, wo und in welchem Tempo bzw. Rhythmus man etwas tut. Und da der Mensch trotz aller gegenteiligen Anstrengungen nach wie vor ein Teil der Natur ist, spielt diese Qualität der Zeit auch für ihn eine Rolle. Die Zeitspartretmühle führt nun nicht nur zu Stress durch Zeitknappheit. Sie führt auch dazu, dass traditionelle Zeitabläufe und natürliche Rhythmen, welche früher das Leben der Menschen bestimmten, immer mehr aus dem Leben verschwinden. Es kommt zur Entwicklung einer Non-Stop-Gesellschaft, wo alles 24 Stunden am Tag und 365 Tage im Jahr gemacht werden kann und darf.[114] Tag und Nacht spielen keine Rolle mehr, der Sonntag unterscheidet sich nicht mehr von den Werktagen und die meisten Menschen tun genau dasselbe, egal ob gerade Sommer oder Winter ist. Wichtig ist nur, dass man alles zeiteffizient und schnell erledigt.

Eine rein chronometrische Betrachtung, welche die qualitativen Aspekte der Zeit vernachlässigt, führt aber zwangsläufig dazu, dass wichtige Aspekte des menschlichen Glücks vernachlässigt werden. Mehrere deutsche Wissenschaftler haben in diesem Zusammenhang den Begriff der „Ökologie der Zeit"[115] geprägt, wo es darum geht, die Zeit so zu verwenden, dass sie mit für den Menschen wichtigen biologischen, sozialen und natürlichen Rhythmen im Einklang steht.[116] Wenn wir diese Ökologie der Zeit ernst nehmen, dann ist es nicht mehr gleichgültig, wann, wo, wie schnell und wie lange bestimmte Tätigkeiten durchgeführt werden. So sind stundenlange Sitzungen sowie stundenlanges Sitzen vor dem Computer grobe Verletzungen der Ökologie der Zeit, da der Mensch seiner Natur gemäß kein permanent sitzendes Wesen ist. Verzicht auf die Siesta missachtet die Ökologie der Zeit. Und ein in kurzer Zeit über Mittag heruntergewürgtes Mittagessen missachtet die Ökologie der Zeit ebenso wie der Verzicht auf die Siesta. Viele Menschen würden sich wesentlich wohler fühlen, wenn sie sich über Mittag hinlegen könnten, denn das wäre im Einklang mit den Bedürfnissen ihres Körpers. Doch selbst in Spanien, der letzten Bastion der Siesta, wurde diese im Jahre 2005 offiziell und im Einklang mit den übrigen EU-Ländern aufgehoben.

Nicht für alle Menschen ist allerdings dasselbe optimal. Es gibt Morgenmenschen, die bereits am morgen früh zu Hochleistungen fähig sind (der Autor dieses Buches gehört nicht dazu), während andere erst gegen Abend auf Hochtouren kommen. Manche müssen alle Tätigkeiten möglichst schnell und in hohem Tempo erledigen, während es andere gerne gemächlicher nehmen, aber dafür vielleicht weniger Fehler machen.

Auch solche individuellen Unterschiede gilt es zu berücksichtigen, denn der Mensch fühlt sich nur dann wirklich wohl, wenn er gemäss seinem für ihn individuell optimalen Rhythmus leben kann. Das führt uns zum Konzept des sogenannten Zeitwohlstandes, wo es um die Etablierung von Zeitstrukturen geht, die den menschlichen Bedürfnissen angepasst sind. „Das Richtige im richtigen Moment tun zu können – darin besteht der Zeitwohlstand in einem System der Ökologie der Zeit." [117]

> „Das Richtige im richtigen Moment tun zu können – darin besteht der Zeitwohlstand."

Im Wesentlichen lassen sich drei verschiedene Dimensionen von Zeitwohlstand unterscheiden[118]:

- *Verfügbarkeit von Zeit:* Es muss genügend Zeit für die Tätigkeiten vorhanden sein, die man gerne ausübt bzw. ausüben muss.

- *Kompatibilität der verfügbaren Zeit mit den biologischen, sozialen und natürlichen Rhythmen.* Tätigkeiten können so ausgeübt werden, wie es für den einzelnen Menschen bzw. für eine Gruppe von Menschen am besten ist. Zeit zu haben im falschen Moment, etwa wenn man übermüdet ist, bedeutet keinen Zeitwohlstand.

- *Zeitsouveränität:* Der einzelne Mensch kann frei über die ihm zur Verfügung stehende Zeit entscheiden und muss sich deren Verwendung nicht von außen vorschreiben lassen.

Wie wir gesehen haben, führen Zeitsparanstrengungen im Allgemeinen nicht dazu, dass insgesamt mehr Zeit zur Verfügung steht. Doch das Glücksempfinden der Menschen wird auch dadurch beeinträchtigt, dass Zeitsparanstrengungen die Kompatibilität der Zeitverwendung mit biologischen, sozialen und natürlichen Rhythmen verringern. Pendlerstress am frühen Morgen, Essen von Fast Food zu unmöglichen Zeiten, Flugreisen rund um die Welt zu jeder Tages- und Nachtzeit, der Verzicht auf die Siesta oder das stundenlange Sitzen vor dem Computer sind letztlich alles Folgen von Zeitsparanstrengungen, die sich negativ auf den Zeitwohlstand und damit das Glück der Menschen auswirken.

Was die Zeitsouveränität und damit den dritten Aspekt von Zeitwohlstand betrifft, so ist die Auswirkung von Zeitsparanstrengungen ambivalent. Auf der einen Seite ermöglichen zeitsparende Innovationen mehr Zeitsouveränität. Dank Notebooks kann man heute praktisch überall und zu jeder Zeit an irgendwelchen Orten arbeiten und bald wird es auch möglich sein, sich an jedem Ort drahtlos ins Internet einzuloggen. Und bei Hunger kann man die verschiedensten dafür vorfabrizierten Lebensmittel in den Mikrowellenherd stellen und nach einer Minute ist das Menü bereits fertig gekocht. Solche Entwicklungen begünstigen die Zeitsouveränität, da der Mensch dadurch immer freier entscheiden kann, was er wann und wo tut oder lässt.

Doch gleichzeitig sind durch die Zeitsparanstrengungen auch neue Zeitgefängnisse entstanden. Ein solches Zeitgefängnis ist das Pendeln zur Arbeit, dessen Zunahme wesentlich durch den zeitsparenden technischen Fortschritt im Verkehr verursacht wurde. Am frühen Morgen ist Zeitsouveränität für die meisten Menschen reine Illusion. Stattdessen herrscht zu diesen Stunden ein knallhartes Zeitdiktat, da man sonst nicht in der Lage ist, rechtzeitig am Arbeitsplatz zu erscheinen. Doch auch der zeitsparende technische Fortschritt bei den Informationstechnologien hat neue Zeitgefängnisse geschaffen. Es ist für viele Menschen vollkommen unmöglich, länger als ein paar Stunden von ihrem mit dem Internet verbundenen Computer abwesend zu sein, denn es könnten wichtige Mails kommen, die es sofort zu beantworten gilt. Ganz allgemein schaffen Zeitsparanstrengungen auch neue Zwänge, die sich wiederum negativ auf die Zeitsouveränität auswirken.

Die Zeitspartretmühle und das Glück

Mit dem Wirtschaftswachstum und den steigenden Einkommen nimmt die Zahl der Optionen für die Zeitverwendung immer mehr zu, während das Zeitbudget der Menschen konstant bleibt. Und auf der anderen Seite wird die von den Menschen am Arbeitsplatz verbrachte Zeit dank neuer Technologien immer produktiver und damit wertvoller. Beide Entwicklungen führen dazu, dass Zeit zunehmend knapp wird, was wiederum zu Stress führt. Stets muss man sich überlegen, ob es sich lohnt, die Zeit für eine bestimmte Tätigkeit aufzubringen oder ob man nicht besser etwas anderes tun sollte. Die Wirtschaft hat auf diese Herausforderung der zunehmenden Zeitknappheit mit der Entwicklung einer Menge von zeitsparenden Maßnahmen reagiert, welche die Zeitknappheit und den damit verbundenen Stress wieder entschärfen sollen. Allerdings führen diese Maßnahmen nur selten zu tatsächlichen Zeiteinsparungen. Je zeitsparender bestimmte Tätigkeiten nämlich durchgeführt werden können, umso häufiger und intensiver werden sie durchgeführt, was tatsächliche Zeiteinsparungen verhindert. Die dadurch verursachte zunehmende Intensivierung des Alltags bewirkt vielmehr, dass die Menschen noch gestresster werden und dass schlussendlich Energie und Zeit gerade für die Tätigkeiten fehlen, die am meisten Glück bringen.

Die Menschen sind sich dieser Zeitspartretmühle meistens aber nicht bewusst und glauben fälschlicherweise, dass sie effektiv in der Lage sind, Zeit zu sparen. Das führt zu einer weiteren Überschätzung des Glücks aus mehr Einkommen und Wohlstand, da man die damit verbundene Zeitknappheit unterschätzt. Man vertraut auf den zeitsparenden technischen Fortschritt, auf Beschleunigung und Intensivierung von Tätigkeiten, obwohl diese Zeitsparanstrengungen letztlich zu keinen Zeitersparnissen führen. Der Glaube an das Zeitsparen erweist sich so als eine weitere Illusion der modernen Wirtschaft.

11.

Das Dilemma moderner Wirtschaften: kein Wachstum ohne Tretmühlen

Laufende Tretmühlen sorgen für Wachstum

Die vier verschiedenen Tretmühlen erklären, weshalb mehr Einkommen die Menschen insgesamt nicht glücklicher macht, sobald einmal ein bestimmter Schwellenwert des durchschnittlichen Einkommens in einem Land erreicht ist. Doch es gibt auch einen positiven Zusammenhang zwischen den Tretmühlen und dem Wirtschaftswachstum, der das Entkommen aus den Tretmühlen wesentlich erschwert. Würden die Tretmühlen komplett verschwinden, gäbe es bald auch kein Wirtschaftswachstum mehr. Das ist das grundlegende Dilemma, welches heute für entwickelte Volkswirtschaften charakteristisch ist. Die Tretmühlen hindern uns daran, mit dem durch das Wirtschaftswachstum stets zunehmenden Wohlstand glücklicher zu werden. Aber sie sind gleichzeitig eine Voraussetzung für dieses Wachstum. Die Werbung und die Massenmedien ermuntern uns deshalb unaufhörlich, die Tretmühlen weiter laufen zu lassen, denn sonst wäre das Wirtschaftswachstum bedroht.

> Das Wirtschaftswachstum braucht die Tretmühlen.

Das eben beschriebene Dilemma führt dazu, dass es zwischen den beiden Zielen Glück und Wachstum keine Harmonie gibt. Gäbe es keine Statustretmühle, dann würden die Menschen viel weniger Geld für teure Statusgüter ausgeben. Gäbe es keine Anspruchstretmühle, dann würden die Menschen nicht ständig Geld für materielle Güter ausgeben, an denen sie nach kürzester Zeit die Freude verlieren. Gäbe es keine Multioptionstretmühle, dann würden die Menschen den Konsum auf ein paar wenige Produkte beschränken, deren Märkte meist längst gesättigt sind. Und gäbe es keine Zeitspartretmühle, dann würden die Menschen einfach damit anfangen, ihre Freizeit zu genießen statt immer wieder Geld für neue zeitsparende Lösungen auszugeben. Die Suche nach Status, die steigenden Ansprüche, die ständige Suche nach neuen und besseren Optionen und die stetigen Versuche, noch mehr Zeit zu sparen, bewirken ein ständiges Wirtschaftswachstum, da die Menschen sich stets eine noch bessere Welt in der Zukunft erhoffen.[119] Das Wachstum hängt somit an den Tretmühlen genauso wie an der Tatsache, dass man sich ihrer im Alltag nicht bewusst ist: Die Hoffnung auf eine immer noch bessere Zukunft ist essentiell für das Wirtschaftswachstum, auch wenn diese Hoffnung ständig aufs Neue enttäuscht wird.

Bereits der Vater der modernen Volkswirtschaftlehre, Adam Smith hat in seinem Buch „Theorie der ethischen Gefühle" das Heilsversprechen eines ewigen Wachstums als einen gewaltigen Täuschungsprozess beschrieben. Dort führt er aus, dass sich

Menschen oft erst in hohem Alter oder bei Krankheit der Endlichkeit des Lebens bewusst werden. In solchen Momenten erkennen sie dann, wie sie ihr Leben mit ihrem ständigen Streben nach mehr materiellem Wohlstand vertan haben. Wörtlich schreibt Smith[120]:

„Reichtum und Macht erscheinen jedem, sobald er durch Verdrossenheit oder Krankheit dahin gebracht wurde, seine eigene Lage mit Aufmerksamkeit zu beobachten und zu überlegen was es ist, das ihm tatsächlich zur Glückseligkeit fehlt, in einem erbärmlichen Licht. Macht und Reichtum erscheinen ihm dann als das, was sie wirklich sind, als ungeheure und mühsam konstruierte Maschinen, ersonnen, um ein paar wertlose Bequemlichkeiten für körperliches Wohlbefinden zustande zu bringen."

Doch Smith argumentiert weiter, dass letztlich unser ganzer Wohlstand nur dadurch zustande gekommen ist, dass sich die Menschen ständig durch die Versprechungen des Wachstums blenden lassen. Deshalb ist dieser Täuschungsprozess eine Notwendigkeit für einen andauernden Wachstumsprozess. Doch lassen wir den Meister wieder selbst sprechen[121]:

„Es ist gut, dass die Natur uns in dieser Weise betrügt. Denn diese Täuschung ist es, was den Fleiß der Menschen erweckt und in beständiger Bewertung erhält. Sie ist es, was sie zuerst antreibt, den Boden zu bearbeiten, Häuser zu bauen, Städte und staatliche Gemeinwesen zu gründen, alle die Wissenschaften und Künste auszubilden, ... die die rauen Urwälder in angenehme und fruchtbare Ebenen verwandelt und das pfadlose, öde Weltmeer zu einer neuen Quelle von Einkommen und zu der grossen Heerstrasse des Verkehrs gemacht haben ... Durch diese Mühen der Menschen ist die Erde gezwungen worden, ihre natürliche Fruchtbarkeit zu verdoppeln und eine größere Menge von Einwohnern zu erhalten."

Die Natur hat also mit ihrer Täuschung des Menschen dafür vorgesorgt, dass dieser sich stets fleißig bemüht, den allgemeinen Wohlstand zu erhöhen. Adam Smith hat die Ambivalenz des Wirtschaftswachstums schon damals erkannt, doch die dann folgende Industrialisierung und wirtschaftliche Entwicklung drängte diese Überlegungen wieder in den Hintergrund.

Wachstum: eine Notwendigkeit?

Mehr als zwei Jahrhunderte nach Adam Smith haben wir einen Wohlstand erreicht, den Smith sich nicht einmal erträumen konnte. Deshalb lässt sich die Frage stellen, ob wir denn angesichts dieses Wohlstandes überhaupt noch ein weiteres Wachstum brauchen. Müssen wir uns stets weiter täuschen und uns eine glücklichere Zukunft vorgaukeln lassen, die dann nie eintritt? Sollten wir nicht anfangen uns auf das Glück bzw. unser Wohlbefinden zu konzentrieren, statt einfach immer weiterzuwachsen ohne glücklicher zu werden?

Das sind berechtigte Fragen, und man könnte leicht zum Schluss kommen, dass wir eigentlich kein Wachstum mehr brauchen. Doch wenn wir uns die aktuellen wirtschaftspolitischen Diskussionen anschauen, dann steht Wachstum nach wie vor ganz hoch im Kurs. Ein Jahr ohne Wachstum wird in praktisch allen Ländern als nationale Katastrophe empfunden. Und hält eine Wachstumsschwäche über mehrere Jahre an, dann werden alle Hebel in Bewegung gesetzt, um die Wirtschaft wieder auf Wachstumskurs zu bringen. Wachstum scheint also wichtig zu sein, obwohl in den Industrieländern für eine Mehrheit der Menschen die materiellen Bedürfnisse längst gedeckt sind und obwohl empirische Untersuchungen aufzeigen, dass das Glück der Menschen mit weiterem Einkommen im Durchschnitt nicht mehr ansteigt. Weshalb ist das Wirtschaftswachstum also immer noch so wichtig?

Folgendes gilt es dabei zu bedenken. Dank des Wachstums ist die Wirtschaft kein Nullsummenspiel: Wachstum ermöglicht einzelnen Wirtschaftsakteuren, einen Gewinn zu machen bzw. das Einkommen zu erhöhen, ohne dass sich dadurch der Gewinn bzw. das Einkommen bei anderen Wirtschaftsakteuren verringern muss. Das Wirtschaftswachstum befreit uns von der

Tyrannei eines Nullsummenspiels, bei dem jeder Gewinn einen Verlust (bzw. eine Gewinnminderung) bei anderen Wirtschaftsakteuren bedingt. Das ist natürlich angenehm, da andere Menschen reich werden können, ohne dass man selbst etwas hergeben muss. Diese Tatsache ist sowohl für die Einkommensverteilung innerhalb der einzelnen Länder als auch in globalem Rahmen zwischen den Ländern von Bedeutung.

In den heute hochindustrialisierten Ländern erlaubte es das Wirtschaftswachstum breiten Schichten einen ansehnlichen Wohlstand zu erreichen, ohne dass die Oberschicht von ihrem Reichtum hergeben musste. Die Arbeiterschaft wurde langfristig nicht ausgebeutet, wie Marx dies noch annahm, sondern partizipierte an dem durch das Wirtschaftswachstum stets steigenden Wohlstand und ist heute als eigene Klasse praktisch verschwunden. Aber auch in globalem Rahmen und für die Einkommensverteilung zwischen den Ländern ist Wachstum gerade für die Industrienationen eine angenehme Sache. Durch das globale Wirtschaftswachstum können Entwicklungsländer reich werden, ohne dass wir, in den hochentwickelten Industrienationen, etwas von unserem Wohlstand einbüßen müssen.

> Wirtschaftswachstum befreit uns von der Tyrannei eines Nullsummenspiels.

Innerhalb von entwickelten Industrieländern ermöglichte das Wirtschaftswachstum somit die Kombination von zwei Zielen, die zunächst diametral entgegengesetzt zu sein scheinen: die Kombination von arbeitssparendem technischem Fortschritt mit dem Ziel der Vollbeschäftigung. Die ganze industrielle Entwicklung ist geprägt durch den Ersatz von Arbeitern durch Maschinen in der Produktion, was gleichzeitig eine Ersetzung von Arbeit durch Energie bedeutet. Die Industrieunternehmen konnten im Wettbewerb der sich entwickelnden kapitalistischen Wirtschaftssysteme langfristig nur überleben, indem sie sich durch Nutzbarmachung des technischen Fortschritts (Innovationen) immer wieder Wettbewerbsvorteile verschafften. So führte das Ziel der Gewinnmaximierung bei den Unternehmen zu arbeitssparendem technischem Fortschritt, bei dem teuerer werdende Arbeit durch billiger werdende Energie (zuerst Kohle, später Erdöl) ersetzt wurde. Dass trotzdem nicht immer mehr Arbeiter ihren Job verloren (mit Ausnahme der Zeiten von Wirtschaftskrisen), ist dem Wirtschaftswachstum zu verdanken. Im 20. Jahrhundert erfolgte die Schaffung zusätzlicher Arbeitsplätze dann allerdings immer mehr über den Dienstleistungssektor und heute ist das der einzige Wirtschaftssektor der netto noch Arbeitsplätze schaffen kann.

In neuester Zeit tritt noch ein weiterer Aspekt in den Vordergrund, der eine Wirtschaft ohne Wachstum ebenfalls äußerst unangenehm macht. Es geht um die zunehmende Überalterung der Gesellschaft in den meisten Industrieländern. Diese Überalterung bringt es mit sich, dass der Prozentsatz der arbeitenden Bevölkerung stets kleiner wird, während der Prozentsatz der Rentner zunimmt. Findet nun kein Wirtschaftswachstum statt, dann bedeutet das zwangsläufig, dass entweder die Menschen im arbeitsfähigen Alter einen stets größer werdenden Prozentsatz ihres Einkommens an die Rentner abgeben müssen, indem sie die Altersvorsorge finanzieren und die Alten über die Krankenversicherungen quersubventionieren. Oder, und das ist die zweite Möglichkeit, es findet eine zunehmende Verarmung unter den Pensionierten statt, da die Renten nicht mehr ausreichen, um den bisherigen Lebensstandard fortzuführen. Das ist ein gravierendes Problem, welches jedoch durch Wirtschaftswachstum erheblich entschärft wird. Steigen nämlich die Einkommen für alle, dann gibt es wieder mehr zu verteilen, und deshalb wird in die Notwendigkeit des Wachstums inzwischen auch mit der Überalterung begründet.

Eine Wirtschaft ohne Wirtschaftswachstum wird also unangenehm, da wir dann der Tyrannei eines Nullsummenspiels mit seinen Verteilungskämpfen unterworfen sind. Eine wirkliche Notwendigkeit nach Wachstum lässt sich daraus aber noch nicht ableiten, zumal dieses ja trotzdem nicht glücklich macht. In Wirklichkeit ist es nun aber so, dass unsere modernen Wirtschaften ohne Wachstum auf die Dauer gar nicht funktionieren können. Daraus ergibt sich eine Art Wachstumszwang, der direkt an die Funktionsweise heutiger Wirtschaften gekoppelt ist, in denen Kreditgeldschöpfung und Finanzmärkte eine zentrale Rolle spielen.[122]

Folgende Aspekte sind für die Funktionsweise einer heutigen Wirtschaft charakteristisch:

Unternehmen müssen Gewinne machen
Fast die gesamte wirtschaftliche Produktion findet heute in Unternehmen statt, die als organisatorische Einheiten auf dem Markt in Erscheinung treten. Diese organisatorischen Einheiten besitzen eine eigene Rechtspersönlichkeit als juristische Personen, auch wenn sie sich letztlich im Besitz eines Unternehmers (Einzelunternehmen) oder von Aktionären (Aktiengesellschaft) befindet. Die juristische Person kann nun im Unterschied zur natürlichen Person grundsätzlich ewig leben, solange sie Gewinne macht und damit ihre Besitzer befriedigt. Ohne Gewinne funktionieren Unternehmen hingegen nicht, denn im „Gewinne machen" liegt gerade ihr Zweck. Das gilt ganz besonders für Aktiengesellschaften, den heute weitaus wichtigsten juristischen Personen, wo der Gewinn unter dem Begriff „Shareholder Value" immer wieder für Schlagzeilen sorgt.

Die erhofften Gewinne der juristischen Person sind der Grund dafür, dass ihr Investoren überhaupt Geld zur Verfügung stellen. Ein Investor erwartet dafür ein Entgelt in der Form eines Zinses plus einer Risikoprämie bzw. eine Dividende. Investitionen sind im Allgemeinen riskant, da sich die erhofften Erträge erst in der Zukunft ergeben und die Zukunft immer wieder für Überraschungen sorgt. Also müssen Unternehmen Gewinne erzielen, damit sie den Fremdkapitalgebern den Zins plus Risikoprämie und den Aktienbesitzern die Dividende bezahlen können. Je riskanter die Investitionen werden, desto größer muss dieser Gewinn im Durchschnitt sein, da sonst die Investoren nicht bereit sind, finanzielle Mittel zur Verfügung zu stellen. Die Wirtschaft als Ganzes funktioniert somit nur, wenn die Unternehmen im Durchschnitt Gewinne erzielen. Diese Gewinne lassen sich wiederum nur realisieren, wenn die Unternehmen in Zukunft auch mehr verkaufen, d. h. ein Wirtschaftswachstum tatsächlich stattfindet. Denn nur ein Unternehmen, dessen Investitionsprojekte mit Gewinnerwartungen verbunden sind, hat auch einen Wert an der Börse, da sich der Börsenkurs aus dem abdiskontierten Wert aller ausbezahlten zukünftigen Gewinne (Dividenden) ergibt. Bestehen keine solchen Erwartungen, dann ist der Börsenwert gleich null.

Neue Investitionen führen zu Kreditgeldschöpfung

Sollen in einer Wirtschaft zusätzliche Investitionen finanziert werden, ohne dass es zu Gewinnminderungen bzw. Verlusten bei den Unternehmen kommt, dann ist das nur möglich, wenn ständig zusätzliches Geld in die Wirtschaft fließt. Wie ist das zu verstehen? Nehmen wir an, in einer Wirtschaft würde ein großes Investitionsprojekt, wie zum Beispiel ein neuer Staudamm, geplant. Nun wäre es natürlich möglich, dass die Menschen in dieser Wirtschaft anfangen, mehr zu sparen, um diesen Staudamm zu finanzieren. Das Problem dabei ist aber, dass mehr Sparen gleichzeitig weniger Konsum bedeutet. Das heißt, die Menschen kaufen zwangsläufig weniger Güter und Dienstleistungen und die entsprechenden Unternehmen werden weniger Einnahmen haben und bald Verluste machen.

Ein genauer Blick auf die Wirtschaftsgeschichte zeigt, dass erfolgreiche Episoden mit hohen Wachstumsraten nie dadurch charakterisiert waren, dass neue Investitionen vorwiegend mit Ersparnissen finanziert wurden. Eine solche Notwendigkeit besteht nur in einer Tauschwirtschaft, wo es kein Geld gibt. Dort können die Bauern nur dann mehr Getreide ansäen (zusätzlich investieren), wenn in der Wirtschaft entsprechend auf Brot verzichtet wird, denn das Getreide kann nicht gleichzeitig investiert (angesät) und in Form von Brot konsumiert werden. Aus diesem Grund waren Tauschwirtschaften in ihren Wachstumsmöglichkeiten stark beschränkt und blieben über lange Zeit stationär.

Das Wachstum setzte erst in Geldwirtschaften ein und zwar in solchen, in denen sich dieses Geld auch vermehren ließ. Ursprünglich geschah dies durch den Zufluss von wertvollen Metallen (Gold, Silber), die man in Bergwerken aus der Erde gewann oder während der Kolonialzeit auch aus den Kolonien raubte. Auf diese Weise erfolgte ein ständiger Zustrom an Geld, welcher die Finanzierung von neuen Investitionen ermöglichte, ohne dass dafür im Vorhinein zusätzlich gespart werden musste. Doch auch in diesen traditionellen Geldwirtschaften konnte das Wachstum nicht allzu groß werden, da Gewinnung und Bearbeitung von Gold und Silber relativ teure und arbeitsintensive Prozesse sind. Auch die Ausbeutung der Kolonien ließ sich nicht endlos fortsetzen, da die früheren Kolonien mit ihrer Rolle als Gratislieferanten von wertvollen Metallen nicht mehr zufrieden waren und unabhängig wurden.

Moderne Kreditgeldwirtschaften haben das Problem der Geldzufuhr viel besser gelöst. Neue, Erfolg versprechende Investitionsprojekte können heute ganz einfach finanziert werden, indem die Banken zusätzliche Kredite an Kunden vergeben, die sie als kreditwürdig einstufen. Dafür braucht es keine zusätzlichen Ersparnisse. Die Bank vergibt den Kredit, indem sie den entsprechenden Betrag dem Konto des Kreditnehmers gutschreibt. Auf diese Weise wird gleichzeitig Geld geschaffen, so genanntes Giralgeld. Dabei handelt es sich um Bankeinlagen, d.h. auf Bankkonten gutgeschriebene Beträge, mit denen man direkt Zahlungen vornehmen kann. Erhält also ein Investor einen Kredit von einer Bank, dann wird er das dadurch geschaffene Kreditgeld in Umlauf bringen, indem er Maschinen kauft oder Gebäude errichten lässt. Auf diese Weise steigen die Einkommen in der Wirtschaft und es entsteht zusätzliche Kaufkraft. All das wäre nicht möglich, wenn neue Investitionen aus Ersparnissen finanziert werden müssten.

Investitionsausgaben laufen der Produktion voraus

Wenn ein Unternehmen in ein neues Investitionsprojekt investiert, dann kommt dadurch unmittelbar Geld in Umlauf, d.h. es wird zusätzliche Kaufkraft geschaffen. Dadurch steigen auch die Gewinne bei den Unternehmen an, da die zusätzlichen Einkommen für den Kauf von weiteren Produkten und Dienstleistungen wieder ausgegeben werden. Die Produktion selbst braucht jedoch Zeit, so dass die mit Hilfe der neuen Investitionsgüter produzierten Produkte erst zu einem späteren Zeitpunkt auf den Markt gelangen. Dieses zeitliche Auseinanderfallen von Investitionsausgaben und Produktion ermöglicht die ständige Realisierung von Gewinnen in einer wachsenden Wirtschaft. Werden zusätzliche Kredite vergeben, dann steigen unmittelbar die Einkommen und damit auch die Ausgaben für Güter und Dienstleistungen. Allerdings sind diese Güter und Dienstleistungen bereits früher produziert worden und so mit den (tieferen) Kosten der früheren Produktion bewertet. Natürlich führt die jetzige Investition auch zu steigenden Kosten, aber diese werden erst später relevant, wenn die mit Hilfe des neuen Kapitals produzierten Güter auf den Markt kommen. Wenn dann wieder neue Investitionen mit neuen Krediten finanziert werden, steigen die Einkommen noch weiter an, so dass die steigenden Einkommen zeitlich den steigenden Kosten vorauslaufen – allerdings nur, solange die Wirtschaft wächst. Andernfalls werden die Einnahmen schnell von den Kosten eingeholt und die Gewinne verschwinden wieder.

Zusammengefasst lässt sich der Wachstumsprozess in einer Kreditgeldwirtschaft folgendermaßen beschreiben: Das Wachstum wird durch neue Investitionsprojekte in Gang gebracht, welche in Zukunft eine Zunahme der Produktion von Gütern und Dienstleistungen ermöglichen. Die Investitionsausgaben können dabei in modernen Kreditgeldwirtschaften durch Bankkredite finanziert werden, ohne dass bereits entsprechende Ersparnisse vorhanden sind. Durch diese Kredite entsteht zusätzliches Geld und es wird zusätzliche Kaufkraft geschaffen, die unmittelbar zu mehr Einkommen und damit auch zu mehr Konsum von Gütern und Dienstleistungen führt. Dadurch steigen die Gewinne der Unternehmen, aus welchen diese die Zahlungen der Zinsen und Risikoprämien für das Fremdkapital sowie der Dividenden für das Eigenkapital bezahlen können. Diese Zahlungen, das heißt die Zinsen, Risikoprämien und die Dividenden, fließen größtenteils wieder in den Wirtschaftskreislauf zurück, und sorgen ebenfalls für zusätzliche Nachfrage.

Kommt dieser Wachstumsprozess hingegen ins Stocken, dann rentieren sich die Investitionen nicht mehr, da kein zusätzliches Einkommen mehr mit ihnen erzielt wird. Die Unternehmen sind dann nicht mehr in der Lage, längerfristig Zinsen, Risikoprämien und Dividenden zu bezahlen. Ein Teil der Unternehmen geht Konkurs und die ganze Wirtschaft gerät in eine schwere Krise und beginnt zu schrumpfen. Nur Wachstum kann das verhindern. Es ist der fundamentale Zusammenhang zwischen Investitionen, Kreditgeldschöpfung und Gewinnen, der das Wachstum einerseits ermöglicht aber andererseits auch erforderlich macht. Intuitiv wissen das auch viele Unternehmer und Manager, selbst wenn sie dafür keine tiefere Begründung liefern. So meint etwa Jack Greenberg von Mac Donalds[123]: „Wenn man nicht wächst, dann schrumpft man. Es ist nicht so, dass man den Status quo halten könnte." Mit andern Worten, es gibt nur die Alternativen Wachstum oder Schrumpfung, aber keine Möglichkeit einer langfristig stationären Wirtschaft.

In Wirklichkeit ist alles etwas komplizierter, denn der Staat, das Ausland und ein zunehmend komplexer werdendes System von internationalen Finanzmärkten verkomplizieren den Wachstumsprozess. Aber für die gesamte Weltwirtschaft ist der Grundmechanismus genau so, wie er hier in aller Kürze dargestellt wurde. Einzelne Länder können jedoch aufgrund der Auslandsverflechtungen durchaus eine gewisse Zeit ohne eigenes Wachstum erfolgreich wirtschaften, solange im Rest der Welt weiterhin ein Wachstum stattfindet. Ein gutes Beispiel dafür ist die Schweiz, wo während der ersten Hälfte der 90er Jahre praktisch kein Wachstum mehr stattfand. Trotzdem erhöhten sich aber die Einkommen in der Schweiz, da die Schweizer auch am ausländischen Wachstum partizipierten. Ein erheblicher Teil des in der Schweiz vorhandenen Geldes wird nämlich im Ausland angelegt und erwirtschaftet dort durch das Wachstum entsprechende Gewinne. Und diese Gewinne fließen dann in Form von Unternehmensgewinnen (bei Direktinvestitionen) sowie Zinsen, Dividenden und Kapitalgewinnen (bei Portfolioinvestitionen) wieder in die Schweiz zurück, was den Wachstumszwang in der Schweiz selbst abschwächt.

Global betrachtet braucht es also Wachstum, damit die heutige Wirtschaft funktioniert, und die Tretmühlen sind eine Voraussetzung dafür, dass dieses Wachstum immer weiter geht. Allerdings ist damit noch nichts darüber ausgesagt, wie stark die Wirtschaft tatsächlich wachsen muss. Oder, um die Frage etwas anders zu formulieren: Um wie viel können wir das Wachstum verlangsamen, ohne dass die Funktionsweise der Wirtschaft beeinträchtigt wird? Ziel sollte nicht mehr ein möglichst hohes Wachstum sein, sondern ein Wachstum, bei dem die Tretmühleneffekte möglichst gering sind. Der dafür vorhandene Spielraum ist bis heute noch nicht ausgelotet und Teil III dieses Buches zeigt, welche Maßnahmen eine solche Entwicklung einleiten könnten.

> Ziel: ein Wachstum, bei dem die Tretmühleneffekte möglichst gering sind.

Teil III:

Raus aus den Tretmühlen!

*„Wir sollten uns davon heilen, was ich das
‚Geschwindigkeitssyndrom des Rasierapparats‘
genannt habe: Wir rasieren uns schneller,
damit wir Zeit haben, Maschinen zu erfinden,
mit denen wir uns schneller rasieren
und so weiter ad infinitum.“*

(NICHOLAS GEORGESCU-ROEGEN)

12.

Sitzen wir alle in der Falle?

Zahlreich sind die Bücher, die uns erklären, wie unser Leben glücklicher werden könnte. Einige Autoren sehen das Heil in einer Rückkehr zu traditionellen Werten wie „Familie" oder „Religion".[124] Andere geben uns den Ratschlag, weniger materialistisch zu leben und unser Leben zu vereinfachen.[125] Und schließlich werden auch staatliche Massnahmen gefordert wie etwa die Einführung von noch progressiveren Einkommens- oder Konsumsteuern[126] oder ein Verbot von an Kinder gerichteter Werbung.[127]

Im Folgenden habe ich nun versucht, bestimmte Arten von Ratschlägen zu vermeiden, die sich in der Praxis als wenig hilfreich erweisen. Erstens sollen hier keine oberflächlichen Allerweltsweisheiten wiederholt werden, wie etwa, dass wir glücklicher wären, wenn wir die schönen Momente des Lebens mehr genießen würden oder mehr Dankbarkeit zeigten. Natürlich stimmt das, doch kann man nicht plötzlich auf Befehl genießen oder dankbar werden. Wir müssen vielmehr weiterfragen, warum wir nicht in der Lage sind zu genießen oder dankbar zu sein und welche Mechanismen uns daran hindern. Zweitens findet man auch immer wieder Ratschläge, die bessere Menschen verlangen als diejenigen, die gegenwärtig unseren Planeten bevölkern. Ratschläge wie „Hör auf, dich mit anderen zu vergleichen!" oder „Schraube deine Ansprüche herunter!" wären natürlich sehr wirkungsvoll und würden die Statustretmühle und Anspruchstretmühle vollständig zum Erliegen bringen. Doch können wir den offenbar biologisch angelegten Zwang zum Vergleich mit anderen (siehe Kapitel 13) nicht einfach ausschalten. Und die Mehrheit der Menschen ist auch noch nicht so weit wie Sokrates, der beim Gang über den Markt von Athen schon vor mehr als 2000 Jahren erfreut feststellte, wie zahlreich doch die Dinge seien, derer er nicht bedürfe. Es ist nicht realistisch, die menschliche Natur verändern zu wollen. Drittens will ich als Ökonom auch nicht den moralischen Zeigefinger erheben. Daher stützen sich meine Vorschläge auf empirische Forschungsresultate, die uns zeigen, wo wir ansetzen müssen, um das persönliche Glücksempfinden der Menschen zu verbessern, und die im Rahmen unseres Wirtschaftssystems umsetzbar sind.

Sie passen allerdings mehrheitlich nicht zum gegenwärtigen Zeitgeist, der sich in Formulierungen spiegelt wie „Gib dich nie mit dem zweiten Platz zufrieden!", „Gib nicht auf, bevor du ganz oben bist!", „Gut ist nicht gut genug!" oder „Du schaffst es, wenn du nur wirklich willst." Alles soll immer noch besser, noch profitabler, noch effizienter und noch innovativer werden. Aber genau dieses Denken beschleunigt die Tretmühlen und hindert uns am Glück.

Wichtig ist vor allem, dass wieder eine Diskussion über bestimmte Verhaltensweisen und deren Einfluss auf das persönliche Glücksempfinden in Gang kommt. Die Tabelle auf der folgenden Seite gibt eine Übersicht über die in Teil III vorgestellten Strategien.

Wie man leicht erkennen kann, gelten diese Strategien nicht nur für einzelne Menschen, sondern auch für Unternehmen und den Staat. Ohne deren Mithilfe werden wir den Tretmühlen nicht entkommen.

Die Mitwirkung von Staat und Unternehmen ist vor allem auch deshalb wichtig, weil individuelle Verhaltensänderungen dann scheitern, wenn sie in das so genannte Gefangenendilemma geraten. Das klassische Beispiel beschreibt zwei Gefangene, A und B, die beide eines schweren Verbrechens schuldig gemacht werden.[128] Jedem der beiden wird folgendes gesagt: Wenn einer von ihnen gesteht und der andere nicht, wird der Geständige frei gelassen, der andere wird zur Höchststrafe von 30 Jahren verurteilt. Gestehen beide, bekommen beide eine mittlere Strafe von fünf Jahren. Und wenn keiner gesteht, bekommen beide eine milde Strafe von einem Jahr, weil man ihnen ohne Geständnis nur wenig nachweisen kann. Wie werden sie sich wohl unter diesen Bedingungen verhalten?

Tabelle 6: Strategien gegen die Tretmühlen

Strategie	Handlungs-ebene	Welcher Tretmühle entgeht man damit?
1. Wahl des richtigen Teiches!	Individuell	Statustretmühle
2. Attraktives Sozial-leben statt Anhäufung materieller Güter!	Individuell	Multioptionstretmühle, Anspruchstretmühle
3. Nicht immer nach dem Besten suchen!	Individuell	Multioptionstretmühle
4. Vermeidung von stressigen Formen des Familienlebens!	Individuell	Zeitspartretmühle
5. Nutzung der Poten-ziale für räumliche und zeitliche Flexibili-sierung!	Unternehmen, individuell	Zeitspartretmühle
6. Keine Verherrlichung von Effizienz, Innova-tion, Wettbewerbsfähig-keit und Reformen!	Unternehmen, Staat, individuell	Zeitspartretmühle
7. Einführung von verpflichtenden Beschränkungen!	Unternehmen, individuell	Zeitspartretmühle, Multioptionstretmühle, Statustretmühle
8. Kampf der Ranking-Manie!	Unternehmen, Staat	Statustretmühle, Anspruchstretmühle
9. Beschränkung der Spitzensaläre statt mehr staatlicher Umverteilung!	Unternehmen, Staat	Statustretmühle
10. Förderung der Lebenskunst	Individuell	Alle Tretmühlen

Das wahrscheinlichste Ergebnis wird sein, dass beide gestehen, obwohl es für beide besser wäre, nicht zu gestehen. Das Problem ist, dass A und B nicht kooperieren, weil sie nicht miteinander kommunizieren dürfen. Beide Gefangenen müssen ihre Entscheidung fällen, ohne zu wissen, wie der andere sich verhalten wird. Trotzdem müssen sie das Verhalten des anderen bei ihrer Entscheidung berücksichtigen. Falls B gestanden hat, ist es für A natürlich besser, wenn auch er gesteht. Aber auch wenn B nicht gestanden hat, ist es für A besser, zu gestehen. Ganz gleich, wie B sich verhält, ist es für A besser zu gestehen. Und für B gilt genau dasselbe. Damit hätten wir bereits das Gefangenendilemma. Die für beide Gefangenen optimale Lösung, nämlich dass beide nicht gestehen, ist ohne Kooperation nicht möglich.

Die Situation der beiden Gefangenen ließe sich nun dadurch verbessern, dass sie miteinander kommunizieren dürfen, doch selbst dann ist es unwahrscheinlich, dass die optimale Lösung dabei herauskommt. Denn schließlich weiß A nicht, ob er B trauen kann, wenn dieser verspricht, nicht zu gestehen. Das ginge erst dann, wenn A in einem solchen Falle Sanktionen gegen B ergreifen könnte, was unter Gefangenen jedoch kaum möglich ist. Es braucht eine sowohl für A als auch für B verbindliche Regel, damit das optimale Ergebnis erreicht wird, bei dem beide nur für ein Jahr ins Gefängnis wandern.

Ersetzen wir jetzt die beiden Gefangenen durch zwei Arbeitnehmer in einer Firma. Nehmen wir an, beide Arbeitnehmer sind gestresst und sie würden gerne weniger Überstunden machen. Doch wenn A anfängt, weniger zu arbeiten und B weiterhin Überstunden macht, dann schadet A sich wahrscheinlich selbst. Wenn es in Zukunft nämlich darum geht, wer von den beiden in der Firma Karriere macht und aufsteigt, wird man den „fleißigen" B wohl dem „faulen" A vorziehen. Beginnt jedoch umgekehrt B weniger zu arbeiten, dann kann A einen Vorteil für sich selbst herausholen, indem er selbst weiterhin Überstunden macht. Was immer B auch tut, es ist für A vorteilhafter, weiterhin Überstunden zu machen. Und für B gilt genau dasselbe. Das optimale Ergebnis, bei dem sowohl A als auch B weniger arbeiten und ihre Überstunden reduzieren, kann ohne eine verbindliche Abmachung nicht erreicht werden. Erst wenn A sicher ist, dass auch B seine Stunden reduziert, kann er selbst weniger arbeiten und seinen Stress reduzieren. Andernfalls wird das optimale Ergebnis nicht erreicht, und sowohl A als auch B werden sich weiter stressen lassen.

Das Gefangenendilemma gilt auch für Gruppen von mehr als zwei Personen. Derjenige, der allein als erster den Schritt in Richtung der für alle optimalen Lösung übernimmt, wird sich selbst dadurch benachteiligen. Und dies hält ihn von diesem Schritt ab. Also wagt niemand den ersten Schritt, und ganze Gruppen von Menschen können so in der Falle des Gefangenendilemmas sitzen.

> Aus guten Vorsätzen verbindlich geltende Regeln machen.

Aus diesem Grund werden aus guten Vorsätzen oft keine tatsächlichen Handlungen, die ein Entkommen aus den Tretmühlen ermöglichen. Nur verbindliche Regeln für kollektives Verhalten verhindern solche Fallen, und im Setzen von Regeln sind ja sowohl Unternehmen als auch Staaten Experten.

13.
Strategie 1: Wahl des richtigen Teiches!

Wir haben gesehen, dass Status für das Glück der meisten Menschen große Bedeutung besitzt. Sie wollen reicher, klüger, mächtiger, schöner und beliebter sein als ihre Freunde, Kollegen, Nachbarn, Verwandten oder früheren Klassenkameraden. Besonders der Beruf spielt in diesem Zusammenhang eine wichtige Rolle. Hochrangige und gut bezahlte Positionen sind zum ultimativen Statussymbol geworden. Je älter die Menschen werden, desto mehr hängt ihr Status von ihrem beruflichen Erfolg ab (das gilt besonders für Männer). Denn sonst gibt es oft nur noch wenig, mit dem sie den Rest der Welt beeindrucken können. Doch als hoch bezahlter Manager, erfolgreicher Anwalt oder berühmter Arzt kann man sich die Statussymbole leisten, von denen sich die Umgebung beeindrucken lässt: Man lebt in schicken Häusern, fährt elegante Wagen und hat eine attraktive Frau und Sekretärin. Sollten diese Männer jedoch eines Tages ihren Beruf verlieren und könnten sich dann diese Statussymbole nicht mehr leisten, ist meist nicht mehr viel da, was noch beeindruckend wäre.

Die meisten Menschen sind jedoch weder hoch bezahlte Manager noch erfolgreiche Anwälte oder berühmte Ärzte. Und erst recht sind sie keine gefeierten Schauspieler, Popstars, berühmten Spitzensportler oder gar eine weltbekannte Persönlichkeit. Wir sind fast alle kleine Frösche in einem großen Teich. Der beste Weg zu mehr Zufriedenheit für solche kleinen Frösche wäre natürlich, die großen Frösche einfach zu ignorieren und sich nicht mehr mit ihnen zu vergleichen. Aber das schaffen im Allgemeinen nur Heilige, Eremiten oder Verrückte. Robert Frank schreibt dazu[129]: „Untersuchungen legen nahe, dass die Menschen mit einer inneren Stimme auf die Welt kommen, die sie antreibt, so weit wie möglich auf der Hierarchieleiter nach oben zu klettern." Normale Menschen kommen also kaum umhin, sich mit anderen zu vergleichen. In diesem Punkt (und nicht nur in diesem) sind die Menschen den Affen sehr ähnlich. Kommt ein Affe in eine neue Gruppe, wo er einen höheren Status besitzt, dann steigt sein Serotoninspiegel.[130] Und Serotonin ist der Botenstoff im Gehirn, den man mit Glücksgefühlen in Verbindung bringt.

Doch es gibt eine einfachere Möglichkeit, die Wirkung der Statustretmühle zu mildern. Wenn die Frösche um uns herum zu groß sind, dann sollten wir uns einfach einen anderen Teich suchen und auf diese Weise unsere Position verbessern. Karl Marx hat einmal gesagt: „Ein Haus kann groß oder klein sein. So lange die Häuser in der Nachbarschaft genau so klein sind, ist es vollkommen ausreichend. Wenn aber neben einem kleinen Haus ein Palast entsteht, wird das kleine Haus zur Hütte."

Wer sich also nur ein kleines Haus leisten kann, sollte es nicht direkt neben einem Plast bauen. Das wäre sicher der falsche Teich. Besser ist es, sich eine Gegend zu suchen, in der alle in kleinen Häusern wohnen. Sonst ist der Tag schon verdorben, wenn man morgens aus der Haustür tritt und mit dem Palast von nebenan konfrontiert wird.

> Wer sich nur ein kleines Haus leisten kann, sollte es nicht direkt neben einen Palast bauen.

Schon früh im Leben zeigt es sich, wie wichtig der passende Teich ist. Kinder bemühen sich immerzu, stärker, klüger oder cooler zu sein als ihre Kameraden. Und es macht meistens mehr Spaß, bei den Klassenbesten zu sein, als am unteren Ende gerade noch so mitzukommen. Robert Frank schildert in diesem Zusammenhang das Beispiel eines Sohnes wohlhabender Eltern in den USA.[131] In mehreren angesehenen Privatschulen schaffte er kaum die Versetzung, bis er schließlich wegen ungenügender Leistungen aufgeben musste. Er war sehr niedergeschlagen, kam sich blöd vor, und glaubte zu nichts nütze zu sein. Entmutigt von seinen schlechten Leistungen meldeten seine Eltern ihn schließlich in der öffentlichen Schule am selben Ort an. Und zu seiner großen Verwunderung entwickelte er sich dort zu einem der besten Schüler. Er wurde glücklicher, da er endlich sein Minderwertigkeitsgefühl los war und neue Freunde fand. Die beste Privatschule war für ihn der falsche Teich gewesen, denn dort war er nur ein kleiner Frosch. Doch in der öffentlichen Schule wurde er auf einmal zum großen Frosch in einem kleinen Teich.

Beispiele aus dem Sport zeigen, wie die Wahl des richtigen Teiches dabei hilft, den körperlich unterschiedlich beschaffenen Wettkämpfern gerecht zu werden, etwa in der Unterscheidung von Gewichtsklassen beim Boxen oder Gewichtheben.

Fünfzig Kilo schwere Männer müssen nicht „David gegen Goliath" spielen, indem sie auf 120 Kilo Schwergewichtsboxer treffen. Und sie müssen sich nicht demütigen lassen, indem sie sich abmühen, ein Gewicht zu stemmen, das schwerere Wettkampfgegner mit einem Arm heben. Natürlich haben nicht alle

Gewichtsklassen das gleiche Prestige und ein Schwergewichts-champion besitzt mehr Ansehen als ein Champion im Fliegen-gewicht. Trotzdem ist es für ein Fliegengewicht besser, Champion in seiner Gewichtsklasse zu sein (großer Frosch in kleinem Teich), als sich von einem Koloss in der prestigeträchtigen Superschwergewichtsklasse k. o. schlagen zu lassen (kleiner Frosch in großem Teich).

> David gegen Goliath-Kämpfe meiden!

Wenn sich weniger begabte Schüler mit hoch intelligenten Schülern in der gleichen Klasse vergleichen müssen, dann ist das eine ähnlich frustrierende Erfahrung wie die des Fliegen-gewichtsboxers, der gegen einen Schwergewichtsboxer antritt. Deshalb gibt es auch die unterschiedlichen Schularten. Allerdings lässt sich Intelligenz nicht so zuverlässig messen wie das Körpergewicht beim Boxen. Eltern neigen deshalb oft dazu, den falschen Teich für ihre Kinder auszusuchen, weil ihr eigener Status von den Leistungen der Kinder in Schule oder Universität abhängt. Als Mitglied der Oberschicht will man in den USA (in Europa sind wir noch nicht ganz so weit) Freunden, Nachbarn und Kollegen nicht sagen müssen, dass der Sohn oder die Tochter „nur" eine öffentliche Schule besuchen. Deshalb kommt es vor, dass Eltern ihre Kinder in renommierte Schulen zwingen, obwohl es ihnen in einer weniger prestigeträchtigen Schule besser ginge.

Es sind aber nicht nur die schulischen Leistungen, die zum Unglück von Kindern beitragen. Können sich die Eltern teure Freizeitaktivitäten oder aufwändige Geburtstagsfeiern nicht leisten, und sind sie nicht in der Lage, ihnen neue Designerjeans und die neuesten Handys zu kaufen, dann werden diese Kinder sich auch bald wie kleine Frösche in einem großen Teich fühlen. Da hilft es auch nichts, den Kindern vorzuwerfen, dass sie zu sehr auf materialistische Güter fixiert sind. Solange man in einem Teich lebt, in dem Status an Mode, teuren Accessoires und aufwändigen Freizeitaktivitäten festgemacht wird, können sich Kinder den damit verbundenen Statuswettkämpfen am allerwenigsten entziehen. Die Suche nach einem anderen Teich kann jedoch helfen, denn in einer anderen Schule mit weniger reichen Kids, wird sich ihr Status und damit ihr Glücksempfinden auch ohne Fünf-Sterne Geburtstagsparty verbessern.

Anders als beim Sport oder in der Schule wird der Status-Wettkampf in der Wirtschaft nicht dadurch abgemildert, dass die Menschen in verschiedene Klassen eingeteilt werden. In unserer Gesellschaft konkurrieren alle mit allen, da uns von klein auf eingeredet wird, dass es jeder an die Spitze schaffen kann. Diese Haltung macht aus den meisten Menschen kleine Frösche in einem großen Teich. Ein Beispiel dafür war Rick Moroni, ein passionierter Squashspieler in den USA.[132] Er wählte den falschen Teich, indem er einem sehr exklusiven Sportclub beitrat, dessen andere Mitglieder deutlich mehr verdienten als er. Die Kosten für Trainerstunden, Schläger, Startgebühren und das Restaurant nach dem Spiel verschlangen sein gesamtes Einkommen, denn als Koch verdiente er nicht viel. Schließlich verließen seine Frau und er den Club und suchten sich einen anderen Teich, sprich einen weniger exklusiven Squash-Club, in dem sie sich nicht mehr wie kleine Frösche unter lauter großen Fröschen vorkamen.

Genau wie Rick Moroni müssen wir uns nicht damit abfinden, kleine Frösche in einem großen Teich zu sein. Es gibt viele Möglichkeiten, unsere relative Position durch den Wechsel des Teiches zu verbessern. Wer in einem reichen Land wie Deutschland oder der Schweiz unter finanziellen Minderwertigkeitskomplexen leidet (keine Seltenheit), kann das leicht ändern, indem er sich in ein ärmeres Land begibt, wo er dann vergleichsweise wohlhabend ist. Und plötzlich ist es möglich, sich all die Dinge zu leisten, die das Leben der Oberschicht in reichen Ländern angeblich so faszinierend macht.

> Mit der Wahl eines anderen Teiches den eigenen Status erheblich verbessern.

Der Wechsel von einem reichen in ein armes Land, ob dauerhaft oder nur auf Zeit, verwandelt oftmals einen kleinen Frosch in einen großen. Natürlich ist es nicht jedem möglich, längere Zeit in einem Entwicklungsland zu leben und zu arbeiten. Und mit einem solchen Schritt können auch beachtliche Nachteile verbunden sein. Der Gang in ein Entwicklungsland ist aber ein Beispiel dafür, wie die Wahl eines anderen Teiches den Status verbessert. Und immer mehr Leute entscheiden sich tatsächlich dafür, in ein Entwicklungsland zu ziehen, weil sie es leid sind, hier als kleine Frösche vor sich hin zu vegetieren. Aus rein ökonomischer Sicht tun sie damit das richtige, denn sie versuchen durch einen Wechsel des Teiches ein glücklicheres Leben zu führen.

Wir sollten aber auch die lokalen Teiche wieder neu entdecken. Viele dieser Teiche sind inzwischen fast vergessen, weil die Massenmedien uns ununterbrochen die reichsten, erfolgreichsten, berühmtesten und schönsten Menschen der ganzen Welt vor Augen führen. Das führt dazu, dass sich die Menschen zunehmend mit diesen unerreichbaren Berühmtheiten und Cracks vergleichen. Stattdessen

> Besser ein local hero als ein global loser!

sollten wir uns lieber auf unsere lokalen Statusmöglichkeiten zurückbesinnen. Ein „local hero" zu sein ist nämlich weit befriedigender als die Position des „global loser". Haben Sie zum Beispiel schon einmal etwas von Polo Hofer gehört? Tja, wer zufällig Schweizer ist, weiß, dass Polo Hofer einer der bekanntesten Sänger unseres Landes ist – ein großer Frosch in einem kleinen Teich. Aber im Vergleich zu Leuten wie Michael Jackson, Madonna oder Mick Jagger ist er ein Niemand. Der lokale Teich der Schweiz ist für ihn viel besser als der viel zu große Teich der Welt, wo er nur ein kleiner Frosch wäre. In Bezug auf die Statustretmühle ist der Spruch „think global, act local" ein schlechter Rat. Er müsste viel mehr lauten: „Think local, act local!"

Was hier über Popstars gesagt wurde, gilt natürlich auch für andere Berufe. Ein gut bezahlter Manager in Deutschland sollte sich über sein hohes Gehalt freuen, statt sich mit noch besser bezahlten Managern in den USA zu vergleichen. Und Einkommen ist nur eines unter vielen Statussymbolen mit dem sich lokaler Status erlangen lässt. Man kann glücklich sein als bester Schachspieler der Stadt, als Schönheitskönigin der Region, als führende Rechtsanwältin der Gegend oder als ein an seiner Universität angesehener Professor. Man muss nicht Schachweltmeister, Miss World, eine weltberühmte Juristin oder ein international renommierter Gelehrter sein. Solange wir ständig damit konfrontiert werden, was Menschen wie Bill Gates, Julia Roberts, Michael Schumacher oder Oprah Winfrey erreicht haben, fällt es uns schwer, uns über lokalen Status zu freuen. Pflegen wir deshalb die lokalen Teiche, denn nahezu jeder Mensch kann in irgendeinem Teich ein großer Frosch sein, solange es genügend Teiche gibt.

14.
Strategie 2: Attraktives Sozialleben statt Anhäufung materieller Güter!

Wir wissen, wie wichtig das Sozialleben und Sozialkontakte für das Glück der Menschen sind. Trotzdem wird deren Beitrag zum persönlichen Glücksempfinden aufgrund mangelhafter geistiger Buchhaltung häufig unterschätzt. Ein intaktes Sozialleben bringt eine hohe „psychische Dividende" an Glück und Zufriedenheit, die sich jedoch nicht in Geldeinheiten messen lässt. Und was man nicht messen kann, wird oft fälschlicherweise außer Acht gelassen. Um die psychische Dividende eines attraktiven Soziallebens richtig zu erfassen, müssen wir somit unsere geistige Buchhaltung in Ordnung bringen. Andernfalls überschätzen wir das mit Einkommen und dem Kauf von materiellen Gütern verbundene Glück und unterschätzen gleichzeitig das Glück aufgrund des Zusammenseins mit den Menschen, die für unser Sozialleben von Bedeutung sind.

Dazu ein Beispiel: Stellen wir uns einen jungen Mann mit einem Beruf vor, bei dem er genügend Geld verdient, um seine wichtigsten Bedürfnisse zu befriedigen. Am Wochenende trifft er regelmäßig seine Freunde und auch für gelegentliche Liebesaffären reicht die Zeit. Nur eins fehlt ihm: Er kann sich kein

Auto der Spitzenklasse leisten, das bei Kollegen und potenziellen Freundinnen als Statussymbol dienen könnte. Nehmen wir nun an, dass ihm angeboten wird, an den Wochenenden Überstunden zu machen. Er wäre dann zwar nicht mehr in der Lage, seine Freunde regelmäßig zu treffen, doch andererseits könnte er sich mit dem zusätzlichen Einkommen das Auto seiner Träume leisten. Unser junger Mann steht also von dem Problem, wie er den Spaß, den er mit seinen Freunden hat, mit der Freude vergleichen soll, die er sich für die Zukunft von einem neuen Auto erhofft.

Es wäre nicht überraschend, wenn der junge Mann sich für die Überstunden entscheiden würde. Der in Geld messbare Wert des Autos ist leichter zu erkennen und verleiht unmittelbar Status. Sobald er das Auto gekauft hat, kann er stolz aufs Gaspedal drücken und die Bewunderung und den Neid der anderen genießen. Dagegen ist die psychische Dividende des Freundeskreises nicht so klar ersichtlich. Natürlich macht es Spaß, mit den Freunden Zeit zu verbringen. Aber „bringen" ihm die vielen Stunden, in denen sie reden und Bier trinken wirklich etwas? Die Opportunitätskosten der Überstunden – also die Freude am Beisammensein mit den Freunden – erscheinen im Moment nicht so wichtig, da sie kaum messbar sind. Man vermisst das Wasser erst, wenn der Brunnen ausgetrocknet ist, und manche Menschen haben den Wert eines Freundeskreises erst dann realisiert, als er nicht mehr da war. Ich möchte nun keinesfalls behaupten, dass Überstunden machen immer eine schlechte Entscheidung ist. Aber höchst wahrscheinlich überschätzt der junge Mann die Freude, die der Besitz eines neuen Autos bringt, weil er sich nicht klar macht, wie schnell diese Freude nachlässt.

Doch es fällt uns nicht nur schwer, den Wert eines solchen Glücks richtig einzuschätzen. Die Pflege sozialer Beziehungen ist auch zeitintensiv. Und solange Menschen annehmen, dass ihr Glück im Wesentlichen von Einkommen und Karriere ab-

> Man vermisst das Wasser erst, wenn der Brunnen ausgetrocknet ist.

hängig ist, erscheinen Tätigkeiten, die kein Geld einbringen, eben grundsätzlich als Zeitverschwendung. Zeitintensive Sozialkontakte wie „Freunde treffen" bleiben da schnell auf der Strecke, denn sie vertragen keine Zeitsparanstrengungen. Wenn der erwähnte junge Mann sich nicht mehr regelmäßig mit seinen Freunden trifft, wird man ihn bald nicht mehr für einen wirklichen Freund halten. Netzwerke von Freunden halten nur dann, wenn sie auch gepflegt werden und entsprechend Zeit dafür aufgewendet wird. Also lässt man sich gar nicht mehr darauf ein, und versucht die Umgebung mit einem Auto der Spitzenklasse auf zeitsparende Weise zu beeindrucken.

Doch auf die Dauer funktioniert das nicht. Der Mensch gleicht eben nicht dem einsamen Tiger im Dschungel sondern einem Herdentier, und ist somit auf Sozialkontakte angewiesen, um eine glückliche Existenz führen zu können. Ökosysteme funktionieren nicht mehr, wenn ein kritisches Maß an Naturkapital unterschritten wird. Für Menschen braucht es aber nicht nur ein notwendiges Maß an Naturkapital, sondern, um hier einen in letzter Zeit häufig verwendeten Begriff zu verwenden, auch ein kritisches Maß an Sozialkapital.[133] Und eine der Hauptursachen für mangelndes Glück in der heutigen Gesellschaft liegt darin, dass dieses notwendige Maß oft unterschritten wird.

> Achten Sie auf die Glücksdividende!

Sozialkapital hat die ökonomische Besonderheit, dass es nicht in erster Linie durch Geldinvestitionen, sondern durch Zeitinvestitionen aufgebaut wird. Natürlich wissen wir alle, dass Leute mit viel Geld meist auch viele Freunde haben. Aber das sind selten Freundschaften, die auch wirklich glücklich machen. Die sich aus Investitionen in Sozialkapital ergebende psychische „Glücksdividende" ist tendenziell umso höher, je weniger das Sozialkapital auf Geldinvestitionen beruht. Es ist eben nicht das gleiche, ob jemand Zeit mit uns verbringt, weil er oder sie gern in unserer Gesellschaft ist oder weil er oder sie dafür auf irgendeine Art bezahlt dafür wird. Durch Bezahlung werden Freunde zu Schmarotzern und Liebespartner zu Prostituierten. Und das sind im Allgemeinen keine Beziehungen, aus denen sich längerfristiges Glück ergibt. Wer versucht, seinen Bestand an Sozialkapital zu erhöhen, indem er Geld investiert und Zeit spart, der erreicht oft genau das Gegenteil.

Und dies muss immer wieder betont werden. Man spricht heute gerne von „networking" und der Bedeutung von Netzwerken. Und ein guter Networker ist jemand, der von seinen vielen professionellen und privaten Kontakten zu anderen Menschen profitieren kann. Doch diese Art von profitorientiertem Networking führt eben nicht zur Bildung von Sozialkapital. Sozialkapital aufzubauen setzt ein aufrichtiges Interesse an anderen Menschen voraus, das nicht mit wirtschaftlichen Interessen verwechselt werden darf. Je mehr ein Netzwerk durch diese bestimmt wird, umso weniger wird das Netzwerk zum Glück der Beteiligten beitragen – und das Sozialkapital wird zerstört. Auch davon gibt uns die in Kapitel 5 vorgestellte Studie an 1000 Texanerinnen indirekt Auskunft: Die Freude am Zusammensein mit anderen Menschen ist umso größer, je weniger dieses Zusammensein durch wirtschaftliche Interessen bestimmt ist. Zwar kann es durchaus sein, dass aus Kunden Freunde werden oder sich aus Netzwerken wichtige Sozialkontakte ergeben. In all diesen Fällen entsteht aber eine Sympathie jenseits wirtschaftlicher Interessen. Diese ist es letztlich, welche das Sozialkapital zusammenhält. Es ist manchmal sehr ökonomisch im weiteren Sinn (Maximierung des eigenen Glücks), wenn man im engeren Sinn unökonomisch handelt und nicht versucht, aus seinen Beziehungen Profit herauszuschlagen.

> Anonyme, professionelle Beziehungen ersetzen keine persönlichen Kontakte!

Eine andere Art von Ökonomisierung sozialer Beziehungen findet dadurch statt, dass immer mehr soziale Beziehungen professionalisiert und an Experten delegiert werden. Kinder werden von ausgebildeten Kleinkinderzieherinnen in Kinderkrippen und Tagesstädten großgezogen. Rebellierende Teenager finden nicht in ihrer Familie Ansprechpartner, sondern in psychologischen

Beratungsstellen. Wenn wir erwachsen sind, fragen wir nicht unsere Freunde um Rat, sondern speziell dafür geschulte Experten, ganz gleich, ob es um unseren Beruf, unsere Ehe oder unsere Fitness geht. Und sind wir schließlich alt und brauchen Unterstützung, kommt die professionelle Altenpflege zum Zuge. Auf diese Weise werden diejenigen, die früher solche Hilfeleistungen übernommen haben – Familienmitglieder, Freunde oder Nachbarn – entlastet und können sich attraktiveren Beschäftigungen zuwenden. Also wird es immer besser?

Aufgrund dessen, was wir über Sozialkapital wissen, sollten wir skeptisch sein. Mit der Professionalisierung und Ökonomisierung sozialer Beziehungen gehen viele soziale Kontakte verloren. Noch vor wenigen Jahrzehnten war es doch tatsächlich möglich, dass Kinder zum Spielen auf die Straße gingen und dort jeden Nachmittag problemlos Spielkameraden aus der Nachbarschaft fanden. Und ebenso war es keine Seltenheit, dass die Nachbarin für die alte Frau im gleichen Haus einige zusätzliche Einkäufe erledigte, um sich dann ohne Bezahlung mit ihr auch noch etwas zu unterhalten. Dieses Sozialkapital verspielen wir heute: Selbstbestimmte und souveräne Individuen sitzen in ihren mit gestylten Möbeln dekorierten Wohnungen, in denen man locker 1000 verschiedene Fernsehprogramme auf riesigen Flachbildschirmen empfangen kann und wo DVD und Internetanschluss eine Selbstverständlichkeit sind. Doch leider steckt in solchen technischen Unterhaltungsangeboten kein Sozialkapital, welches für das persönliche Glück viel entscheidender ist. Angesichts dieser Tatsache ist es dem persönlichen Glück der Betroffenen oft abträglich, wenn persönliche Kontakte durch anonyme, professionelle Beziehungen ersetzt werden. Daher sollte auch der Staat darauf achten, dass er die noch existierenden privaten Netzwerke mit seinen Angeboten nicht kaputt macht, sondern auf diesen aufbaut. Schnell ist Sozialkapital zerstört, doch viel Aufwand braucht es, um dieses wieder aufzubauen.

15.

Strategie 3: Nicht immer nach dem Besten suchen!

In unserer Multioptionsgesellschaft wird die optimale Wahl von Produkten und Aktivitäten immer mehr zur Qual. In der realen Welt gelingt es uns nur selten, das beste Angebot zu finden, wenn wir unter einer Vielzahl von Optionen auswählen müssen. Wer immer die beste Wahl treffen will, erkennt bald, dass er auf verlorenem Posten steht. Und auf verlorenem Posten zu stehen, macht nicht glücklich. Immer das Beste zu wollen ist nicht das Beste für unser Glück. Untersuchungen des amerikanischen Psychologen Barry Schwartz und seinen Kollegen zeigen, dass die realistische Suche nach „gut genug" besser ist als die meist utopische Suche nach „dem Besten", die uns ständig überfordert.[134]

Unterscheiden Sie zwischen wichtigen und unwichtigen Entscheidungen!

Jeden Tag müssen wir hunderte von Entscheidungen fällen, von denen aber die meisten kaum Einfluss auf unser Glück haben. Deshalb sollten wir die uns zur Verfügung stehende Zeit und Energie für die Entscheidungen verwenden, die unser persönliches Wohlbefinden wirklich beeinflussen. In vielen Fällen genügen einfache Entscheidungsregeln, wie etwa, einfach der Gewohnheit zu folgen. Eine Änderung drängt sich erst dann auf, wenn wir mit einer bestimmten Wahl nicht mehr zufrieden sind und wirklich etwas Neues benötigen. Es gibt überhaupt nichts daran auszusetzen, immer das gleiche Joghurt zu kaufen, solange es uns gut schmeckt – auch dann, wenn es irgendwo auf dem Markt ein Joghurt geben mag, das uns noch besser schmeckt. Es drängt sich auch nicht auf, Telefongesellschaft, Versicherung oder Bank zu wechseln, solange ein anderer Anbieter nicht deutlich billiger ist. Das gilt natürlich nicht für begeisterte Schnäppchenjäger, für welche die Auswahl von optimalen Deals die bevorzugte Freizeitbeschäftigung ist. Doch für den Rest der Bevölkerung sind die möglichen kleinen Ersparnisse die Zeit meist nicht wert. Denn solch eine „Optimierung" führt zu mehr Stress und Unzufriedenheit.

Doch unsere mangelhafte geistige Buchhaltung macht es uns immer wieder schwer, die unwichtigen von den wichtigen Entscheidungen zu trennen. Das führt dann zu paradoxen Verhaltensweisen. Wenn etwa eine Frau viel Zeit darauf verwendet, stets das Gemüse beim günstigsten Händler in der Umgebung zu kaufen, gleichzeitig aber ein Jahr nach dem anderen eine unglückliche Ehe aussitzt, dann ist das alles andere als ein optimales Verhalten. Und genau das gleiche gilt für einen Mann, der den größten Teil seiner Freizeit damit verbringt, über Geldanlagen nachzudenken und täglich hunderte von Aktien, Fonds und andere Wertpapiere miteinander vergleicht, um optimale Investitionsentscheide zu fällen, obwohl er sich eigentlich einsam fühlt und sich nichts mehr als eine Partnerin wünscht. In solchen Fällen wird unangemessen viel Zeit auf Nebensächliches verwendet, während die für das Glück wirklich wichtigen Entscheidungen nicht angegangen werden.

> Die für das Glück wirklich wichtigen Entscheidungen beherzt angehen!

Zwischen wichtigen und unwichtigen Entscheidungen zu unterscheiden, ist eine ständige Herausforderung. Wir müssen uns Mühe geben, die geistige Buchhaltung in dieser Hinsicht einigermaßen in den Griff zu bekommen. Das betrifft vor allem Entscheidungen, deren Folgen sich nicht in Geld messen lassen. Wir müssen daher immer wieder fragen, welche Faktoren oder Handlungen besonders großen Einfluss auf unser Glück haben. Da diese Faktoren nicht für alle Menschen gleich sind, lassen sich hier keine allgemeingültigen Regeln aufstellen. Aber die empirischen Untersuchungen geben uns doch einige Hinweise: Ein attraktives Sozialleben ist dem Glück besonders zuträglich, während etwa lange Arbeitswege das Gegenteil bewirken. Deshalb sollte man sich beispielsweise

> Glücksfaktoren identifizieren.

bei der Wahl des Wohnortes auch die Frage stellen, wie das zukünftige persönliche Zeitbudget dadurch betroffen wird. Geht nachher die meiste Freizeit für das Pendeln drauf, und fehlt diese dann der Familie oder muss man auf die Treffen mit Freunden verzichten, dann ist es wahrscheinlich eine schlechte Wahl, selbst wenn es sich um ein tolles Angebot für ein Einfamilienhaus handelt. Das Einfamilienhaus macht eben nicht glücklich, wenn einem dann die Zeit für die Tätigkeiten fehlt, die wirklich Freude bereiten.

Sich mit „gut genug" zufrieden geben!

Nehmen wir an, dass wir es jetzt mit Entscheidungen zu tun haben, die unser persönliches Wohlbefinden tatsächlich beeinflussen. Auch hier sehen wir uns häufig mit zu vielen Optionen konfrontiert, und es ist oft unmöglich, innerhalb vernünftiger Zeit die beste Alternative zu finden. Besonders deutlich wird das anhand einer Entscheidung, die viele Menschen für eine der wichtigsten ihres Lebens halten: die Wahl des richtigen Ehepartners. Theoretisch gibt es unendlich viele Partner auf der Welt. Wir können aber nicht in jedes Land der Welt reisen und alle möglichen Partner begutachten. Versuchten wir das, dann sind wir bereits alt und grau, bis wir auch nur einige wenige Länder durchgecheckt haben. Eine einigermaßen sinnvolle Wahl ist nur möglich, wenn wir bereit sind, die Menge der Optionen von Anfang an drastisch zu reduzieren.

Diese Reduktion kann auf unterschiedliche Weise erfolgen. So durften in vielen traditionellen Gesellschaften junge Menschen ihre Ehepartner nicht selbst wählen. Die Ehe wurde von den Eltern oder anderen Familienmitgliedern arrangiert, wobei wirtschaftliche Überlegungen meist eine entscheidende Rolle spielten. Die Vorlieben von Braut und Bräutigam waren untergeordnet. Im Vordergrund standen die Interessen der beiden beteiligten Familien, wenn etwa eine Tochter gegen eine bestimmte Zahl von Kamelen getauscht wurde. In einem solchen Fall war die Wahl eines Ehemannes nicht schwer, weil einfach derjenige die Tochter erhielt, der als erster die geforderte Anzahl an Kamelen aufbringen konnte. Eine solche Partnerwahl war noch nicht durch unbeständige Dinge wie Liebe und gemeinsame Interessen verkompliziert.

Doch selbst in Gesellschaften, in denen junge Menschen im heiratsfähigen Alter sich ihre Partner selbst aussuchen durften, war die Wahl meist auf die engere geographische Umgebung beschränkt. Und da alle ungefähr im gleichen Alter (Mädchen oft schon sehr früh) heirateten, blieben dann oft nicht allzu viele Optionen. Deren Zahl wurde zusätzlich noch dadurch eingeschränkt, dass nicht alle grundsätzlich möglichen Partner für jeden Heiratswilligen zugänglich waren. Die Tochter des Grundbesitzers heiratete kaum je den Sohn eines Knechtes. Und schließlich gab es noch weitere Einschränkungen wie die Zugehörigkeit zu einer Religion oder einer ethnischen Gruppe.

Auch Phantomoptionen ließen sich in traditionellen Gesellschaften leicht erkennen. Die naturgemäß relativ wenigen hübschen Mädchen gingen meist an die reichsten oder attraktivsten Männer. Und der Rest der Männerwelt musste sich mit etwas bescheideneren Lösungen zufrieden geben. Weil das aber als unausweichlich oder gottgegeben angesehen wurde, konnte man sich damit auch abfinden. Ein Schakal hadert nicht mit dem Schicksal, weil ihm bessere Jäger wie der Löwe nur die weniger schmackhaften Teile der Beute übrig lassen. Die Frustration beginnt erst dann, wenn Schakale glauben, sie könnten eigentlich auch Löwen sein und seien vom Schicksal ungnädig behandelt worden. In traditionellen Gesellschaften wusste der Schakal, dass er ein Schakal war und kein verkappter Löwe.

Heutzutage ist die Partnersuche globalisiert. Es gibt immer weniger Einschränkungen durch Herkunft, Alter, Religion oder Zugehörigkeit zu einer ethnischen Gruppe. Dadurch ist es aber viel schwerer geworden, zwischen möglichen Optionen und Phantomoptionen zu unterscheiden. Natürlich ist einem einigermaßen vernünftig denkenden 45-jährigen Junggesellen klar, dass er sich keine Hoffnungen auf ein 20-jähriges Fotomodel machen sollte, sofern er nicht ziemlich berühmt oder reich ist. Andernfalls ist es besser, wenn er solche Phantomoptionen gar nicht in Betracht zieht. Dank der Globalisierung ist es aber durchaus möglich, ein 20-jähriges Mädchen mit Fotomodellqualitäten aus einem Entwicklungsland für sich zu gewinnen. Also könnte der Junggeselle auch ärmere Schönheiten aus Lateinamerika, Afrika, der früheren Sowjetunion oder Asien in Erwägung ziehen, ohne dass es sich dabei um Phantomoptionen handelt.

Doch ist die schönste Frau überhaupt „die beste Wahl", wenn es um die zukünftige Lebenspartnerin bzw. den Lebenspartner geht? Ist der/die beste nicht vielmehr der/die Einfühlsamste, Phantasievollste, Verständnisvollste, Toleranteste, Treueste, Kinderliebendste oder Reichste? Natürlich wünschen wir uns eine Mischung aus all diesen Charakteristika. Aber üblicherweise müssen wir uns mit einem Kompromiss zufrieden geben, denn es ist nahezu unmöglich, jemanden zu finden, der alle Anforderungen erfüllt. Der reichste Mann ist nicht zwingend auch der Einfühlsamste.

In Anbetracht der heute überwältigenden Zahl von Wahlmöglichkeiten und der Schwierigkeit, die „beste Wahl" überhaupt zu definieren, können wir nur eine Wahl treffen, die „gut genug" ist. Eine „beste Wahl" ist nicht realisierbar. Im Beispiel der Partnerwahl ist das leicht zu verstehen, weil wir in der Realität auch so handeln. Wir treffen mehr oder weniger zufällig einige mögliche Partner (sei es real oder virtuell) und verlieben uns dann bei gegenseitigem Gefallen. Wir empfinden die Wahl dann als „gut genug", um eine Ehe einzugehen.

Was bei der Partnerwahl einleuchtend ist, wird bei anderen Entscheidungen oft vergessen. Immerzu hören wir, dass wir das Beste anstreben sollen, und uns nicht mit dem „Zweitbesten" zufrieden geben dürfen. Doch bei vielen Entscheidungen ist das eine hohle Phrase. Es ist unklar, was „das Beste" eigentlich ist und selbst wenn wir es wissen, haben wir nicht die Zeit, alle Möglichkeiten zu überprüfen. Deshalb ist die Suche nach einer Option, die „gut genug" ist, besser als die Suche nach der „besten" Option.

> „Gut genug ist besser als „das Beste".

Egal, ob es um den Kauf eines neuen Autos, einen MBA-Studiengang, oder eine neue Wohnung geht. Irgendwo gibt es immer eine noch bessere Alternative als diejenige, die wir gerade gewählt haben und die beste Wahl werden wir praktisch immer verpassen. Aber das hält uns nur dann vom Glücklichsein ab, wenn wir uns zu viele Gedanken darüber machen, ob wir wirklich die beste Entscheidung getroffen haben.

Allerdings ist es auch nicht immer leicht, zu wissen, was „gut genug" ist. Offensichtlich sind in der Vergangenheit gefällte Entscheidungen dann gut genug, wenn wir mit ihnen heute noch zufrieden sind. Falls wir glücklich verheiratet sind, lassen wir uns nicht scheiden, nur weil wir einem möglicherweise noch besser passenden Partner begegnen. Aber die Werbung erinnert uns ständig daran, unsere Autos, Handys, Notebooks oder Kleider gegen neuere, modischere und bessere auszutauschen. Kaum ist nämlich ein Produkt auf dem Markt, versuchen die Hersteller, es durch neuere, modischere und bessere Versionen wieder zu entwerten, so dass die Käufer mit der alten Version unzufrieden werden. Oft kommt der Anspruch, sich mit „gut genug" zufrieden zu geben, mit dem Streben nach einem höheren Status in Konflikt. Und je statusbewusster man ist, desto seltener kann „gut genug" zufrieden stellen. Denn nur das angeblich „Beste" verschafft den tatsächlichen oder vermeintlichen Status, den man so gerne hätte. Statusbewusste Menschen rennen nicht nur in der Statustretmühle, sondern auch in der Multioptionstretmühle, weil sie stets wieder neue Statussymbole auswählen müssen.

> In der Vergangenheit gefällte Entscheidungen sind „gut genug", wenn wir mit ihnen heute noch zufrieden sind.

Wir brauchen mehrere Kriterien, um entscheiden zu können, ob eine Option gut genug ist. Sie lassen sich am leichtesten finden, wenn wir uns künftige Situationen vorstellen, die von der Wahl einer bestimmten Option beeinflusst werden. Allerdings wissen wir bereits, dass es Menschen schwer fällt, die Auswirkungen von Entscheidungen auf ihr eigenes zukünftiges Glücksempfinden abzuschätzen. Der sogenannte „impact bias" sorgt dafür, dass das prognostizierte zukünftige Glücksempfinden oft erheblich von dem dann in der Zukunft tatsächlich empfundenen Glücksempfinden abweicht. Wer beispielsweise frisch verliebt ist und zur Heirat entschlossen ist, wird nicht viel Zeit darauf verschwenden wollen, sich den Alltag als Ehepaar in einem oder in fünf Jahren vorzustellen. Wenn der Himmel voller Geigen hängt, überschätzt man leicht die schönen Seiten der Ehe. Doch man sollte sich dann auch Situationen wie die folgenden vorstellen: Wie wird es an einem verregneten Novemberabend sein, wenn die Beziehung einige Monate alt ist? Wird es außer Essen, Sex und Fernsehen dann noch irgendwelche Gemeinsamkeiten geben, die etwas Fröhlichkeit in den Alltag bringen? Ist es wahrscheinlich, dass einen der potenzielle Partner aufmuntern kann, wenn man selbst in gedrückter Stimmung ist? Und wie ist es, wenn man einmal krank wird? Ist der potenzielle Partner dann wirklich eine Hilfe? All diese Fragen sind wichtig. Und wenn eine davon mit „Nein" beantworten muss, dann ist der potenzielle Partner eben trotz aller Verliebtheit nicht „gut genug".

Auch beim Erwerb von materiellen Gütern muss man sich überlegen, welche Kriterien entscheidend sind. Wer etwa erwägt, ein neues Handy zu kaufen, sollte sich klarmachen, wofür er es wirklich braucht. Kann man sich wirklich vorstellen, dass man damit in Zukunft mehr tut, als telefonieren oder SMS austauschen? Wenn nicht, braucht man kein neues Handy und kann sich mit wichtigeren Dingen beschäftigen, denn das alte Handy ist dann noch gut genug. Doch auch hier sorgt der „impact bias" dafür, dass man die Bedeutung von solchen Funktionen bei der Kaufentscheidung oft überschätzt. Und das gleiche gilt für eine Menge anderer technischer Geräte, die in vielen Haushalten zum Elektroschrott wurden, bevor sie je gebraucht wurden.

Auch viele Einfamilienhäuser sind in Beton gegossene Zeugen des „impact bias" ihrer Erbauer. Da träumten die Menschen von einem wunderschönen Garten, in dem sie viele sonnige Nachmittage mit ihrer Familie verbringen würden. Sie malten sich aus, wie sie in dem eigens dafür vorgesehenen Fitnessraum den täglichen Kampf gegen überflüssige Pfunde führen würden. Und sie stellten sich das abendliche Bad in dem herrlichen Whirlpool vor, welches dem ganzen Anwesen die Krönung aufsetzen sollte. Zehn Jahre später sieht es dann jedoch oft ganz anders aus. Die übrig gebliebenen Mitglieder der Familie leben in dem jetzt realisierten Einfamilienhaus, ohne sich an Garten, Fitnessraum und Whirlpool zu erfreuen. Die Kinder sind inzwischen kaum mehr im Haus und der Garten bringt mehr Ärger als Freude. Niemand hat Zeit, sich darum zu kümmern, und mit den angeheuerten Gärtnern gibt es ständig Scherereien. Die damals neu angeschafften Fitnessgeräte rosten still und leise vor sich hin, weil das hehre Ziel der körperlichen Fitness längst der weniger erfreulichen Realität eines übergewichtigen Körpers gewichen ist, der sich auf der Couch vor dem Fernseher wesentlich wohler fühlt. Und der Whirlpool ist zu einem Biotop für Frösche und Molche geworden, welche die Familie beim Baden abgelöst haben. Manches Paar – wenn es nicht inzwischen geschieden wurde – fühlt sich mit der Zeit einsam in dem großen, schönen Einfamilienhaus, obwohl es doch nach seinen eigenen Wunschvorstellungen gebaut wurde. Aber eben: Man sollte den eigenen „impact bias" berücksichtigen und dann entpuppt sich manche Entscheidung als eine, die nicht einmal „gut genug" ist.

> Beobachten Sie Ihre Umgebung, bevor Sie wichtige Entscheidungen fällen!

Wie also vorgehen? Beobachten Sie Ihre Umgebung, bevor Sie wichtige Entscheidungen fällen! Beobachten Sie, wie es Ihren Freunden, Nachbarn oder Kollegen bekommen ist, sich so oder so entschieden zu haben. Dann werden Sie erkennen, dass viele Ehen weit vom erträumten Ideal einer harmonischen Beziehung entfernt sind. Und sie werden sehen, dass ihre Nachbarn und Freunde vieles von dem, was sie sich gekauft haben, nie benutzen. Und Sie werden auch feststellen, dass gewisse Bekannte auch in wunderschönen Häusern kein bisschen glücklicher geworden sind. Doch Sie werden auch das Gegenteil finden. Menschen, die durch diese oder jene Entscheidung Glück und Zufriedenheit gefunden haben. So wird es oftmals schon viel klarer, welche Entscheidungen tatsächlich zu mehr Glück führen und damit „gut genug" sind. „Gut genug" sind nur solche Entscheidungen, die Ihnen auch dann noch wichtig sind, nachdem Sie sich vorgestellt haben, welchen Effekt sie vermutlich auf Ihr zukünftiges Glück haben werden.

16.
Strategie 4: Vermeidung von stressigen Formen des Familienlebens!

Unser Leben ist durch eine grundlegende Schizophrenie charakterisiert. Einerseits sollen wir flexibel und innovativ sein, lebenslang lernen, uns stets verändern und immer für Neues bereit sein. Andererseits halten wir aber nach wie vor traditionelle Familienideale hoch, so als ob alles noch beim Alten wäre. Und das angesichts deutlicher Zeichen, dass die traditionellen Vorstellungen von Ehe und Familie heute nicht mehr tragen. Der Niedergang der Ehe als Erfolgsmodell[135] ist ebenso wenig zu übersehen wie der Stress, den die heute übliche Doppelverdienerfamilie mit sich bringt. Das früher verbreitete Idealbild der liebevollen Väter und Mütter, die sich unermüdlich gemeinsam für die Zukunft ihrer Kinder aufopfern, wird immer mehr von real existierenden Familien verdrängt, die nur noch Karikaturen dieser hehren Idee sind. Das Familienleben ist inzwischen eine der Hauptursachen von Stress geworden, wo die Zeitspartretmühle den Alltag dominiert. Man muss nur einmal die von der amerikanischen Soziologin Arlie Russel Hochschild ausgezeichnet beschriebenen Alltagsbeispiele real existierender Familien von Angestellten der Firma Amerco im Mittleren Westen der USA lesen.[136] Aber Vorsicht: Wer sich diese kleinen Geschichten täglichen Horrors zu Gemüte führt, wird vielleicht nie mehr eine Familie gründen wollen.

In den USA ist der Widerspruch zwischen den hochgehaltenen traditionellen Familienidealen und der gleichzeitigen Propagierung von Fortschritt und Flexibilität besonders deutlich. Traditionelle Familienwerte scheinen fester Bestandteil des amerikanischen Traums zu sein und werden in Tausenden von Hollywoodfilmen immer wieder aufs Neue zelebriert. Doch was für ein Familienleben bekommen wir da zu sehen? Da versichern Eltern ihren Kindern mit penetranter Häufigkeit, dass sie sie lieben, denn sonst haben sie ihnen kaum viel zu sagen. Und die guten Filmeltern erkennt man daran, dass sie sich bemühen, kein Football- oder Baseballspiel und keine Schulaufführung des Nachwuchses zu verpassen. Gute Väter spielen auch bei jeder Gelegenheit Baseball mit ihren Kindern, denn wie sonst soll ein amerikanischer Vater die Liebe zum Kind demonstrieren? Die liebevolle Mutter verbringt hingegen den größten Teil des Tages im Auto, um die Kinder von einer Aktivität zur nächsten zu chauffieren.

Diese lebensferne „Hollywoodversion" der amerikanischen Familie ist für viele Menschen zum Vorbild geworden. Ein Beispiel dafür ist James Cramer, der frühere Hedge Fund-Manager bei Cramer Berkowitz. In seinem Buch beschreibt er, wie er es geschafft hat, den Tretmühlen zu entkommen, indem er seine Stelle als erfolgreicher aber chronisch überarbeiteter Fondsmanager aufgegeben hat. Das ist sicher eine Leistung und wir können Cramer dafür durchaus Bewunderung zollen. Etwas skeptisch wird man jedoch, wenn man gegen Ende seines Buches liest, woran er den Erfolg seines neuen Lebens als liebevoller Ehemann und fürsorglicher Vater misst:[137] „Ich habe keine Schulaufführung, keinen Tag der offenen Tür, keinen Elternabend und kein Fußballspiel verpasst." Und darüber hinaus ist er Trainer der örtlichen Fußballmannschaft geworden. Da hätten wir sie also wieder, die Hollywood-Version der Familie. Und James Cramer ist keine Ausnahme. Ähnliches finden wir auch im Buch von Arlie Russel Hochschild. Dort begegnen wir zum Beispiel Bill Denton, einem hochrangigen Manager der Firma Amerco, der vier Kinder hat und von sich behauptet, dass er 60 Stunden in der Woche arbeitet.[138] Er ist aber überzeugt, die Vaterrolle erfolgreich auszufüllen, weil er es so einrichten konnte, dass er mitten am Nachmittag ein paar Mal an Schulaufführungen und Sportveranstaltungen seiner Kinder teilnahm, die bereits um 16 Uhr anfingen. Wahrhaftig eine große Leistung!

Auch die Filmstars selbst propagieren das glückliche Familienleben à la Hollywood. Ständig heiraten sie sich gegenseitig, um sich dann nach wenigen Jahren wieder scheiden zu lassen und neu zu gruppieren. Die Zeit reicht jedoch meist, um auch noch ein oder mehrere Kinder zu zeugen. Tom Cruise und Mimi Rogers, Tom Cruise und Nicole Kidman, Tom Cruise und Penelope Cruz, Tom Cruise und Katie Holmes, Tom Cruise und … (Fortsetzung folgt bestimmt). Das wäre ja noch in Ordnung, wenn uns die Medien nicht mit gnadenloser Penetranz zeigen würden, wie großartig diese Stars während der Zeit ihres Zusammenseins die dreifache Herausforderung meistern, eine Karriere zu verfolgen, liebevolle Eltern zu sein und dabei stets blendend auszusehen. Kaum je erwähnen sie, dass ihnen das nur gelingt, weil sie von einer Heerschar von Helfern in Form von Kindermädchen, Köchinnen, Hausmädchen, Bodyguards, Friseuren, Psychiatern und Gärtnern unterstützt werden, um ihr Familienleben „à la carte" zu demonstrieren. Es ist nicht besonders schwer, zehn Minuten mit seinen Kindern zu spielen, und sie dann an das Kindermädchen zurück zu reichen, das sich um die weniger attraktiven Bereiche der Kinderpflege kümmern muss. Und so werden diese Stars auch nie müde, ihre Kinder als ihr größtes Glück zu beschreiben. Viele Menschen aber scheinen diesen verlogenen Inszenierungen zu glauben, und die Stars werden zu Vorbildern für glückliche Familien. Und normale Familienväter und -mütter erwarten dann von sich selbst, dass sie es ihnen nachtun können, ganz ohne Kindermädchen und andere Helfer im Hintergrund. Doch das ist meist ein Trugschluss.

Wenn wir den Tretmühlen entkommen wollen, müssen wir uns von solchen falschen Idealbildern der Familie befreien. Im echten Leben funktioniert Familienleben nicht so pflegeleicht wie im Film und bei den Filmstars. Wenn man sich den Lebensstil vieler Menschen in den USA ansieht, kann man allerdings verstehen, warum so viele von ihnen am traditionellen Familienmodell festhalten. Dauernd wechseln die Menschen ihren Job und ziehen von einer Stadt zur anderen. Im Idealfall klettern sie dabei auch die Karriereleiter nach oben und gehören dann zu den sogenannt Erfolgreichen. Diese leben alle in Vororten, die praktisch in jeder Stadt gleich aussehen. Soziale Isolation ist dort die Norm, denn der Abstand zwischen den Häusern ist so groß, dass jeder Kontakt mit den Nachbarn erfolgreich vermieden wird. Morgens steigt man in eines der vor der Haustür aufgereihten Autos, um zur Arbeit zu gelangen oder die Kinder zur Schule zu bringen. Und zum Einkaufen fährt man ins nächstgelegene Einkaufszentrum. Unter diesen Umständen ist es fast unumgänglich, das Ideal der Familie am Leben zu halten, denn andernfalls würde der zwischenmenschliche Kontakt außerhalb der Arbeit für viele dieser Menschen gegen null schrumpfen. Die Familie bietet den letzten emotionalen Zufluchtsort, ohne den sich der amerikanische Traum nur schwer weiter träumen lässt. Und in vielen westlichen Ländern sind wir auf dem besten Wege, diesen amerikanischen Lebensstil zu kopieren, ohne je seine zweifelhaften Folgen für das Glück der Menschen zu hinterfragen.

> Befreien Sie sich von falschen Idealbildern!

Die „Hollywoodversion" ist aber nicht das einzige falsche Familienideal, das heute herumgeistert. Ein zweites, europäisches und deshalb wohl auch intellektuelleres Ideal könnte man mit dem Begriff *geschlechtsneutrale Doppelverdienerfamilie* bezeichnen. Es ist ebenfalls problematisch. Dieses Ideal hat seinen Ursprung in der Frauenbewegung.[139] Es fußt auf der Idee, dass Mann und Frau sich in vollkommener Harmonie die Verantwortung und die Arbeit für die Erziehung der Kinder teilen. Unterschiede zwischen Vätern und Müttern sollen sich so schrittweise auflösen, bis es nur noch zwei Elternteile gibt, die gemeinsam ihre Kinder mit gleichem Zeitaufwand versorgen.

Sofern sie berufstätig sind, klappt das allerdings nur, wenn auch der Staat mithilft. Bezahlte Elternzeit gilt deshalb als absolut unverzichtbar für die Gleichberechtigung der Geschlechter und alle Familien sollten Zugang zu bezahlbarer, hochwertiger Kinderbetreuung haben.[140] Das Konzept der *geschlechtsneutralen Doppelverdienerfamilie* schließt also nicht nur zwei Eltern mit ein. Einen wesentlichen Teil der Kindererziehung sollen auch noch Kindertagesstätten übernehmen, und je größer deren Betreuungsanteil ist, desto besser funktioniert das Modell. Denn die Aufgaben der Kinderversorgung lassen sich umso einfacher teilen, je weniger es zu teilen gibt.

Das Konzept der *geschlechtsneutralen Doppelverdienerfamilie* entfachte allerdings nie allzu große Begeisterung und das aus einem einfachen Grund: Sie macht keinen Spaß. Männer ziehen es im Zweifelsfall vor, Single zu bleiben und gelegentlich eine Affäre zu haben, anstatt sich mit viel Hausarbeit und Kinderbetreuung zu belasten. Und so ist es nicht überraschend, dass Frauen weiterhin die Hauptverantwortung für Kindererziehung und Haushalt tragen, auch wenn immer mehr Kinderbetreuungseinrichtungen entstehen und in immer mehr Ländern die Möglichkeit eines bezahlten Elternurlaubs gegeben ist. In einem liberalen Staat kann man eben niemanden, also auch nicht den Männern, eine bestimmte Lebensform aufzwingen, die ihm nicht zusagt. Iris Radisch schreibt dazu in der Zeit[141]: „Die Sache ist seit ein paar Jahrhunderten dieselbe: Elternschaft ist weiblich." Ideologische Veränderungen werden da nicht helfen. Vielmehr muss man eine Tatsache des Lebens wieder anerkennen: Frauen haben im Allgemeinen einen stärkeren Kinderwunsch als Männer.[142] Diese werden nicht selten von ihren Freundinnen oder Ehefrauen nolens volens in die Vaterschaft hineingelockt. Unter solchen Umständen ist es aber auch optimal, wenn die Frauen einen größeren Teil der Erziehungsarbeit übernehmen, denn sonst wird es bald einmal keine Familien mehr geben.

Solange wir uns durch falsche Mythen und Ideologien über die Familie an der Nase herum führen lassen, werden Stress und Unzufriedenheit fester Bestandteil des Familienlebens sein. Nüchtern gesehen gibt es in der gegenwärtigen Situation drei Möglichkeiten, dem Stress zu entgehen.

Verzicht auf Ehe und Familienleben: „Outsourcing" des Kinderkriegens in die Entwicklungsländer

Diese Möglichkeit ist die radikalste, doch wird de facto zunehmend danach gehandelt. Viele Männer und auch immer mehr Frauen ziehen es vor, ihr ganzes Leben lang Single zu bleiben. Dafür kann man niemandem Vorwürfe machen, denn es ist eine ganz rationale Reaktion (ja, manchmal verhalten die Menschen sich doch rational) auf die steigenden Opportunitätskosten von Ehe und Kindern. Warum soll man sich sein Leben durch Ehe und eine Familie verkomplizieren, wenn man als Single ohne Kinder ein stressfreieres Leben führen kann? Als Single ist man weniger den zeitlichen und räumlichen Einschränkungen unterworfen, die das Familienleben mit sich bringt. Und manchem Mann aber auch mancher Frau (allerdings weniger häufig) macht es mehr Spaß, über die Jahre viele verschiedene Partner zu haben, anstatt sich auf einen zu beschränken. Man kann das aus moralischen Gründen verurteilen. Aber wie am Anfang von Teil III des Buches erwähnt, will ich mich in diesem Buch der Moralpredigten enthalten. Wir können nicht einerseits die Globalisierung loben und eine bunte Vielzahl von exotischen Früchten aus der ganzen Welt importieren, und andererseits Männer und Frauen verurteilen, die sich über ihr Leben ein Portfolio an exotischen Partnern zusammenstellen. Globalisierung betrifft alle Bereiche des Lebens.

Die Entscheidung für ein Leben als kinderlose/r Single geht implizit einher mit einem „Outsourcing" des Kinderkriegens in die Entwicklungsländer. Dort sind die Opportunitätskosten von Kindern gering, da eine Frau dort meist nicht die Wahl hat, entweder Kinder zu haben oder Karriere zu machen. Diese Länder haben also einen „komparativen Vorteil bei der Produktion von Kindern", weil die Mütter nicht auf eine Karriere verzichten müssen und die für die Erziehung aufgewendete Zeit somit nicht durch Opportunitätskosten belastet ist. Ein Blick in die Geschichte zeigt dabei, dass dieses „Outsourcing" der Kinderproduktion kein Novum ist. Bereits vor 2000 Jahren beklagte Kaiser Augustus die sinkende Geburtenrate aufgrund des steigenden Lebensstandards der Römer.

Natürlich werden wir durch dieses „Outsourcing" irgendwann in demographische Schwierigkeiten kommen, da es in den entwickelten Ländern zu wenige Kinder gibt. In vielen Ländern Europas und in Japan zeichnet sich dieses Problem bereits ab. Es wird immer schwieriger, die Renten der älteren Generation zu finanzieren. Global betrachtet existiert dieses Problem aber gar nicht. In Entwicklungsländern steigen die Bevölkerungszahlen weiterhin an. Dort gibt es zu viele und nicht zu wenige Kinder. Dies macht es erforderlich, dass die reicheren Länder über kurz oder lang ihre Grenzen öffnen, damit vermehrt junge Menschen aus den Entwicklungsländern bei uns leben und arbeiten können. Auf welche Art das geschehen soll, ist eine der großen Herausforderungen, denen sich die Politik in Zukunft stellen muss.

Verzicht auf eigene Kinderbetreuung: „Outsourcing" der Kindererziehung an staatliche oder private Institutionen

Auch wenn die Opportunitätskosten von Familienleben und Kindern substanziell gestiegen sind, gibt es zum Glück immer noch Menschen, die das Familienleben einem Leben als Single vorziehen. Diese Männer und Frauen wollen aber im Allgemeinen auch noch berufstätig sein und Karriere machen. Um diese beiden Dinge unter einen Hut zu bringen, scheint es eine einfache Lösung zu geben: Kindertagesstätten. Doch diese Lösung führt meist zu permanentem Stress. Deutlich wird das am folgenden Beispiel, wo der Alltag von Sue, dem weiblichen Teil einer Doppelverdienerfamilie in den USA beschrieben wird[143]:

„Sue ist eine 34-jährige Versicherungsangestellte und Mutter des 3-jährigen Alex. Sie und ihr Mann John arbeiten Vollzeit. An Wochentagen steht Sue um 6:15 Uhr auf, um sich selbst und Alex für den Tag vorzubereiten. Um 7:30 Uhr verlässt sie das Haus, bringt Alex zur Kinderbetreuung und fährt dann zur Arbeit. Von 8:30 Uhr bis 16:30 Uhr arbeitet sie in einer Versicherungsgesellschaft. Am Ende ihres Arbeitstages fährt sie wieder nach Hause, holt unterwegs Alex um 17:20 Uhr ab, und kurz vor 18 Uhr sind sie dann zu Hause. Abends kocht sie, dann wird gegessen, bevor sie von 19 Uhr bis 20 Uhr mit Alex spielt. Um 20 Uhr macht sie Alex bettfertig und liest ihm noch etwas vor. Um 21 Uhr macht sie noch schnell die Wohnung sauber und erst um 21:30 Uhr kann sie sich entspannen. Um 23 Uhr geht sie schließlich ins Bett."

Und am nächsten Tag fängt alles wieder von vorne an. Beneiden wir Sue um ihren Tagesablauf und ist das unsere Vorstellung eines glücklichen Familienlebens? Wohl kaum. Auch für Sue selbst ist dieser Alltag kein Vergnügen und sie fühlt sich ständig unter Zeitdruck. Das Leben in einer Doppelverdienerfamilie ist auch mit Kindertagesstädten stressig. Zwar machen es solche Einrichtungen für Frauen möglich, Beruf und Kinder zu kombinieren. Aber nur um den Preis von täglichem Stress. Die Kinder müssen nämlich zu ganz bestimmten Zeiten gebracht und abgeholt werden, was nur klappt, wenn der Alltag minuziös durchgeplant ist. Und Kinder sorgen mit schöner Regelmäßigkeit dafür, dass solche minuziösen Planungen über den Haufen geworfen werden. Außerdem fordern die Kinder dann, wenn sie endlich zu Hause sind, umso mehr Aufmerksamkeit von ihren Eltern, die sie den ganzen Tag über nicht gesehen haben. Unter solchen Bedingungen empfinden Frauen die Arbeit häufig als entspannender als die zu Hause verbrachte Zeit. Es kommt dann, so, wie es Arie Russel Hochschild formuliert hat: „Home becomes work and work becomes home." [144]

Die Existenz von Kindertagesstätten ermöglicht kein entspanntes Leben in der Dopplerverdienerfamilie, solange die Kinder zu festen Zeiten gebracht und abgeholt werden müssen. Richtig gut funktioniert dieses Familienmodell nur mit Kindermädchen, Tagesmüttern oder den eigenen Großmüttern, welche die Kinder zu Hause betreuen. Doch obwohl das für die meisten Familien die ideale Lösung wäre, scheitert sie daran, dass viele Familien sich das schlichtweg nicht leisten können.

Der Stress, den die Doppelverdienerfamilie mit sich bringt, kann nur durch Kinderbetreuungsangebote gemildert werden, die zeitliche flexibel sind. Es ist de facto unmöglich, eine berufliche Karriere zu verfolgen, eine fürsorgliche Mutter zu sein und trotzdem ein entspanntes Leben zu führen. Die einzige wirkliche Chance für die Doppelverdienerfamilie besteht in der vermehrten Beschäftigung von Kindermädchen aus Entwicklungsländern, wie dies in Ländern wie Saudi Arabien oder Hongkong schon lange üblich ist. Andernfalls müssen wir uns wohl von diesem überambitionierten Familienmodell verabschieden.

Verzicht auf den Beruf:
Zurück zum traditionellen Familienmodell

Eine weitere Möglichkeit ist die Rückkehr zur traditionellen Familie, bei der nur der Mann einem Beruf nachgeht und die Frauen zu Hause bleiben, solange die Kinder klein sind. Grundsätzlich ist an dieser Idee nichts auszusetzen, außer dass viele sie für altmodisch oder gar frauenfeindlich halten. Wenn diese Lebensform für einige Frauen mit mehr Lebensqualität verbunden ist, dann sollte sie aber als ernsthafte Alternative in Betracht gezogen werden. Und tatsächlich erfreut sich die traditionelle Familie gerade bei der Mittel- und Oberschicht wieder steigender Beliebtheit, während bei den unteren Einkommensgruppen aus rein ökonomischen Gründen meist beide Elternteile arbeiten müssen. Am 10. Mai 2004 brachte das Time Magazine einen Leitartikel mit der Überschrift „The case for staying home: why more young moms are opting out of the rat race." Die in dem Artikel vorgestellten jungen Mütter halten die traditionelle Familie für besser, da sie es ihnen erlaubt, Kinder zu haben ohne ständig unter Stress zu stehen. Dafür waren sie bereit, wieder Hausfrauen zu werden, obwohl manche von ihnen vorher ziemlich gut bezahlte Stellen hatten.

Leider bedeutet ein Leben als Hausfrau aber oft, nur noch eingeschränkt Kontakt mit der Außenwelt zu haben und nicht überall besteht die Möglichkeit für zwanglose Treffen mit anderen Müttern von Kleinkindern. Für viele Frauen (ebenso natürlich für Männer) sind die Arbeitskollegen und -kolleginnen ein wichtiger Bestandteil ihres sozialen Netzes. Und wenn Frauen aus dem Beruf ausscheiden, dann fehlt ein entscheidender Teil des Soziallebens, der vorher wesentlich zum Glück beitrug. Auch mangelt es vielen Frauen an Anerkennung für die zu Hause geleistete Arbeit.[145] Am Arbeitsplatz wird man hin und wieder vom Vorgesetzten gelobt und manchmal sogar befördert. Zu Hause gibt es hingegen weder Lob noch Aufstiegsmöglichkeiten. Häufig ist es somit gar nicht die Arbeit selbst, sondern deren soziales Umfeld, welche die Arbeit attraktiv und das eigene Heim relativ unattraktiv machen.

Das heute so beliebte Leben in Einfamilienhäusern fördert auch keine sozialen Kontakte. Es scheint absurd, dass Frauen gerne zur Arbeit gehen, um dort Tätigkeiten auszuüben, die ihnen oft nicht einmal Freude machen, nur um andere Menschen zu treffen. Und genau so absurd ist es, dass das Hausfrauendasein aus diesem Grund gefürchtet wird. Die große Herausforderung der traditionellen Familie liegt somit darin, Möglichkeiten zu finden, wie man das Hausfrauendasein attraktiver gestalten und mit mehr Sozialprestige ausstatten kann. Dann kann diese Lebensform wieder zu einer Alternative werden.

Natürlich bleibt es jedem selbst überlassen, welche der erwähnten Möglichkeiten (mit oder ohne Kinder) er oder sie vorzieht. Eine richtige Lebensform für alle existiert in unserer individualisierten Gesellschaft nicht mehr.

17.

Strategie 5: Nutzung der Potenziale
für räumliche und zeitliche Flexibilisierung!

Informationstechnologien (IT) bieten uns eine Menge an neuen Potenzialen zur räumlichen und zeitlichen Flexibilisierung der Arbeit. Diese werden bis heute allerdings noch wenig genutzt. Weder Telearbeit (Arbeit von zu Hause aus) noch der mobile Arbeitsplatz (die Angestellten sind unterwegs und arbeiten an verschiedenen Orten) haben sich wirklich durchgesetzt und sind nach wie vor eine Ausnahme und nicht die Regel. In der EU war der geschätzte Anteil der Arbeiter und Angestellten, die jede Woche zumindest einmal Telearbeit machen, Ende der 1990er Jahre erst bei etwas über 10 Prozent.[146] Nur wenige Angestellte haben also die Möglichkeit, ihre Arbeit außerhalb von Büros und außerhalb der normalen Arbeitszeiten zu erledigen, obwohl das in vielen Fällen leicht möglich wäre.

Der Arbeitsalltag der meisten Menschen ist bisher von der IT-Revolution weitgehend unberührt geblieben. Nach wie vor setzt sich von Montag bis Freitag jeden Morgen eine gewaltige Menschenmasse in überfüllten Transportmitteln und auf verstopften Straßen in Bewegung, um in städtische Ballungszentren zu gelangen. Dort halten sich die Menschen dann während acht bis neun Stunden in ganz bestimmten Räumen (meistens Büros) auf. Zwar sind diese Räume für Arbeit meist denkbar ungeeignet, da man permanent gestört wird und sich weder konzentrieren noch entspannen kann,[147] aber das interessiert im Allgemeinen nur wenig. Was zählt, ist die physische Anwesenheit und nicht die effektiv geleistete Arbeit. Nach Ablauf der Arbeitszeit versucht die arbeitende Masse dann wieder in überfüllten Transportmitteln und auf verstopften Straßen aus den städtischen Ballungsgebieten herauszukommen.

Diese Organisation des Arbeitsalltags haben wir aus der Zeit der Industriearbeit übernommen, als tatsächlich alle Arbeiter zur selben Zeit in der Fabrik sein mussten, damit die Produktion funktionierte. Aus diesem Grund wurde auch die Stechuhr eingeführt, für die mit folgendem Slogan geworben wurde: „Nichts ist schädlicher für ein Unternehmen als Arbeiter, die nicht regelmäßig anwesend sind, die spät kommen und zu unregelmäßigen Zeiten die Arbeit verlassen."[148] Das Hauptziel der Unternehmensleitung war, die Arbeiter durch fixe Arbeitszeiten zu disziplinieren. Die damit verbundene tägliche Volkswanderung ist heute jedoch zu einem absurden Anachronismus geworden. Es ist nicht einzusehen, warum sich alle gleichzeitig in bestimmten Gebäuden aufhalten müssen, in denen dann jeder für sich allein den größten Teil des Tages vor seinem Computer verbringt. Doch wir scheinen uns von diesem antiquierten Modell eines räumlich zentrierten, simultan stattfindenden Arbeitsalltags nicht mehr lösen zu können. Wir unterwerfen uns weiterhin den zeitlichen und räumlichen Zwängen, die für die industrielle Produktion erforderlich waren, und machen uns das Berufsleben dadurch künstlich schwer. Laut Umfragen unter Angestellten führen europaweit zwei Drittel mindestens an einem Tag in der Woche Aufgaben aus, die sich für Telearbeit eignen würden[149] und ungefähr 70 Prozent aller Angestellten sind an Telearbeit interessiert.[150] Verglichen damit ist die Zahl derer gering, die tatsächlich Telearbeit machen.

Diejenigen Menschen, die bereits Telearbeiten ausführen, sind typischerweise männlich (75 Prozent), in der Altersgruppe zwischen 30 und 49 Jahren und in der IT-, der Immobilien- oder der Unternehmensberatungsbranche tätig.[151] Es ist also nicht so, wie man in der Vergangenheit glaubte, dass Telearbeit vor allem etwas für Mütter von kleinen Kindern ist. Die überwiegende Zahl der Telearbeiter sind alleinstehende Männer, deren Lebensstil sich durch ein großes Maß an Flexibilität auszeichnet. Und genau zu diesem Lebensstil passt auch die Telearbeit. So ist es nicht verwunderlich, dass Singles, darunter immer mehr Frauen, die Pioniere der Telearbeit sind. Und in dem Maß, in dem die Zahl der Singles zunimmt, wird auch die Nachfrage nach Telearbeit zunehmen.

Der durch IT ermöglichte organisatorische Fortschritt kommt anders als der technologische Fortschritt aber kaum voran. Es war leicht, den Computer sowohl am Arbeitsplatz als auch zu Hause einzuführen. Aber jetzt zeigt es sich, wie schwer es ist, die Organisation der Arbeit dieser technologischen Revolution anzupassen. Ein wesentlicher Grund dafür liegt in unserer gegenwärtigen Arbeitsorganisation. Angestellte werden nicht für das bezahlt, was sie am Arbeitsplatz leisten, sondern für die Zeit, die sie am Arbeitsplatz anwesend sind. Und die Angestellten haben sich an diese Zeitorientierung gewöhnt. Deshalb sorgt ein Mitarbeiter, der immer wieder zu spät kommt, gewöhnlich für viel mehr Aufruhr unter den Kollegen und Kolleginnen, als einer, der nur wenig leistet, aber immer pünktlich ist.

Dies auch dann, wenn der häufig zu spät kommende Kollege in der Zeit seiner Anwesenheit bedeutend mehr leistet als sein stets pünktlicher Kollege.

Auf den ersten Blick bietet die traditionelle, zeitorientierte Arbeitsorganisation einige Vorteile. Die am Arbeitsplatz

> Aussteigen aus der absurden Regel, dass Angestellte nicht für das bezahlt werden, was sie am Arbeitsplatz leisten, sondern für die Zeit, die sie am Arbeitsplatz anwesend sind.

verbrachte Zeit ist messbar und leicht zu kontrollieren. Ob ein Angestellter, die ihm übertragenen Aufgaben wirklich erfüllt, ist schon viel schwerer zu erfassen. Daher zögern viele Vorgesetzte, eine mehr leistungsorientierte Arbeitsorganisation einzuführen. Gewiss macht eine Bezahlung für Anwesenheit weiterhin Sinn für Berufe wie Verkäufer oder Friseure, doch diese machen einen ständig kleineren Teil der Beschäftigten aus. Die Mehrzahl der Menschen arbeitet heute am Bildschirm, wo Anwesenheit und Leistung kaum mehr etwas miteinander zu tun haben. Diese zeitorientierte Arbeitsorganisation stammt noch aus der Zeit der Industrialisierung, als Anwesenheit und Leistung tatsächlich eng aneinander gekoppelt waren. Immer wenn die Arbeiter physisch in der Fabrik anwesend waren und die Maschinen liefen, dann mussten sie auch arbeiten, wie Charlie Chaplins „Moderne Zeiten" eindrucksvoll zeigt. Unter diesen Umständen war es sinnvoll, die Arbeit nach der Anzahl der in der Fabrik verbrachten Stunden zu bezahlen. Beim Computer ist das aber anders. So weiß man, dass viele Angestellte einen großen Teil ihrer am Bildschirm verbrachten Arbeitszeit dafür aufwenden, private E-Mails zu schreiben oder im Internet zu surfen.

Es ist völlig illusorisch, die Aktivitäten der Mitarbeiter weiterhin kontrollieren zu wollen, selbst wenn Vorgesetzter und Angestellter im selben Raum arbeiten. Aber viele Vorgesetzte wollen ihren Angestellten offenbar weiterhin über die Schulter blicken, und sie sind oftmals nicht bereit, sich auf andere Wege der Mitarbeiterführung einzulassen.[152] Sie vertrauen ihnen nicht, fürchten um die Datensicherheit, sorgen sich wegen verminderter Kommunikationsmöglichkeiten und haben Angst vor zusätzlichem Aufwand.[153] Außerdem könnte die Einführung von Telearbeit auch zu der unangenehmen Entdeckung führen, dass manche Manager in wichtigen Positionen eigentlich überflüssig sind, da ihr Hauptbeitrag zum „Erfolg" des Unternehmens darin besteht, anderen Mitarbeitern das Leben schwer machen. So ist es nicht verwunderlich, dass sich diese der Einführung der Telearbeit mit allen nur erdenklichen Argumenten widersetzen.

Glücklicherweise gibt es aber auch fortschrittliche Manager, die das Potential der Telearbeit erkennen. Ein Beispiel dafür ist James Flora, der in den 90er Jahren für die 130 Angestellten von Amercos Verwaltungszentrale verantwortlich war. Schon damals meinte er[154]: „Billy (eine Angestellte) arbeitet einen Tag in der Woche von zu Hause aus. Ich bekomme regelmäßig E-Mails von ihr. Was für einen Unterschied macht es also, ob sie am anderen Ende des Flurs oder zu Hause sitzt? Und ihr erspart es zwei Stunden Fahrt mit dem Auto." Doch gerade diese Einsparung der zwei Stunden Fahrt zur Arbeit bringt mehr Lebensqualität.

Auf die Frage, warum sie lieber von zu Hause arbeiten, antworten inzwischen viele Angestellte: Weil man die Zeit für die

Fahrt zur Arbeit spart.[155] Sie erkennen, dass eine kürzere Fahrt zur Arbeit einen wesentlichen Beitrag zur Stressreduktion und zur Verbesserung der Lebensqualität leisten kann. Als weitere Gründe für den Wunsch nach mehr Telearbeit werden die damit verbundene Freiheit und Flexibilität zur individuellen Gestaltung des Tages und die Möglichkeit der Arbeit in einer ruhigen und entspannten Atmosphäre zu Hause genannt. Eine Umfrage bei amerikanischen Firmen, welche Telearbeit bereits eingeführt haben, hat ergeben,[156] dass 70 Prozent der Telearbeitenden mit ihrer Arbeit zufriedener sind als vorher und 75 Prozent eine deutliche Steigerung der Qualität ihrer Arbeit festgestellt haben.

> Stressreduktion und Verbesserung der Lebensqualität durch kürzere Fahrt zur Arbeit.

Sowohl Telearbeit als auch mobile Arbeitsplätze führen häufig auch zu einem Anstieg der Produktivität. Und das sollte auch diejenigen Arbeitgeber interessieren, denen nicht all zu viel am Glück ihrer Mitarbeiter liegt. Flexible Formen der Arbeitsgestaltung bewirken Einsparungen bei den Fixkosten (vor allem Mieten) und steigern die Leistungsfähigkeit der Mitarbeiter. So berichtet etwa die Telefongesellschaft Bell South von einem 13- bis 30-prozentigen Anstieg der Produktivität nach der Einführung der Telearbeit. Und das ist nur ein Beispiel einer bekannten Firma, die gute Erfahrungen gemacht hat.

Insgesamt bietet die Informationstechnologie hervorragende Möglichkeiten, den zeitlichen und räumlichen Gefängnissen der traditionellen Arbeitsorganisation zu entkommen. Die damit verbundene neue und flexible Art der Arbeit erfordert aber einige substanzielle Umorganisationen des Arbeitsprozesses. Und dies ist eine Herausforderung für die davon betroffenen Manager und Angestellten. Wenn Angestellte einer Änderung der Arbeitsorganisation skeptisch gegenüberstehen, so oft, weil sie sich vor der neuen Flexibilität in ihrem Leben fürchten. Hierauf weist wiederum Arlie Russel Hochschild hin:[157] „Was werden die von der zeitlichen Fessel befreiten Gefangenen mit ihrer Freiheit anfangen? Für welche Beziehungen werden sie gesicherte Zeiträume reservieren? Wie gehen sie es an?" Für viele Menschen ist die Arbeit auch der Ort, an dem sie Kollegen oder Kunden treffen und sie haben Angst, zu Hause isoliert am Computer zu arbeiten. Zudem befürchten sie, dass eine Flexibilisierung der Arbeitszeit zu Mehrarbeit führt.[158] Aus diesen Gründen wird Telearbeit nicht als Chance, sondern als Bedrohung empfunden.

Diese Bedenken gilt es ernst zu nehmen. Es ist absolut verständlich, dass es Arbeitnehmer gibt, denen die Aussicht zu Hause arbeiten zu können, ein flaues Gefühl im Magen verschafft. Nicht hinter jeder Wohnungstür warten Liebe, Glück und Entspannung. Telearbeit ist nur dann ein Beitrag zu einem glücklicheren Leben, wenn man sich zu Hause auch wohl fühlt. Und für Arbeitnehmer, die Mühe haben, sich selbst zu organisieren, kann Heimarbeit tatsächlich zur Mehrarbeit werden, da sie dann nicht vom Fleck kommen.

Deshalb kann Telearbeit nur erfolgreich eingeführt werden, wenn sie gründlich geplant wird und die Mitarbeiter sorgfältig auf diese Veränderung vorbereitet werden. Telearbeit bedeutet nicht, jeden Tag allein zu Hause vor einem Computer zu sitzen. Es wird weiterhin auch Büros geben, denn regelmäßige Besprechungstermine unter den Mitarbeitern werden auch dann unverzichtbar sein. Viele Arbeitnehmer fahren auch in Zukunft einen oder mehrere Tage in der Woche ins Büro und arbeiten nur partiell zu Hause. Telearbeit ermöglicht viele flexible Arbeitsstrukturen, die an die individuellen Bedürfnisse der Mitarbeiter angepasst werden können. Wenn wir das Potential der IT nutzen wollen, müssen wir uns aber auf jeden Fall von der veralteten Vorstellung verabschieden, dass Arbeit gleichbedeutend ist mit der täglichen Anwesenheit an einem bestimmten Ort. Für viele Menschen wird Arbeit dann stattdessen die Erledigung von bestimmten Aufgaben innerhalb bestimmter Zeiträume bedeuten, ganz egal wo und wann. Telearbeit kann uns helfen, etwas von der zeitlichen und räumlichen Souveränität zurück zu gewinnen, die wir während

Gewinnen Sie Zeit-souveränität zurück!

178

des Industriezeitalters verloren haben. Und das ist ein entscheidender Beitrag für unser persönliches Glück.

18.
Strategie 6: Keine Verherrlichung von Effizienz, Innovation, Wettbewerbsfähigkeit und Reformen!

Der eigentliche Zweck wirtschaftlichen Handelns sollte darin bestehen, die Dinge zu produzieren, die den Menschen eine glückliche und zufriedene Existenz ermöglichen. Wenn wir aber Politiker, Vertreter der Wirtschaft oder Ökonomen über Wirtschaftsthemen sprechen hören, dann scheint das Glück des Einzelnen nicht die geringste Rolle zu spielen. Da geht es um ganz andere, angeblich wichtigere Dinge wie Effizienz, Innovationen, Wettbewerbsfähigkeit oder Reformen. Es scheint heute völlig selbstverständlich, dass diese Ziele unter allen Umständen angestrebt werden müssen. Niemand muss sich rechtfertigen, warum er nach diesen noblen Zielen strebt, die in Wirtschaftsmagazinen und Managementbüchern verherrlicht werden.

> Stellen Sie sich immer wieder die Frage: „Effizienz wofür und für wen?"

Von einem guten Geschäftsmann erwartet man, dass er sich sein ganzes Leben für diese Ziele abmüht, ohne sie je zu hinterfragen. Nur vereinzelt gibt es Ökonomen wie Peter Ulrich von der Universität St. Gallen, die es wagen, Fragen zu stellen wie: „Effizienz wofür und für wen?"[159]

Auch der Glücksforscher Mihal Csikszentmihaly wagt es, diese Ziele in seinem Buch *Flow im Beruf* anzuzweifeln, wenn er schreibt:[160] „Die Wirtschaft verspricht Effizienz und Profit, aber was trägt sie dazu bei, unser Leben mit Sinn und Freude zu füllen?" Diese Frage ist berechtigt, denn Ziele wie eine höhere Effizienz haben letztlich keinen ökonomischen Sinn, solange sie nicht zum Glück der Menschen beitragen. Die übliche

Antwort ist jedoch: Wir müssen die Effizienz erhöhen, um wettbewerbsfähiger zu werden. Und wer dann weiterfragt, warum wir eigentlich wettbewerbsfähiger sein müssen, wird wahrscheinlich zur Antwort bekommen: Wir müssen wettbewerbsfähiger sein, um den Marktanteil zu erhöhen. Und ist der Frager dann immer noch nicht zufrieden und wagt es, auch noch nach dem Sinn eines höheren Marktanteils zu fragen, wird er zur Antwort erhalten, dass nur so langfristig Innovationen möglich sind, die es wieder braucht um effizienter zu werden, um ... Sie ahnen es bereits: ein Ziel wird immer damit gerechtfertigt, dass nur so ein anderes Ziel erreicht werden kann. Und so beißt sich die Katze letztlich in den Schwanz. Das stete Streben nach Innovation, Effizienz, Wettbewerbsfähigkeit und ähnlichen Zielen hat etwas Irrationales. Denn diese Konzepte sind in Wirklichkeit nur Mittel, aber nicht Zweck wirtschaftlichen Handelns. Wer diese Ziele überbetont, unterstützt damit die heute weit verbreitete Tendenz, Effizienz und ähnliche Größen um ihrer selbst willen zu verherrlichen.[161] Es ist absurd, sich stets für noch etwas mehr Effizienz und Innovationen abzurackern, wenn diese nicht zum Glück der Menschen beitragen.

Auch in öffentlichen Institutionen geht es mittlerweile um die Erhöhung der Effizienz, was mit ständigen Reformen und Reorganisationen erreicht werden soll. Waren frühere Verwaltungen träge und starr, so ist heute das Gegenteil der Fall. Die alten statischen Bürokratien sind durch neue Bürokratien ersetzt worden, deren Hauptziel die Durchsetzung von Reformen ist, denn nur so lässt sich die Existenz dieser neuen Bürokratie legitimieren. Jeder neue Präsident, Rektor, Direktor oder Chefbeamte einer öffentlichen Organisation muss seine Fähigkeiten zuerst einmal mit einer Reform unter Beweis stellen. Ein früherer Rektor der Universität von St. Gallen hat dies auf den Punkt gebracht, als er sagte: „Wir müssen nicht rechtfertigen, weshalb wir Reformen durchführen, sondern, weshalb wir keine Reformen durchführen." Es geht um die Reform um der Reform willen, womit sich auch hier die Katze in den Schwanz beißt.

Das in früheren, traditionellen Gesellschaften verbreitete

Festklammern am Status quo (status quo bias) ist heute durch einen Hang zu steter Veränderung (change bias) verdrängt worden, der sich dann in den Zielen nach stets höherer Effizienz, nach stets mehr Innovationen und nach immer neuen Reformen niederschlägt. Dieser Hang ist eine treibende Kraft hinter den Tretmühlen des Glücks, und verhindert so Glück und Zufriedenheit. Schon 1930 beschrieb Keynes dieses Problem mit dem folgenden Satz:[162] „Wir leiden nicht am Rheuma des Alters, sondern an den zunehmenden Schmerzen viel zu schneller Veränderungen." Und dieses Tempo der Veränderungen hat sich seit 1930 noch gewaltig gesteigert.

Der australische Philosoph David Stove führt die gegenwärtige Verherrlichung von Innovationen auf den irrigen Glauben an das sogenannte *Kolumbusargument* zurück.[163] Nach diesem Argument sind Innovationen deshalb grundsätzlich gut, weil alle Verbesserungen des menschlichen Lebens in der Vergangenheit immer nur durch Innovationen entstanden sind und nur durch solche entstehen konnten. Doch das ist ein Trugschluss der Verallgemeinerung. Denn es hat, wie Stove darlegt, mindestens so viele Innovationen gegeben, welche unser Leben verschlechtert haben. Und wenn in der Vergangenheit Innovationen, die Verschlechterungen gebracht haben, mindestens so häufig waren wie Verbesserungen, dann wäre es mindestens genau so vernünftig, Innovationen zu verhindern, statt sie zu fördern. Doch normalerweise kennen wir nur die Geschichten der „guten" Innovationen und ihrer Urheber wie etwa James Watt oder Thomas Alva Edison. Die Geschichten der schlechten Innovationen und die damit verbundenen Personen sind uns viel weniger geläufig. Wer kennt zum Beispiel Georg Ernst Stahl, der im achtzehnten Jahrhundert die etwa über hundert Jahre lange Zeit als richtig anerkannte Phlogistontheorie entwickelte, die dann später widerlegt wurde.[164] Und Eward Teller, der Erfinder der Wasserstoffbombe, wird auch nicht als Held der Wissenschaft verehrt.

Bei heute noch existierenden traditionellen Gesellschaften wie den Amish in Pennsylvania wird hingegen nach wie vor der Status quo und nicht Innovation und Veränderung hochgehalten. Das Leben wird dort durch immer wieder gleiche Abläufe des Lebens und Rituale dominiert. Die Amish wollen nicht immer schneller, größer, moderner und effizienter sein. Sie misstrauen Neuerungen, wie es auch unter den Christen im mittelalterlichen Europa üblich war.[165] Wegen ihres so ganz eigenen Lebensstils werden die Amish ständig von Soziologen, Psychologen und Glücksforschern belästigt, denn diese möchten wissen, wie sich diese andere Lebensweise auf diese Menschen und ihre Gesellschaft auswirkt. Doch diese Forschung führt immerhin zu einigen interessanten Resultaten. So zeigt es sich etwa, dass die Häufigkeit von Depressionen bei den Amish im Vergleich zum Rest der Bevölkerung vernachlässigbar gering ist. Sie scheinen ein glückliches Leben zu führen, und im Schnitt sind sie so glücklich wie die reichsten Amerikaner.

Aus ökonomischer Sicht sind die Amish somit eine hocheffiziente Gesellschaft. Sie erreichen das gleiche Maß an Glück wie reiche Amerikaner mit einem Bruchteil von deren materiellem Wohlstand. Und sie sind frei von dem Stress, sich ständig um mehr Innovation und Effizienz bemühen zu müssen. Ich möchte nun keineswegs vorschlagen, dass wir in Zukunft alle wie die Amish leben sollen. Ich persönlich könnte mich mit diesem Gedanken nicht anfreunden und sei es auch nur wegen dem Bart, den ich dann tragen müsste. Und doch können wir von ihnen etwas Wichtiges lernen. Es besteht die Möglichkeit, glücklich zu sein, ohne ständig alles zu verändern und zu verbessern. Und es lohnt sich nicht, ständig neue Möglichkeiten zu erfinden, um bewährte Traditionen zu zerstören, nur weil sie im Moment nicht effizient oder nicht innovativ scheinen.

> Es besteht die Möglichkeit, glücklich zu sein, ohne ständig alles zu verändern und zu verbessern.

Ich möchte an dieser Stelle klarstellen, dass ich die Bedeutung von Innovationen, Effizienz und Wettbewerbsorientierung keineswegs unterschätze. Unternehmen müssen innovativ sein, denn nur so erwirtschaften sie über längere Zeit Gewinne.

Und wenn nicht effizient produziert wird, dann sorgt der Wettbewerb für den Untergang des entsprechenden Unternehmens. Doch man sollte sich davor hüten, diese als Allheilmittel anzusehen. Man kann ein Unternehmen auch dadurch zerstören, indem man erfolgreiche Geschäftstraditionen mit falschen Innovationen zunichte macht. Unternehmen wie Swissair (Erinnern Sie sich? Das war einmal die hochgeachtete nationale Fluggesellschaft der Schweiz) oder Enron gingen aufgrund neuer „innovativer" Managementmethoden bankrott. Doch besonders in größeren Unternehmen bemühen sich Manager auch deshalb um immer mehr Effizienz, weil sie sich gegenseitig in internen Statuswettbewerben ausstechen wollen. Wenn Manager nach Effizienzkriterien bewertet und bezahlt werden, führt das zu künstlich inszenierten Wettbewerben, die oft viel weniger segensreich sind, als es den Anschein macht. Sie verschlingen eine Menge Zeit und Energie und zerstören wertvolles Human- und Sozialkapital.

Blinder Reformeifer schadet nur. Dies trifft auch auf für öffentliche Institutionen zu. Schulen, Universitäten, Krankenhäuser oder die Armee müssen immer wieder auf neue Entwicklungen reagieren, und manchmal sind Reformen unverzichtbar. Aber oft sind sie auch unnötig und in diesen Fällen schaden Reformen mehr, als sie nützen.

> Blinder Reformeifer schadet nur.

Besonders Schulen und Universitäten scheinen leicht Opfer eines blinden Reformeifers zu werden, der dafür sorgt, dass diese Institutionen zu „ständigen Baustellen" geworden sind.

Eine besondere Rolle spielen die professionellen Reformer: Man braucht sich nur die gegenwärtig populären Managementbegriffe anschauen: Change Management, Innovationsmanagement, Turnaround Management, Growth Management, Effizienzmanagement und natürlich auch Competitiveness Management. Alle diese Methoden werden von einer Unmenge an Beratern, Experten, Coaches oder Supervisoren empfohlen und eingeführt, da sie ihr Geld damit verdienen, alles zu verändern, was man nur irgendwie verändern kann. Und es scheint zu funktionieren. Viele Manager, die öffentliche oder private Einrichtungen leiten, sind nur allzu bereit, diesen professionellen Reformern Aufträge zu erteilen. Denn die Reputation der Manager hängt am Schluss auch davon ab, wie viel sie verändert haben, ganz egal ob diese Änderungen positiv oder negativ sind. Begriffe wie Kontinuitätsmanagement, Status-quo-Management oder Traditionsmanagement sucht man in der Managementliteratur hingegen vergeblich. Berater verdienen ihr Geld nicht damit, Dinge so zu lassen, wie sie sind und schlagen deshalb keine Strategien vor, die den Status quo erhalten.

Mit Beratern verhält es sich letztlich ähnlich wie mit Ärzten. Man weiß heute, dass eine hohe Ärztedichte auch für viele Kranke sorgt. Je mehr Ärzte es in einer Gegend gibt, desto höher ist der Anteil an „kranken" Menschen und desto mehr Geld wird für Arztbesuche ausgegeben. Je öfter jemand von einem Arzt untersucht wird, desto genauer wird auch jeder Aspekt seiner Gesundheit untersucht, und desto wahrscheinlicher ist es, dass sich „Gesundheitsprobleme" finden, die dem Patienten ohne diese genauen Untersuchungen gar nie aufgefallen wären. Für Berater scheint das genau so zuzutreffen. Je mehr Berater sich in einem Gebiet tummeln, desto mehr „kranke Organisationen" finden sich. Und desto mehr Geld wird für neue Managementtherapien ausgegeben, die das Unternehmen oder die Organisation wieder fit machen sollen.

Wie lässt sich nun aber gegen Effizienzwahn und blinden Reformeifer vorgehen? Zunächst sollte jede öffentliche Organisation und jedes Unternehmen eine klare Politik in Bezug auf Veränderungen haben. Manager, Verwaltungschefs oder Direktoren, die Innovationen oder Reformen vorschlagen, müssen begründen können, warum die geplanten Veränderungen sinnvoll sind und welchen Nutzen sie für die Organisation beziehungsweise das Unternehmen, die Mitarbeiter, Kunden, Studenten oder Patienten bringen. Dazu gehört auch, Verlierer und Gewinner zu benennen. Denn diese gibt es bei jeder Änderung. Wenn es dann unsicher erscheint, ob die Veränderung tatsächlich zu einer Verbesserung führt, sollte man sie besser lassen, um so den heute vorherrschenden „change bias" zu korrigieren. Und wenn derjenige, der eine Reform vorschlägt, selbst von dieser profitiert, dann ist besondere Vorsicht geboten. Reformen, die damit gerechtfertigt werden, dass man sich in irgendeinem zweifelhaften Ranking verbessern muss, sollte man ebenfalls besonders skeptisch gegenüber stehen. Wenn zum Beispiel Schulreformen verlangt werden, weil die deutschen Schüler in der PISA-Studie im Vergleich zu Finnland schlecht abgeschnitten haben, dann genügt diese Begründung nicht, da das Ranking der Schüler in der PISA-Studie ein verzerrtes Bild der Wirklichkeit abgibt.

Ein weiteres Problem liegt darin, dass Top-Manager heute oft nur kurzfristig planen. Sie wechseln ihre Jobs wie ihre Hemden und wandern von einem Unternehmen zum nächsten. Und in jedem Unternehmen starten sie Veränderungsprozesse, die sie mit einer Effizienzsteigerung oder mehr Wettbewerbsfähigkeit rechtfertigen. Wenn die Nachwirkungen dieser Veränderungen aber spürbar werden, arbeiten sie schon in einem anderen Unternehmen und haben längst ihren hohen Bonus und andere „leistungsgerechte" Entschädigungen erhalten. Es wäre deutlich sinnvoller, den Bonus erst dann zu bezahlen, wenn auch der längerfristige Erfolg der eingeführten Veränderungen gemessen werden kann.

In diesem Fall wären Manager wesentlich vorsichtiger bei der Umsetzung von neuen Managementmethoden und effizienzsteigernden Maßnahmen. Und wenn externe Berater angeheuert werden, sollte deren Honorar mit in die Kosten einer möglichen Reform eingerechnet werden, die dann gegen deren Nutzen abzuwägen ist.

> Sich gegenseitig übertreffen zu wollen, führt nicht zu Höchstleistungen, sondern ins Mittelmaß.

Sich gegenseitig übertreffen zu wollen, führt nicht zu Höchstleistungen, sondern ins Mittelmaß. Vor fast zweihundert Jahren, im Jahr 1825, schrieb Goethe, die wohl höchste intellektuelle Autorität Deutschlands, an seinen Freund Zelter: „... (Neuerungen wie) Züge, Dampfmaschinen

und raschere Kommunikation sind heute die Ziele der gebilde-
ten Leute. Sie wollen sich gegenseitig übertreffen, und bleiben
aus diesem Grund Mittelmaß." Und tatsächlich ist Goethe als
Schriftsteller und Dichter noch immer unerreicht, ungeachtet
solcher Neuerungen wie der Schreibmaschine oder des Computers, welche die Effizienz des Schreibprozesses gewaltig erhöht haben. Das heutige Streben nach Innovation, Effizienz
und Wettbewerbsfähigkeit sowie der blinde Reformeifer halten
uns nicht nur davon ab, glücklicher zu werden, sondern sie
sorgen auch dafür, dass wir im Sinne von Goethe mittelmäßig
bleiben.

19.
Strategie 7: Einführung von verpflichtenden Beschränkungen!

In den 90er Jahren hatte eine Gruppe dänischer Filmemacher
eine zunächst seltsam anmutende Idee, um die Qualität ihrer
Filme zu steigern. Sie stellten zehn Regeln auf, die im Wesentlichen darauf hinausliefen, die technischen Möglichkeiten beim
Filmen einzuschränken. Diese Regeln sind heute als Dogma 95
bekannt, und einige der nach diesen Regeln gedrehten Filme
sind auch berühmt geworden (beispielsweise Lars von Triers
„Idioten" oder Thomas Vinterbergs „Festen"). Ich will hier nur
die fünf wichtigsten Regeln wiedergeben:

1. Gedreht werden darf nur an Originalschauplätzen. Zusätzliche Requisiten sind nicht erlaubt.

2. Geräusche oder Musik dürfen nicht nachträglich eingespielt
   werden. Musik darf nur verwendet werden, falls sie dort
   vorkommt, wo gedreht wird, und Teil der Handlung ist.

3. Es muss in Farbe gedreht werden. Künstliches Licht ist nicht
   zulässig.

4. Optische Spezialeffekte und Filter sind nicht erlaubt.

5. Überflüssige Actionszenen, Morde, Waffengewalt und ähnliches sind verboten.

Warum um alles in der Welt, wird man sich fragen, sollen Filmemacher auf die Möglichkeiten der modernen Filmtechnik verzichten und sich künstlich einschränken? Warum sollten sie nicht die neuesten Ausleuchtungsmöglichkeiten benutzen, um das beste optische Ergebnis zu erzielen? Und warum sollten sie ihren Film nicht mit packender Musik noch eindrucksvoller machen? Søren Kragh-Jacobsen, der Regisseur von „Mifune", einem weiteren bekannten Dogma-Film, hat darauf eine Antwort gegeben:

„Dogma 95 hat sich als kommerziell sehr erfolgreicher Schritt erwiesen, obwohl es nicht als solcher geplant war. Es ist eine Befreiung von der Vergewaltigung des Regisseurs durch Technologie, von der Tyrannei durch all das teure Equipment wie Schwenkarme, Filter, Kamerawagen und Scheinwerfer."

Die Dogma-Regisseure empfanden diese Beschränkung also als eine Befreiung von dem ewigen Druck, ihre Filme mit immer noch mehr Action, noch mehr Gewalt und noch mehr Spezialeffekten zu garnieren. Die Dogma-Regeln ermöglichten es ihnen, sich wieder auf das Wesentliche, nämlich den Inhalt ihrer Filme zu konzentrieren. Beschränkungen können also die Qualität steigern. Und auch die Zuschauer profitierten durch qualitativ hochstehende Filme, die sich wohltuend vom Hollywoodeinheitsbrei unterscheiden.

> Beschränkungen können die Qualität steigern.

Aus den Erfahrungen mit Dogma 95 lässt sich einiges lernen. Die dort aufgestellten Regeln zeigen uns, wie wir mit Situationen umgehen können, in denen eine zu große Zahl von Optionen zu einem Problem wird. Ein Problem, das oft noch dadurch verstärkt wird, dass Menschen und Organisationen aufgrund einer ungesunden Rückkoppelung zwischen der Multioptionstretmühle und der Statustretmühle versuchen, sich gegenseitig mit noch besserer Technologie und noch besseren

Effekten zu übertrumpfen. Auf diese Weise entstehen immer mehr technisch und formal perfekt gemachte, aber inhaltsleere und nutzlose Produkte, egal ob es sich dabei um Berichte, Präsentationen, Magazine, Internetseiten, Musik oder eben Filme handelt. Die Regeln des Dogma 95 haben sich beim Film jedoch als wirksame Waffe gegen diesen Leerlauf erwiesen. Und was für Filmemacher funktioniert, kann auch für andere Berufsgruppen und im Privatleben eine Lösung sein.

Manchmal können solche Beschränkungen ganz einfach sein. So lässt sich beispielsweise leicht ein Limit für die Länge von Berichten, Anträgen oder anderen Dokumenten festlegen. Viele von uns leiden heute nämlich darunter, dass sie ständig mit umfangreichen schriftlichen Erzeugnissen belästigt werden, die nur deshalb lang sind, weil sie Wichtigkeit demonstrieren wollen. Die neuen „cut and paste"-Möglichkeiten bei der Textverarbeitung ermöglichen es ohne großen Aufwand, Ausschnitte aus anderen Texten in den eigenen Text einzufügen. Dadurch ist die Flut an schriftlichem Unsinn bedrohlich angeschwollen, und nur eine Beschränkung kann wirksame Hilfe leisten. Unternehmen können beispielsweise die Regeln einführen, dass interne Berichte nicht länger als eine Seite sein dürfen und was immer darüber hinaus geht, darf vom Empfänger ignoriert werden. Und Universitäten können die Bestimmung erlassen, dass Jahresberichte der einzelnen Institute nicht über acht Seiten Länge haben dürfen. Und wenn ein Institut dann doch einen längeren Bericht produziert, dann werden ihm im nächsten Jahr die Mittel gekürzt. Ich bin überzeugt, dass viele Menschen solche Einschränkungen willkommen heißen werden. Diese befreien nämlich von dem krankhaften Zwang, stets noch mehr Zeit mit dem Zusammenschustern von Texten zu verschwenden, die niemand lesen möchte. Und auch die Leser werden dankbar sein, da sich Berichte wieder auf das Wesentliche konzentrieren.

Beschränkungen lassen sich aber nicht nur für die Länge, sondern auch für die Anzahl an Texten. Das wäre ein wirksames Mittel gegen die gegenwärtige Überflutung mit Informationen, die uns weder nützlich noch angenehm ist. Das betrifft insbesondere den heutigen Wissenschaftsbetrieb. Wissenschaft dient ja im Idealfall der Schaffung von neuem Wissen, um so unsere Welt besser begreifen zu können. Solange man diese Wissensproduktion aber anhand der Zahl der Publikationen misst, wird dieses hehre Ziel der Wissenschaft pervertiert. Diese wissenschaftliche Informationsüberflutung könnte man leicht in den Griff bekommen, indem man die Menge der erlaubten Veröffentlichungen eines Wissenschaftlers während eines bestimmten Zeitraumes einschränkt. Dadurch würden diese von dem ständigen Druck befreit, stets noch mehr zu publizieren und könnten sich stattdessen wieder auf den Inhalt und die Qualität ihrer Forschung konzentrieren.

Auch Vorträge und Präsentationen werden dadurch immer aufwändiger, dass sich die Vortragenden bemühen, mit stets noch raffinierteren Power-Point-Präsentationen aufzutrumpfen. Heute ist es Standard, selbst die kürzesten und unwichtigsten Vorträge mit bunten Diagrammen, Bildern und Animationen aufzupeppen. Das frisst Zeit. Auch diesem Problem lässt sich mit Beschränkungen abhelfen. So kann etwa ein Unternehmen festlegen, dass interne Präsentationen keine wie auch immer gearteten Animationen enthalten dürfen. Allein damit würde man schon viel Zeit sparen und die Zeitspartretmühle wirksam bekämpfen.

Manche fortschrittlichen Unternehmen haben bereits selbst gemerkt, dass verbindliche Beschränkungen nicht nur die Zufriedenheit der Mitarbeiter, sondern auch die Effizienz steigern können. Ein typisches Problem ist die stetig wachsende Anzahl an internen E-Mails mit ihren Anhängen von oftmals erschreckender

Tipp: Persönliche Kommunikation statt interner E-Mails.

Dimension. Die Marketingabteilung der Softwarefirma Veritas im Silicon Valley hat deshalb ein Verbot von internen E-Mails an Freitagen verhängt, damit die Mitarbeiter wieder mehr persönlich miteinander kommunizieren. Und wer trotzdem freitags ein internes Mail verschickt, muss eine Strafe zahlen. Das

Resultat dieser Beschränkung war ein Rückgang der an Freitagen versandten Zahl der E-Mails um ungefähr 50 Prozent und zufriedenere Mitarbeiter. John Cauldwell, der Gründer der britischen Firma „Phones 4u" ist sogar noch einen Schritt weiter gegangen. Er verhängte ein generelles Verbot interner E-Mails für seine 2500 Mitarbeiter, was nach seinen Worten zu folgendem Ergebnis führte[166]: „Das war eine richtige Befreiung für unsere Firma. Die Mitarbeiter sind nicht mehr so an den Computer gefesselt. Und sie stehen jeden Tag drei Stunden länger zur Verfügung, um Produkte zu verkaufen und sich um unsere Kunden zu kümmern."

Bisher war vor allem von verbindlichen Beschränkungen in der Arbeitswelt die Rede. Aber solche Beschränkungen sind auch eine wirksame Maßnahme gegen die Informationsüberflutung und die Bedrängung durch zu viele Optionen im Privatleben. Allerdings sind selbstauferlegte Beschränkungen in unserer freiheitlichen Gesellschaft nicht gerade „in". So etwas findet sich im Allgemeinen nur bei rückwärtsgewandten religiösen Sekten wo „Perversionen" wie vorehelicher Sex, Tanzen, oder der Genuss von Alkohol verboten sind. Oder die Beschränkungen resultieren unfreiwillig aus der Tatsache, dass man etwa in einer abgeschiedenen und rückständigen Gegend lebt, in welche die Verlockungen der modernen Konsumgesellschaft erst zum Teil vorgedrungen sind. Aber den meisten Menschen scheint es wohl weder erstrebenswert, einer religiösen Sekte beizutreten noch in eine abgelegene Gegend zu ziehen. Bleibt also nur die Möglichkeit, dass wir uns selbst Beschränkungen auferlegen, was allerdings etwas Selbstdisziplin erfordert.

Lassen Sie mich ein Beispiel aus meinem eigenen Leben geben. Bis vor ungefähr fünf Jahren gehörte ich zu den Menschen, die fast täglich fernsehen. Aber dann begann es mich mehr und mehr zu ärgern, dass das Fernsehen mir soviel Zeit und Energie raubte. Oft sah ich bis spät nachts fern und war dann am nächsten Abend entsprechend müde. Und was tut man, wenn man sich am Abend müde fühlt? Man schaut natürlich wieder Fernsehen, weil einem die Energie fehlt, um etwas

Kreativeres zu tun. Das Ergebnis war ein Teufelskreis: chronische Übermüdung wegen zuviel Fernsehkonsum und aus diesem Grund noch mehr Fernsehkonsum. Um diesen Teufelskreis zu durchbrechen, blieb nur eine Möglichkeit: die totale Fernsehabstinenz. Also erlegte ich mir selbst die Beschränkung auf, von jetzt an nicht mehr fern zu sehen. Im Nachhinein kann ich sagen, dass dies eine der besten Entscheidungen meines Lebens war, und ich habe sie bis heute noch kein einziges Mal bereut. Ja, ich vermisse das Fernsehen nicht einmal. Wenn jemand wie ich, der für seine Selbstdisziplin nicht gerade berühmt ist, so etwas schaffen kann, dann können andere das auch. Gleichgültig ob es ums Fernsehen, das Lesen von Zeitschriften, das Surfen im Internet oder irgendetwas anderes geht. Sich selbst verbindliche Beschränkungen aufzuerlegen, ist ein äußerst wirksames Mittel, um den Tretmühlen des Privatlebens zu entkommen.

Im Idealfall sind die Beschränkungen bereits in eine Technologie integriert. Ein gutes Beispiel sind die SMS (Short Message Services), die von einem Handy zum anderen geschickt werden können. Normalerweise kann eine SMS nicht länger als 160 Zeichen sein. Das zwingt den Verfasser zu Kürze. Und es gibt keine Farben, keine Bilder, keine Geräusche und keine animierten Sequenzen, mit denen man die Botschaft optisch aufmotzen könnte. Diese Beschränkungen haben SMS zu einer ausgesprochen effizienten Kommunikationsmöglichkeit gemacht. Diese hohe Effizienz wird heute allerdings durch die Einführung der MMS (Multimedia Messaging Service) gefährdet, weil die erwähnten Beschränkungen dort aufgehoben sind. Statt kurzen Texten mit maximal 160 Zeichen ist es dank MMS möglich, farbige Bilder, Sounds und in Zukunft auch Videos von Handy zu Handy zu übermitteln. Die Werbung verspricht, dass unser Leben dadurch bunter, fröhlicher und spaßiger wird. Doch das Resultat wird sein, dass die Menschen immer mehr Zeit für das Versenden, Empfangen, Betrachten, Bearbeiten und Beantworten von nutzlosen Informationen verwenden. Und das ist ein gewaltiger Rückschritt.

Wir müssen letztlich unsere Idee vom Fortschritt grundsätzlich überdenken. Traditionellerweise wird Fortschritt mit einem Zuwachs an Möglichkeiten in Verbindung gebracht und mit einer Befreiung von existierenden Beschränkungen. Aber diese Idee des Fortschritts hat uns auch die Tretmühlen des Glücks beschert. Ein Fortschritt, der diesen Namen auch verdient, wird in Zukunft mit der gleichzeitigen Einführung spezifischer Beschränkungen verbunden sein, die uns dabei helfen, unsere Zeit nicht allzu stark mit unnötigen Dingen zu verschwenden. Wir sollten den Rat des Psychologen Barry Schwartz ernst nehmen, der uns empfiehlt, Beschränkungen als etwas Positives zu sehen.[167]

20.
Strategie 8: Kampf der Ranking-Manie!

Wir sollen heute immer danach streben, die besten zu sein und eine führende Rolle zu übernehmen. Und wir werden angehalten, immer effizienter, innovativer, wettbewerbsfähiger und profitabler zu werden, ganz egal ob es um uns als Individuen oder um öffentliche oder private Organisationen geht. Damit geht eine immer stärkere Ranking-Manie einher. Alles, was man heute tut, muss sofort gemessen und evaluiert werden, um sich so immer und sofort mit anderen Menschen und Organisationen aber auch mit den eigenen früheren Leistungen vergleichen zu können und so immer besser zu werden. Denn vor allem darauf kommt es in einer Gesellschaft an, in der das Leben vieler Menschen durch die Status- und die Anspruchstretmühle dominiert wird. Also muss man genau wissen, wie viel ein einzelner Mitarbeiter zum Erfolg eines Unternehmens beiträgt, wie viele Artikel ein Wissenschaftler in angesehenen wissenschaftlichen Zeitschriften publiziert hat und wie viele CDs ein Sänger verkauft hat. Und natürlich ist es auch notwendig zu wissen, wie intelligent deutsche Schüler im Vergleich zu Schülern in anderen Ländern sind. Ein immer größerer Teil der arbeitenden Bevölkerung ist nur noch damit beschäftigt, Leistungen von Personen und Organisationen zu messen und zu evaluieren, um dann entsprechende Rankings zu erstellen. Man kann sich des Gefühls kaum erwehren, dass unser zukünftiges Überleben ganz entscheidend von diesen Aktivitäten abhängt.

In Wirklichkeit dienen die Mess-, Evaluations- und Rankingaktivitäten aber vor allem dazu, die Tretmühlen zu intensivieren.[168] Über wirkliche Leistung sagen sie kaum etwas aus, denn diese lässt sich nur selten adäquat messen. Sagt uns etwa ein Ranking nach der Höhe des Gehaltes etwas über die Leistung von Top-Managern? Können wir anhand der Länge der Publikationsliste etwas über die Bedeutung und die Qualität eines Wissenschaftlers erfahren? Und lässt sich an der Zahl der verkauften CDs die Qualität eines Sängers erkennen? Ranking-Aktivitäten sorgen vielmehr dafür, dass sich die Menschen immer mehr vergleichen und dies zum eigentlichen Ziel ihrer Aktivität machen. Niemand fragt dann mehr, ob es eigentlich Sinn macht, wenn ein Professor möglichst viele Artikel publiziert. Hauptsache er hat mehr publiziert als andere Professoren und ist damit der Champion in der Disziplin „Publizieren". Am schlimmsten ist die Ranking-Manie inzwischen in öffentlichen Organisationen. Denn diese produzieren Leistungen außerhalb des Marktes. Wo kein Markt ist, so sagen uns Experten, da müssen Bewertungs- und Anreizstrukturen geschaffen werden, die auch ohne Markt ein möglichst marktkonformes Verhalten erzeugen. Diese Idee ist in den letzten Jahren immer populärer geworden und hat heute ihren festen Platz im sogenannten „New Public Management". Dieses angebliche Heilmittel gegen Ineffizienz in Non-Profit-Organisationen ist voll gespickt mit Controlling-Werkzeugen, die den Tagesablauf und den Output der dort arbeitenden Menschen bis ins Detail erfassen sollen. Doch nicht nur das. Die Leistung jedes Einzelnen soll dadurch vergleichbar, quantifizierbar und bewertbar werden und dadurch den trägen Beamten, den faulen Lehrer oder die trödelnde Krankenschwester entlarven. Wenn man jetzt noch den Lohn bzw. andere Vergünstigungen von den so gemessenen

Leistungen abhängig macht, dann haben wir, so glauben die Experten, praktisch dieselbe Situation wie auf dem freien Markt, und Leistung macht sich endlich auch beim Staat wieder bezahlt.

Das Problem der fehlenden Anreizstrukturen ohne funktionierenden Markt ist allerdings nicht neu, sondern beschäftigte schon die Wirtschaftsexperten in den kommunistischen Planwirtschaften. Kaum waren diese einigermaßen etabliert, machte man eine erstaunliche Feststellung. Die arbeitende Masse besaß praktisch keine Motivation, für das Allgemeinwohl zu arbeiten, ohne entsprechend zu profitieren. Die Folge waren geringe Arbeitsproduktivität und eine gewaltige Ressourcenverschwendung, die schnell zu ernsthaften wirtschaftlichen Problemen führten. Wie sollte man reagieren? Die nahe liegende Lösung, nämlich die Einführung von Märkten, war aus ideologischen Gründen nicht möglich. Ideologisch weniger bedenklich waren jedoch künstliche Anreizsysteme, die bestimmte positive Effekte einer Marktwirtschaft simulieren. Also begannen die Wirtschaftsexperten mit der Suche nach Leistungskriterien, die dafür sorgen sollten, dass sich Leistung am Arbeitsplatz auch lohnt.

Die daraufhin entwickelten Anreizsysteme zeigten bald Wirkung. Das machte uns der ehemalige tschechische Wirtschaftsminister zur Zeit des Prager Frühlings und spätere Professor für Volkswirtschaftlehre Ota Sik in einer seiner Vorlesungen, die ich in den 80er Jahren des vorigen Jahrhunderts an der Universität St. Gallen besucht habe, anschaulich. Als Beispiel nannte er die Schuhindustrie. Dort waren Wirtschaftsexperten auf die Idee gekommen, die Arbeiter nach dem Gewicht der verwendeten Materialien zu bezahlen. Der Gedanke hinter dieser Tonnenideologie ist durchaus nachvollziehbar. Wer mehr Schuhe produziert, braucht mehr Material, dessen Verbrauch sich wiederum in Gewichtseinheiten messen lässt. Doch das Resultat war anders, als die Experten sich dies vorgestellt hatten. Im Verlauf weniger Jahre wurden die Schuhe immer klobiger und schwerer. Die zuvor nur wenig motivierten Arbeiter in der

Schuhindustrie zeigten sich plötzlich innovativ und entwickelten kontinuierlich neue Modelle, bei denen sie noch mehr Material verwenden konnten. Materialintensität ist allerdings nicht gerade eine Eigenschaft, die der Konsument beim Kauf eines Schuhes besonders schätzt. Statt die Effizienz der Wirtschaft zu erhöhen, bewirkte das neue Anreizsystem die Produktion von immer unbequemeren Schuhen, die schließlich niemand mehr tragen wollte.

Schön, wird man sich sagen, das zeigt eben die Unmöglichkeit eines planwirtschaftlichen Systems, welches zum Glück der Vergangenheit angehört. Die Schuhversorgung klappt in unseren Marktwirtschaften nämlich ganz hervorragend, und der Konsument kann aus einem Riesenangebot an modischen und leichten Schuhen auswählen. Doch wenn wir uns einmal etwas genauer umsehen, dann können wir heute ganz ähnliche Phänomene wie in der planwirtschaftlich organisierten Schuhindustrie beobachten. Wiederum produzieren tausende von Menschen mit Akribie und Fleiß in großem Umfang Dinge, die niemand haben will und deren Nutzen für den Normalsterblichen für immer im Verborgenen bleiben. Das betrifft besonders jene Non-Profit-Organisationen, die mit Hilfe von New Management-Tools die Leistung ihrer Mitarbeiter auf Vordermann gebracht haben. Nirgendwo sonst werden mit mehr Energie Untersuchungen durchgeführt, Projekte verfolgt und Berichte geschrieben, obwohl außerhalb dieser Organisationen niemand auch nur das mindeste Interesse an diesen Untersuchungen, Projekten und Berichten hat.

Wie ist es zu dieser Entwicklung gekommen? Nehmen wir wiederum Wissenschaft und Forschung als Beispiel. Ursprünglich wurde die Tätigkeit von Professoren und anderen Forschenden in diesen Institutionen kaum systematisch erfasst und bewertet, denn man ging davon aus, dass diese aus eigenem Antrieb heraus und Freude an der Wissenschaft gute Arbeit leisten. Manchmal stimmte das und manchmal nicht. Das Resultat waren gewaltige Qualitätsunterschiede zwischen den einzelnen Forschenden, die jedoch den Wissenschaftsbetrieb nicht weiter störten. Wissenschaftliche Genies und wissenschaftliche Nieten bevölkerten gemeinsam die Forschungslandschaft, wobei es längst nicht immer schon zu Lebzeiten der Forscher erkennbar war, wer die Niete und wer das Genie darstellte.

Mit dem sich durchsetzenden Glaube an Markt und Effizienz sowie der zunehmenden Knappheit an öffentlichen Mitteln, entstand auch in der Wissenschaft ein stärkerer Druck, messbare Resultate zuliefern: Und das sind die Publikationen.

Aus diesem Grund versuchen die meisten Wissenschaftler mit seitenlangen Publikationslisten zu brillieren, denn diese sind ihr Leistungsausweis. Wer viel publiziert gilt als gut und/oder fleißig,

> Folgen Sie der Erkenntnis: Qualität statt Quantität!

und wer wenig publiziert ist schlecht und/oder faul. Wie die Arbeiter in der Schuhindustrie werden auch die einem solchen Anreizsystem unterworfenen Forscher kreativ und innovativ in dem Sinn, dass sie versuchen aus einer marginalen Idee möglichst viele Publikationen zu machen. Was zählt ist ja nicht mehr die Qualität und Originalität eines Beitrages, sondern die Anzahl der Publikationen in wissenschaftlichen Zeitschriften. Eine vermeintliche Effizienzsteigerung mit Hilfe eines künstlichen Anreizsystems führt somit letztlich dazu, dass mit großem Eifer an den eigentlichen Bedürfnissen vorbeiproduziert wird. Die Wissenschaft hat sich auf diese Weise ihre eigene Statustretmühle geschaffen, die erfolgreich dafür sorgt, dass wissenschaftliche Arbeit immer gestresster wird und immer weniger Freude bereitet.

Mit Hilfe des New Public Management versucht der Staat zunehmend, auch andere staatliche Aktivitäten in Pseudomärkte zu verwandeln. Ob Bildung, Gesundheitswesen, Sozialarbeit oder Polizei: alle werden daran glauben müssen. So wird im Gesundheitswesen und in der Fürsorge an neuen Leistungserfassungssystemen gearbeitet, die etwa die Heimerziehung behinderter Kinder oder den Tagesablauf einer Krankenschwester „objektiv" erfassen und bewerten. Da werden dann emsig Zielvereinbarungen ausgefüllt, Zahlen in Leistungserfassungs-

systeme eingetippt, Berichte geschrieben und Evaluationen ab-
gegeben. Zwar hat man dadurch noch weniger Zeit für die Patienten oder die betreuten Kinder, doch das muss man in Kauf
nehmen, denn schliesslich geht es um die Erhöhung der Effizienz im Gesundheitswesen. Über künstliche Anreizsysteme
eingeführte Pseudomarktstrukturen erzeugen neue Tretmühlen,
die Wissenschaftlern, Lehrern, Krankenschwestern und vielen
anderen die Freude an der Arbeit verderben und unter denen
auch die Betroffenen wie Schüler oder Patienten leiden. So führt
die Ranking-Manie zu einer Qualitätsverdrängung, obwohl die
ursprüngliche Absicht ja gerade die war, die Qualität öffent-
licher Dienstleistungen zu verbessern.

Doch nicht nur Qualität wird verdrängt. Die Ranking-Manie
bewirkt auch eine Verdrängung der intrinsischen Motivation
gerade jener Menschen, auf welche etwa Sozialarbeit, Wissenschaft und Medizin besonders angewie-
sen ist.[169] Die Qualität einer Schule wird
nicht zuletzt durch jenen Lehrer bestimmt, der Freude daran empfindet,
wenn auch ein weniger begabter Schüler nach langer Anstrengung ein mathe-
matisches Gesetz versteht. Und die Qualität eines Krankenhau-
ses hängt ganz entscheidend an jener Krankenschwester, die
sich Zeit für einen verzweifelten Patienten nimmt. Doch genau diese intrinsisch motivierten Menschen geraten durch das
ganze Ranking unter die Räder, da sie nach den messbaren
Kriterien nicht erfolgreich abschneiden. Das Resultat ist der
Verlust der Freude an der Arbeit, was sich wiederum negativ
auf die Qualität der Dienstleistungen auswirkt. Außergewöhn-
liche Menschen wie Albert Einstein, Thomas Alva Edison oder
Florence Nightingale wurden nicht berühmt, weil sie in irgendeinem Ranking besser abschneiden wollten als Kollegen oder
Kolleginnen. Sie waren intrinsisch motiviert, eine bestimmte
Leistung zu erbringen, und diese Motivation sollte vom Staat
gefördert statt verdrängt werden, selbst wenn es nicht um Ein-
steins oder Edisons geht.

> Albert Einstein wurde nicht berühmt, weil er besser sein wollte als seine Kollegen.

Ein Ende der staatlich geförderten Ranking-Manie wäre ein entscheidender Schritt zum Abbau künstlich geschaffener und unnötiger Tretmühlen. Öffentliche Organisationen sollten ihre gesamten Mess-, Evaluations- und Rankingaktivitäten in dieser Hinsicht überprüfen und diejenigen streichen, die nicht zu wirklichen Qualitätsverbesserungen geführt haben. Weniger Ranking sorgt nicht nur für eine glücklichere Gesellschaft, sondern hilft auch noch das Geld zu sparen, das gegenwärtig für die Inszenierung von künstlichen Statuswettbewerben verschwendet wird.

21.
Strategie 9: Beschränkung der Spitzengehälter statt mehr staatlicher Umverteilung!

Seit der Antike haben Staaten immer wieder versucht, den Statuswettbewerb unter ihren Bürgern mit Verboten einzuschränken.[170] Mehr als vier Jahrhunderte vor Christi Geburt gab es Gesetze in Rom, welche die Maximalgröße eines Mausoleums festlegten und ebenso die Summe, die maximal für ein Leichenmahl ausgegeben werden durfte. Unter den Römern galt ein Mausoleum eben als Statussymbol und das Gesetz sollte verhindern, dass Mausoleen bald das Ausmaß von Palästen erreichten, und damit die Wohnstätten der Toten größer wurden als die der Lebenden. Im Europa des Mittelalters war es in vielen Gegenden verboten, Spitzen zu tragen, denn dies galt als Privileg der Adligen, mit denen sich das gemeine Volk keinen Statuswettbewerb liefern sollte. Das Verbot war allerdings nicht sehr wirksam. Es führte dazu, dass die Menschen den Statuswettbewerb auf kostbare Knöpfe aus Edelmetallen oder Elfenbein verlagerten, die bald einmal ganze Kleiderpartien bedeckten. Heute sind solche paternalistisch motivierten Verbote zumindest in westlichen Gesellschaften kaum mehr anzutreffen, da sie sich mit einem liberalen Gedankengut nur schwer vertragen. Auch waren die Verbote häufig unfair, da diejenigen

Könige, Herzoge oder Fürsten, die sie erließen, sich selbst von den Verboten ausnahmen, um sich so ein Monopol auf ihre Statussymbole zu sichern.

Neben den erwähnten Verboten bzw. Einschränkungen für den Gebrauch von Statussymbolen versuchten Staaten auch immer wieder, den Statuswettbewerb durch sogenannte Luxussteuern zu beschränken. Kein geringerer als Adam Smith selbst propagierte in seinem Buch *Wohlstand der Nationen* (1776) eine solche Luxussteuer. Allerdings ging es ihm dabei weniger um die Begrenzung des Statuswettbewerbes als um eine stabile Einkommensquelle für den Staat. Adam Smith dachte dabei an die Besteuerung von Herrschaftshäusern und privaten Pferdekutschen, die er als Eitelkeiten der Reichen betrachtete. Und die erste in den USA eingeführte Luxussteuer betraf dann auch tatsächlich private Pferdekutschen, wobei sich der Steuersatz nach der Anzahl Räder richtete.

Solche Luxussteuern existieren heute noch in vielen Ländern, doch den Statuswettbewerb vermögen sie kaum zu begrenzen. Auf den ersten Blick scheinen Luxussteuern Sinn zu machen. Denn die Güter des täglichen Bedarfs werden damit geringer besteuert und die Steuerlast in Richtung Luxuskonsum verlagert. Doch hat sich die Abgrenzung von Luxusgütern in der Praxis als ziemlich schwierig herausgestellt, und die Ergebnisse sind oftmals absurd. Die USA liefert dafür ein aktuelles Beispiel. Dort klassifizierte der Gesetzgeber die heute so beliebten Luxusgeländewagen (sports utility vehicles) als Nutzfahrzeuge, die von der Steuer für Luxusfahrzeuge ausgenommen sind. Allgemein gilt: sobald bestimmte Luxusgüter zu stark besteuert werden, weichen die Menschen auf andere und neue Güter aus, die vom Staat nicht als Luxusgüter definiert wurden. Der Staat rennt hier den Marktentwicklungen immer hinterher. Letztlich werden oft dann die Güter besteuert, deren Hersteller es nicht geschafft haben, ausreichende Lobbyarbeit zu betreiben.

Statt das Ausgabeverhalten der Bürgerinnen und Bürger eines Landes mit Sondersteuern zu beeinflussen, ist es für einen

Staat im Allgemeinen einfacher, auf das Einkommen Einfluss zu nehmen. Nimmt man den Reichen Geld weg und gibt es den Armen, dann wird der Statuswettbewerb mit Luxusgütern ebenfalls eingeschränkt, da die Reichen dann nicht mehr allzu viel Geld dafür übrig haben. Oder der Staat schreibt gleich die Höhe der bezahlten Löhne fest und sorgt auf diese Art dafür, dass große Einkommensunterschiede erst gar nicht entstehen. In den kommunistischen Planwirtschaften war das der Normalfall. Dort verdienten alle (natürlich mit Ausnahme der Kader) unabhängig von Tätigkeit und Leistung mehr oder weniger denselben Lohn, was den Statuswettbewerb mit Luxusgütern tatsächlich erfolgreich einschränkte. Allerdings schwärmten die meisten Menschen nicht von diesem System. Sie waren frustriert, weil Leistung nie wirklich belohnt wurde. Die düstere Aussicht, mit Arbeit nie wirklich zu mehr Wohlstand gelangen zu können, war noch schlimmer als das in heutigen Wirtschaften verbreitete Minderwertigkeitsgefühl, nicht zur Upper Class zu gehören. Im letzten Fall gibt es wenigstens noch Hoffnung, es doch noch zu schaffen, während die staatliche Gleichmacherei in den kommunistischen Ländern jede Hoffnung erdrückte. Hält man die gesamte Bevölkerung in kollektiver Armut, entsteht keine glückliche Gesellschaft.

Heutige Staaten fassen ihre Bürger wesentlich sanfter an, wenn es darum geht, die Einkommensungleichheit zu mildern. Das Hauptinstrument ist eine progressive Einkommenssteuer, bei der der Steuersatz mit dem Einkommen (bis zu einer gewissen Grenze) ansteigt. Allerdings sind die meisten heutigen Einkommenssteuern nicht progressiv genug, um die seit den 80er Jahren tendenziell wieder steigende Ungleichheit der Einkommen zu verhindern.[171]

> Mit progressiver Einkommenssteuer dem Statuswettbewerb Einhalt gebieten!

Einige Ökonomen wie Robert Frank oder Richard Layard propagieren deshalb noch stärker progressive Einkommenssteuern, um dem heute immer stärker um sich greifenden Statuswettbewerb Einhalt zu gebieten.[172] Frank schlägt zusätzlich auch noch eine Abzugsmöglichkeit für den gesparten Teil des Einkommens vor, so dass in diesem Fall nicht eigentlich das Einkommen, sondern der Konsum besteuert wird. Er nennt seinen Vorschlag deshalb eine „progressive Konsumsteuer".

Die ökonomische Logik hinter diesen Vorschlägen ist die folgende[173]: Wenn ein Mensch sich anstrengt, immer mehr zu verdienen, gewinnt er an Status, da sein Einkommen relativ zu den Einkommen der Menschen in seiner Umgebung ansteigt. Dadurch wird er zwar selbst glücklicher, aber seine Umgebung leidet darunter, da die Menschen dort relativ ärmer werden. Wer immer mehr verdienen will als alle anderen, „schadet" somit seinen Mitmenschen indem er ihr Glücksgefühl verringert. Eine stärker progressive Einkommens- bzw. Konsumsteuer würde den Anreiz für solches Verhalten verringern und damit die Statustretmühle verlangsamen. Wie hoch die Steuersätze genau sein sollten bleibt meist offen, doch Richard Layard stellt sich vor, dass der marginale Steuersatz (direkte und indirekte Steuern zusammen) etwa 60 Prozent für hohe Einkommen betragen sollte.[174]

Allerdings ist es fraglich, ob das Glück der Bürger und Bürgerinnen durch immer mehr Umverteilung erhöht wird. Menschen in Ländern mit hohen Steuern für Reiche wie in Schweden oder Dänemark müssten dann glücklicher sein als Menschen in Ländern wie etwa den USA, wo auch für Reiche relativ tiefe Steuersätze gelten. Empirische Untersuchungen geben aber keine Hinweise darauf, dass die Menschen in egalitären Gesellschaften glücklicher sind als in Ländern, wo höhere Einkommensunterschiede toleriert werden. Eine kürzlich publizierte Studie[175] deutet sogar darauf hin, dass die Armen in den USA glücklicher sind als die Armen in europäischen Ländern, obwohl die Einkommensverteilung in den USA deutlich ungleicher ist. Der Grund dafür ist darin zu sehen, dass die Amerikaner nach wie vor ihren nationalen Traum träumen und glauben, eines Tages doch noch reich zu werden, während die meisten Europäer diese Illusion nicht mehr haben.

Letztlich gibt es ein fundamentales Dilemma zwischen dem

Ziel einer „gerechten" Einkommensverteilung und dem individuellen Bedürfnis reicher zu werden, das sich im „American Dream" zeigt. Dabei spielt es nicht einmal so sehr eine Rolle, ob dieser Traum tatsächlich Realität wird. Es ist der Glaube daran, der zählt.[176] Auf der einen Seite hassen es die Menschen, kleine Frösche in einem großen Teich zu sein und sich minderwertig zu fühlen. Auf der anderen Seite mögen sie aber auch keine staatlichen Eingriffe, die ihre Versuche unterminieren, selbst immer größere Frösche zu werden. Das Hauptproblem bei zu stark progressiv ausgerichteten Steuersätzen liegt darin, dass man damit im Wesentlichen den oberen Mittelstand trifft, der nur geringe Möglichkeiten hat, der Steuer auszuweichen.

> In einer „glücklichen Gesellschaft" sorgt der Staat dafür, dass die Einkommensungleichheit nicht allzu groß wird ohne die Hoffnung zu zerstören, mit eigener Leistung den sozialen Aufstieg zu schaffen.

Die wirklich Reichen finden hingegen immer Mittel und Wege, Steuern zu umgehen. Die reichsten Skandinavier haben ihren Wohnsitz deshalb schon längst in Länder wie die Schweiz verlegt, wo die lokalen Steuerbehörden noch mit sich reden lassen. Eine „glückliche Gesellschaft" ist letztlich dadurch charakterisiert, dass der Staat dafür sorgt, dass die Einkommensungleichheit nicht allzu groß wird ohne die Hoffnung zu zerstören, mit eigener Leistung den sozialen Aufstieg zu schaffen. Das ist eine permanente politische Herausforderung.

All diese Argumente sprechen gegen ein staatliches Engagement zur Einschränkung des Statuswettbewerbs. Das gilt allerdings nur, solange der Statuswettbewerb keine extremen Formen annimmt, die das Glücksempfinden der Mehrheit der Bevölkerung beeinträchtigen. Der seit den 1990er Jahren eskalierte Statuswettbewerb unter Top-Managern um immer höhere Einkommen rechtfertigt ein solches Eingreifen. Hier geht es nämlich um Abzockerei einiger weniger Spitzenverdiener zu Lasten der Mehrheit der Bevölkerung. Diese Entwicklung begann in den USA, wurde aber dann von europäischen Spitzenmanagern nur allzu bereitwillig kopiert. Doch lassen wir zunächst einmal Zahlen sprechen. In den USA sind die durchschnittlichen Arbeitereinkommen von 1990 bis 2004 inflationsbereinigt um magere 4,5 Prozent gestiegen, während das durchschnittliche Gehalt eines CEO im gleichen Zeitraum um sage und schreibe 319 Prozent anstieg.[177] Am besten verdienten im Jahre 2004 Rug Irani von Occidential Petroleum mit etwa 31 Millionen Euro und Robert Nardell von Home Depot mit 27 Millionen Euro. Doch europäische Top-Manager stehen dem kaum mehr nach. Der bestbezahlte Schweizer Top-Manager, Daniel Vasella von Novartis, kam im Jahr 2004 unter Einschluss der zum Marktwert bewerteten Optionen auch bereits auf rund 25 Millionen Euro.[178]

Nun wäre gegen solche hohen Gehälter aus rein marktwirtschaftlicher Sicht nichts einzuwenden, wenn Spitzenmanager Supermenschen wären, die hundertfach produktiver sind als normal sterbliche Menschen. Dies konnte allerdings bisher nicht belegt werden. Die meisten Topmanager erhalten ihr Gehalt nämlich ziemlich unabhängig von ihrer Leistung, auch wenn diese Löhne als „Leistungslöhne" deklariert werden.[179] Die Spitzenlöhne sind letztlich das Resultat einer mafiaartigen Zusammenarbeit von Top-Managern, Verwaltungsräten und Beratern, die sich jenseits vom Markt gegenseitig immer höhere Gehälter zuschanzen, ohne dass die Betroffenen, d.h. die übrigen Angestellten der Firma und die Kleinaktionäre, etwas dagegen tun können. Diese „zahlen" stattdessen mit stagnierenden Gehältern, geringeren zukünftigen Pensionen und geringeren Dividenden für die Lohnexzesse an der Spitze des Unternehmens. So wie gewisse afrikanische Staatschefs den Staat einfach als ihr persönliches Eigentum betrachten und möglichst viel Staatsvermögen für sich selbst abzweigen, betrachten Top-Manager ihre Unternehmen als persönliches Eigentum. Und demzufolge lautet die Devise auch hier, möglichst viel Geld abzuzocken, solange man am Ruder ist.

Die negativste Auswirkung der erwähnten Lohnexzesse liegt jedoch darin, dass sie das wirtschaftliche und soziale

Klima eines Landes vergiften. Immer mehr Menschen kommen sich angesichts der exorbitanten Zahlungen an Top-Manager wie Idioten vor. Warum sollen sie sich noch anstrengen, um mit mühsam erbrachter Leistung etwas mehr Geld zu verdienen, wenn irgendwelche Spitzenmanager aus unersichtlichen Gründen ein Vielfaches davon erhalten? Der offensichtlich fehlende Zusammenhang zwischen den Gehältern und der erbrachten Leistung verletzt das elementare Gerechtigkeitsempfinden der Menschen und schafft ein allgemeines Klima der Unzufriedenheit. Deshalb braucht es verbindliche Bestimmungen, die diesen Lohnexzessen ein Ende bereiten und die Löhne der Topmanager nach oben begrenzen.

Allerdings ist es nicht sinnvoll, einfach Maximallöhne vorzuschreiben, denn die Festlegung eines solchen Maximallohnes wäre willkürlich und unflexibel. Besser sind relative Begrenzungen. Das kann etwa so aussehen: Der bestbezahlte Topmanager eines Unternehmens darf nicht mehr als ein bestimmtes Vielfaches des schlechtest bezahlten Arbeitnehmers der Firma verdienen, wobei sämtliche Optionen und Sondervergütungen beim Gehalt des Topmanagers mitberücksichtigt werden müssen.[180] Diese Idee ist keineswegs neu. Der wahrscheinlich berühmteste amerikanische Banker und Gründer der heutigen Morgan & Stanley Bank, John Pierpont Morgan, erließ bereits Ende des 19. Jahrhunderts eine solche Bestimmung. Er legte pragmatisch fest, dass der bestbezahlte Manager seiner Bank nicht mehr als das 20-fache des schlechtest bezahlten Angestellten verdienen dürfe.[181]

> Relative Begrenzungen der Spitzensaläre sind sinnvoll!

Die von Morgan damals erlassene Bestimmung macht auch heute noch Sinn und sollte existierende Bestimmungen zu Corporate Governance ergänzen. Wie groß das Verhältnis zwischen höchstem und tiefstem Lohn genau sein sollte, darüber kann man noch diskutieren, aber die Zahl 20 scheint auch heute angemessen. Verdient etwa eine Raumpflegerin 2000 Euro im Monat, dann sollte ein Lohn von 40 000 Euro pro Monat für den Topmanager ausreichend sein. Eine relative Begrenzung der Top-Löhne, so wie sie Morgan damals in seiner Bank eingeführt hat, lässt dem Unternehmen Spielraum, die Löhne ihrer Spitzenmanager bei erfolgreichem Geschäftsgang stets weiter zu erhöhen. Allerdings nur dann, wenn auch die unteren Einkommen in der Firma angehoben werden, so dass das vorgeschriebene Verhältnis nicht überschritten wird.

22.
Strategie 10: Üben Sie sich in der Lebenskunst!

Viele Philosophen haben sich seit der Antike mit der bereits von Aristoteles gestellten Frage nach dem „guten Leben" beschäftigt. Doch wenn es um die Wirtschaft geht, scheinen wir diese Frage heute komplett vergessen zu haben. George Bernhard Shaw hatte Recht, als er schrieb, dass Ökonomie die Kunst ist, das Beste aus unserem Leben zu machen. Wir sollten nicht nur lernen, wie wir im Leben erfolgreich Karriere machen können, um dann möglichst viel Geld zu verdienen. Es wäre an der Zeit, uns auch wieder damit zu befassen, wie wir den heute erreichten Wohlstand so gestalten können, dass es uns Glück und Zufriedenheit bringt. Dieses Wissen, welches sich mit dem Begriff Lebenskunst umschreiben lässt, ist allerdings nicht Gegenstand der Lehrpläne heutiger Schulen.

Allgemein sind wir heute Experten im Geldverdienen, aber Amateure, wenn es darum geht, das verdiente Geld in Glück umzusetzen. In dieser Hinsicht sind Deutschland, die Schweiz und Österreich (natürlich auch andere Industrieländer) Entwicklungsländer, die paradoxerweise auf Menschen aus Entwicklungsländern angewiesen sind, um wieder etwas Spaß im Leben zu haben. Und falls Sie das nicht glauben, dann verbringen Sie doch einmal einen Abend in einer Schweizer Bar,

> Wir sind Experten im Geldverdienen, aber Amateure in Sachen Lebenskunst.

wo nur Schweizer anwesend sind. Die Abwesenheit von Spaß und Lebensfreude ist garantiert. Dazu muss man sich schon in eine Bar begeben, in der sich auch einige Afrikaner oder Lateinamerikaner aufhalten.

Doch wir sollten uns trotz Globalisierung nicht einfach von Menschen aus Entwicklungsländern abhängig machen, sondern versuchen, die Grundlagen der Lebenskunst wieder zu erlernen. Das wäre einmal eine Bildungsinvestition, die sich wirklich lohnt. Jeder Mann und jede Frau sollte etwas darüber wissen, wie man den Tretmühlen des Glücks entgehen kann, und dazu ist die Schule ein geeigneter Ort. Wenn Glück und die Zufriedenheit der Menschen in einem Land tatsächlich Ziel der Wirtschaftspolitik ist, dann sollte der Staat auch etwas dafür tun, die Weisheit und das Wissen zur Lebenskunst, die Philosophen, Psychologen, Soziologen und Ökonomen über hunderte von Jahren angesammelt haben, unters Volk zu bringen.

Das Wissen über die Lebenskunst muss aber auch das moderne Wirtschaften mit einbeziehen: Ohne Tretmühlen gibt es kein Wachstum und ohne Wachstum kommt unsere Wirtschaft in Schwierigkeiten. Andererseits macht uns das Wachstum aber gerade wegen der Tretmühlen nicht glücklich und bringt uns immer mehr Stress. Die Kunst, das Beste aus unserem Leben zu machen, besteht letztlich in subtilen Arrangements, die uns erlauben, den optimalen aber schmalen Mittelweg zwischen einem möglichst hohen, aber glücklosen Wachstum und einem langsameren aber mit mehr Glück verbundenen Wirtschaftsprozess zu finden. Dabei sind wir in derselben Situation wie der griechische Held Odysseus, der bei seiner Irrfahrt durch das Mittelmeer all seine Intelligenz darauf verwenden musste, zwischen Skylla und Charybdis hindurchzukommen. Skylla war ein sechsköpfiges Monster, welches unglückliche Seefahrer zermalmte und Charybdis ein gewaltiger Strudel, der jedes Schiff verschlang. Unser heutiges Dilemma ist zwar etwas weniger dramatisch, aber ähnlich herausfordernd.

Mittelwege erreicht man allerdings kaum mit Extremlösungen wie möglichst hohen Wachstumsraten oder der Hinwendung zum Asketentum. Viele wissen das auch aus ihrem Privatleben. Auf der einen Seite möchte man frei und unabhängig sein; es gibt darum keinen Grund, warum man sich das Leben mit Beschränkungen dieser Freiheit wie etwa Heirat oder der Gründung einer Familie erschweren sollte. Auf der anderen Seite ist eine zu große Freiheit erschreckend, denn es gibt dort keine Stabilität und Geborgenheit. Wir wollen auch irgendwo eine Heimat, die uns eine Familie bieten kann. Doch wenn Stabilität und Geborgenheit zu groß werden, dann werden sie schnell als Unfreiheit und Beschränkung empfunden. Sowohl hundert Prozent Freiheit als auch hundert Prozent Geborgenheit bedeuten für die meisten Menschen die Hölle. Das Glück liegt irgendwo dazwischen. Und subtile Arrangements führen dazu, dass man sich geborgen fühlt, ohne allzu viel Freiheit dafür aufzugeben. Das ist eine ständige Herausforderung für die es vor allem etwas braucht: Lebenskunst.

> Das Glück liegt immer irgendwo dazwischen – Extremlösungen machen selten glücklich.

Auf ökonomischer Ebene brauchen wir ebenfalls solche subtilen Arrangements, die es uns ermöglichen, den Tretmühlen zu entgehen, ohne dass das Wachstum aufhört. Wir können die Tretmühlen verlangsamen und die hier vorgeschlagenen Strategien sind ein erster Schritt in diese Richtung. Doch sie nützen nur dann etwas, wenn das Wissen darüber auch verbreitet wird. Vielleicht kommen wir ja tatsächlich so weit, dass das Fach „Lebenskunst" einmal im Lehrplan einer Schule auftauchen wird. Das wäre ein wesentlicher Beitrag zu einer glücklicheren Gesellschaft.

Der große Ökonom John Maynard Keynes hatte die Bedeutung der Kunst der Lebenskunst in einer zukünftigen Wirtschaft bereits 1930 vorausgesehen. In einem kurzen Aufsatz unter dem Titel „Wirtschaftliche Möglichkeiten für unsere Enkel" sinnierte er über eine Zukunft, in der die grundlegenden ökonomischen Probleme gelöst sein werden, da die Menschen sich alles leisten können, was sie zum Leben brauchen. Keynes glaubte, dass dies in etwa hundert Jahren der Fall sein werde, also im Jahre 2030. Doch da das Wachstum nach dem Ende des Zweiten Weltkrieges in den Industrieländern viel höher war, als Keynes sich dies je hatte vorstellen können, sind wir bereits heute in der Situation, an die er wohl dachte, als er schrieb:

„So wird der Mensch zum ersten Mal seit seiner Erschaffung mit seinem wirklichen, seinem ständigen Problem konfrontiert werden – wie soll er seine Freiheit von drückenden wirtschaftlichen Sorgen brauchen, wie soll er seine Freizeit ausfüllen, die Wissenschaft und exponentielles Wachstum für ihn erwirtschaftet haben, um vernünftig und angenehm und gut zu leben? Die eifrigen Geldverdiener mögen uns alle in den Schoß des ökonomischen Überflusses mitnehmen. Aber es werden nur diejenigen Menschen in der Lage sein, den neuen Überfluss zu genießen, welche die Lebenskunst selbst kultivieren und zu größerer Perfektion entwickeln können."

Anmerkungen

[1] Siehe Golden und Wiens-Tuers (2006).
[2] Allerdings macht mehr Einkommen auch nicht unglücklicher, wie manchmal ebenfalls behauptet wird.
[3] Siehe dazu auch Woltron (2003).
[4] Zitiert aus Myers (1993), S. 25.
[5] Das deckt sich mit der Auffassung des Psychologen Jonathan Freedman, der 1978 das vielbeachtete Buch „Happy People" veröffentlichte.
[6] Siehe z. B. Diener und Oishi (2000). Kahneman und Riis (2005) machen noch eine andere Unterscheidung und zwar zwischen erlebtem Wohlbefinden (experienced well-being) und evaluiertem Wohlbefinden (evaluated well-being).
[7] Siehe Frey und Stutzer (2002b); Easterlin (2001); Clark und Oswald (2002).
[8] Siehe etwa Diener und Oishi (2000), Kahneman (2000), Myers (1993), Veenhoeven (1993).
[9] Ausführlich beschrieben ist diese Tatsache in Blanchflower und Oswald (2003).
[10] Im Internet zu finden unter www.worldvaluessurvey.com.
[11] Siehe Argyle (2001), S. 179.
[12] Beschrieben sind diese Ergebnisse in Blanchflower und Oswald (2004); Diener und Oishi (2000); Diener und Biswas-Diener (2002); Easterlin (1995); Kenny (1999); Veenhoeven (1993).
[13] Siehe auch Layard (2005). Der Wert des BIP pro Kopf wurde für das Jahr 1946 gleich dem Prozentsatz der Menschen gesetzt, die sich als „sehr glücklich" bezeichnen.
[14] Easterlin (2001).
[15] Blanchflower und Oswald (2004).
[16] Siehe etwa Ahuvia und Friedman (1998); Easterlin (1995, 2001); Diener und Biswas-Diener (2002); Frey und Stutzer (2002a, 2002b).
[17] Easterlin (2001).
[18] Siehe Di Tella et al. (1999).
[19] Siehe Bundesamt für Statistik (2002).
[20] Mitchell et al. (1997) sowie Wirtz et al. (2003) haben dieses selektive Vergessen in Bezug auf die Ferien empirisch untersucht und bestätigt.
[21] Siehe Kahneman und Riis (2005).
[22] Siehe Kahneman et al. (2004).
[23] Siehe dazu auch Argyle (2001), S. 224.
[24] Csikszentmihaly und Hunter (2003).

[25] Siehe dazu Powdthavee (2005), der dies anhand von Daten aus dem britischen „Household Panel" aufzeigt.

[26] Cross (1993); Hochschild (1997); Lehto und Sutela (1999); Robinson und Godbey (1997); Schor (1998); Zuzanek und Mannell (2002).

[27] Siehe Bielinski et al. (2001); Merz (2002); Schlese und Schramm (1995).

[28] Die Surveys sind: Household, Income and Labour Dynamics Survey (HILDA) in Australien (2001); der Sozioökonomische Panel (SOEP) in Deutschland (2002); Time Use Survey in Korea (1999).

[29] Siehe Brown und Warner-Smith (2002).

[30] Diese Ergebnisse findet man in Bittman (2004); Epstein und Kalleberg (2001); Goodin et al. (2002); Takkala (2000).

[31] Kreuzenkamp und Hooghiemstra (2000).

[32] Pacholok und Gauthier (2004).

[33] Die Zahlen stammen aus folgenden Studien: Godbey und Graefe (1993); Eckersley (1999); Garhammer (2002); Green (2002); Duxbury und Higgins (2001).

[34] Siehe Sullivan und Gershuny (2001); Robinson und Godbey (1997); Vaage (2002); Rydenstam (2002); Southerton (2003); Choo (2002).

[35] Eine stärker wissenschaftlich orientierte und kondensierte Abhandlung der vier Tretmühleneffekte findet sich in Binswanger (2006a).

[36] Beschrieben in Silverstein und Fiske (2003).

[37] Siehe dazu Bearden und Etzel (1982); Loch et al. (2000).

[38] Belk et al. (1982).

[39] Dieses Beispiel stammt von Loch et al. (2000), S. 9.

[40] Siehe Solnick und Hemenway (2005), die eine Umfrage gemacht haben um herauszufinden, welche Güter vor allem als Statusgüter dienen.

[41] Zitiert aus Silverstein und Fiske (2003), S. 5.

[42] Fred Hirsch ist allerdings nicht der erste Ökonom, der die Bedeutung von Status hervorgehoben hat. Eine frühe Beschreibung findet sich bereits bei dem französischen Ökonomen Jean Bodin im Jahre 1578. Später war es dann vor allem Thorstein Veblen, der in seinem 1899 publizierten Buch „A Theory of the Leisure Class" den Begriff des „demonstrativen Konsums" (conspicuous consumption) prägte, wo es darum geht, durch den Kauf von Luxuskonsumgütern seine Umgebung zu beeindrucken.

[43] Siehe Schor (1998).

[44] Luttmer (2005).

[45] Cramer (2003), S. 313, eigene Übersetzung.

[46] Siehe Fournier und McGuiry (1991).

[47] Solnick und Hemenway (1998).

[48] Brown et al. (2005).

[49] Siehe Scitovsky (1976).

[50] Weinstein (1980). Siehe auch die Beispiele in Frank (1999), Kapitel 10.

[51] Givhan (1995).

52 Schor (1998), S. 41. Noch einen Schritt weiter geht man in Basel in der Schweiz, wo im Herbst 2006 ein Versuch mit Schuluniformen an einer Sekundarschule durchgeführt wird.

53 Wuthnow (1996).

54 Siehe etwa Kenrick et al. (1989, 1993); O'Guinn und Shrum (1997); Schor (1998).

55 Quelle der Daten: US Census Bureau.

56 Siehe Silverstein und Fiske (2003), S. 154.

57 Silverstein und Fiske (2003), S. 96.

58 Das ist die sogenannte „aspiration level theory". Siehe Inglehart (1990) oder Michalos (1991).

59 Siehe Easterlin (1974, 2001). Auch die Schweizer Ökonomen Bruno Frey und Alois Stutzer betonen diesen Zusammenhang in mehreren ihrer Arbeiten (2002, 2003, 2004).

60 Siehe Frank (1999), S. 181–182.

61 Siehe Loewenstein und Schkade (1999).

62 Siehe Brickman et al. (1978) sowie Diener und Emmons (1985).

63 Siehe Gilbert et al. (2002 a, 2002 b).

64 Siehe Frederick und Loewenstein (1999) sowie Easterlin (2003).

65 Siehe Kasser (2000); Swinyard et al. (2001); van Boven u. Gilovich (2003).

66 Loewenstein und Schkade (1999).

67 Siehe Ward und Eisler (1987).

68 Csikszentmihaly (1991).

69 Diese Angaben stammen von der Webseite der American Society for Aesthetic Plastic Surgery.

70 Der Begriff stammt aus dem gleichnamigen Buch des Soziologen Peter Gross (1994). Daneben gibt es im Englischen auch den Begriff der „multi-choice society" (Breedveld und van den Broek, 2003).

71 Federal Reserve Bank of Dallas (1998).

72 Hirsch (1976).

73 Siehe Schwartz (2004).

74 Siehe dazu Bode und Roth (2002).

75 Dieses Resultat wurde von weiteren Untersuchungen in Bezug auf andere Auswahlsituationen mehrfach bestätigt. Siehe Amir und Ariely (2004); Tversky und Shafir (1992); Redelmeier und Shafir (1995).

76 Siehe Desmeules (2002).

77 Siehe Lehmann (1998).

78 Das Bild stammt von Schwartz (2000), S. 81.

79 Siehe beispielsweise Hahn et al. (1992) oder Heylighen (2006).

80 Reuters (1996).

81 Der Ausdruck „geistige Buchhaltung" (mental accounting) geht zurück auf die Psychologen Daniel Kahneman und Amos Tversky, die diesen Begriff in mehreren Artikeln zu Beginn der 80er Jahre populär machten. Siehe Kahneman und Tversky (1981).

[82] Siehe dazu Thaler (1999).

[83] Siehe dazu Hsee et al. (2003).

[84] Siehe Carmon et al. (2003) oder Tsiros und Mittal (2000).

[85] Siehe dazu auch Loewenstein et al. (1999).

[86] Siehe Beck (1992).

[87] Texas Transportation Institute (2002).

[88] Siehe Schafer (2000).

[89] Zitiert aus Geißler (2004), S. 113.

[90] Siehe Koslowski et al. (1995), Novaco et al. (1990).

[91] Frey und Stutzer (2004).

[92] Siehe dazu Held und Nutzinger (2002).

[93] Siehe Tyrell (1995), S. 73.

[94] Siehe Garhammer (1999), S. 398–399.

[95] IP (2004).

[96] Csikszentmihaly (1991).

[97] Siehe Anderson (2004).

[98] In der Ökonomie wird für diese durch Effizienzerhöhungen ausgelösten Nachfragesteigerungen der Begriff *Rebound Effekt* verwendet, der in der Literatur vor allem in Zusammenhang mit energiesparendem technischem Fortschritt diskutiert wurde. Im Rahmen meiner Forschungstätigkeit habe ich jedoch in zwei Artikeln aufgezeigt (Binswanger, 2001, 2004 a), dass der Rebound Effekt bei zeitsparendem technischem Fortschritt von wesentlich größerer Bedeutung ist.

[99] Hewitt (1993).

[100] Garhammer (1999), S. 168.

[101] Schafer (2000).

[102] Siehe Knoflacher (1993).

[103] Garhammer (1999), S. 393.

[104] Siehe Lebergott (1993), S. 60.

[105] Robert Half International (1996).

[106] Machlis (1997).

[107] Brady (1997).

[108] Lebergott (1993, S. 51.

[109] Lebergott (1993), S. 51.

[110] Schor (1991), S. 94.

[111] The Independent, 29. 1. 1995.

[112] Garhammer (1999), S. 383 ff., Hochschild (1997), S. 214.

[113] Siehe auch Schor (1991), S. 18.

[114] Siehe Adam et al. (1998).

[115] Siehe den von Martin Held und Karlheinz Geißler herausgegebenen Band zur Ökologie der Zeit (1998).

[116] Siehe auch Geißler (1998), S. 203.

[117] Rinderspacher (1985), S. 297.

[118] Siehe Reisch (2002), S. 48–49.

[119] Ewiges Wachstum, welches ein immer besseres Leben im Diesseits verspricht ist zur neuen Heilsbotschaft in der heutigen Zeit geworden. Sie hat die alte christliche Heilsbotschaft vom ewigen Leben abgelöst. Siehe dazu Binswanger (2006 b).

[120] Smith (1977), S. 314.

[121] Smith (1977), S. 315.

[122] Dieses Thema wird in Standardlehrbüchern der Ökonomie kaum angesprochen. Trotzdem haben mehrere bekannte Ökonomen diesen Zusammenhang immer wieder betont. Weitere Details dazu finden sich in Binswanger (1996) und in dem neuen Buch von Binswanger, H.C. (2006).

[123] Zitiert aus Csikszentmihaly (2004), S. 183.

[124] Siehe z.B. Myers (1993).

[125] Siehe etwa Dominguez und Robin (1992).

[126] Siehe Frank (1999) oder Layard (2005).

[127] Schor (2000).

[128] Genauer beschrieben ist dieses Beispiel bei Frank (1999), S. 133–136.

[129] Frank (1985), S. 19.

[130] Brammer et al. (1994).

[131] Frank (1985), S. 34.

[132] Das Beispiel stammt von Schor (1998), S. 78–79.

[133] Sozialkapital bezeichnet einerseits das Muster und die Dichte der Netzwerke zwischen Menschen, wie Freundeskreise, die Familie, die Arbeitskollegen, die Nachbarschaft und örtliche Vereine. Zum anderen bezieht der Begriff sich auf die gemeinsamen Wertvorstellungen, die aus diesen Netzwerken entstehen (siehe z.B. OECD, 2001). Indikatoren, die Hinweise über die Höhe des Sozialkapitals in einer Gesellschaft geben, weisen eine enge Korrelation mit empirisch ermittelten Werten für Glück und Zufriedenheit auf (Bjørnskov, 2003; Lane, 2000, Kapitel 6).

[134] Siehe Schwartz (2004), S. 77–96.

[135] Putnam (1996).

[136] Hochschild (1997).

[137] Cramer (2003), S. 316.

[138] Hochschild (1997), S. 60.

[139] Siehe etwa Bittman und Folbre (2004).

[140] Siehe etwa Baker (1997).

[141] Radisch (2006).

[142] Siehe beispielsweise die Untersuchung von Kemkes-Grottenthaler (2004).

[143] Pacholok und Gauthier (2004), S. 197.

[144] Hochschild (1997), S. 203 ff.

[145] Siehe Hochschild (1997).

[146] European Commission (1998).

[147] Davis und Polonko (2001).

[148] Geißler (2004), S. 138.

[149] Peters et al. (2002), S. 8.
[150] European Comission (1998).
[151] ECATT (2000), ITAC (2001).
[152] Siehe Bundesministerium für Wirtschaft und Arbeit (1999).
[153] ECATT (2000), Hamsa und Miura (2001).
[154] Hochschild (1997), S. 256.
[155] Tijdens (2003).
[156] ITAC (2001).
[157] Hochschild (1997), S. 257.
[158] Siehe die Beiträge in Seifert (2005).
[159] Ulrich (2005).
[160] Csikszentmihaly (2003), S. 17.
[161] Siehe auch Layard (2005), S. 164.
[162] Keynes (1930), S. 321.
[163] Stove (1999). Der Begriff geht zurück auf den Song „They all laughed at Christopher Columbus".
[164] Gemäss der Phlogistontheorie enthalten alle brennbaren Körper einen Stoff, das sogenannte Phlogiston, das ihnen die Eigenschaft der Brennbarkeit verleiht. Dieser Stoff verflüchtigt sich dann beim Verbrennungsvorgang.
[165] Siehe Kraybill (2001).
[166] Heuer (2004).
[167] Schwartz (2004), S. 235.
[168] Siehe auch Layard (2005), S. 158.
[169] Siehe Layard (2005), S. 160, sowie den Übersichtsartikel von Frey und Jegen (2001).
[170] Siehe Frank (1999), S. 199–201.
[171] Siehe etwa Schor, (2000), S. 9.
[172] Siehe Frank (1999) und Layard (2005).
[173] Siehe Layard (2005), S. 228.
[174] Siehe Layard (2003).
[175] Alesina et al. (2004).
[176] Siehe Alesina et al. (2004).
[177] Die Daten stammen vom Institute for Policy Studies.
[178] Die Berechnung stammt von der Fondation Ethos.
[179] Siehe dazu die ausführliche Auseinandersetzung mit diesem Thema bei Schütz (2005).
[180] Es muss zusätzlich darauf geachtet werden, dass Unternehmen die Bestimmung dann nicht dadurch umgehen, dass sie die schlecht bezahlten Tätigkeiten einfach auslagern.
[181] Siehe Schütz (2005), S. 25.

Literatur

Alesina, A., Di Tella, R., und R. MacCulloch (2004). Inequality and Happiness. Journal of Public Economics 88, 2009–2042.

Adam, B., Geißler, K. A. und M. Held (Hrsg.) (1998). Die Nonstop-Gesellschaft und ihr Preis. Stuttgart, Hirzel.

Ahuvia, A. C. und D. Friedman (1998). Income, Consumption, and Subjective Well-Being: Towards a Composite Macromarketing Model. Journal of Macromarketing 18, 153–168.

Amir, O. und D. Ariely (2004). The Pain of Deciding: Indecision, Flexibility, and Consumer Choice Online. Working Paper.

Anderson, B. (2004). Information Society Technologies, Social Capital and Quality of Life. e-Living D11. 4b. < http://www.eurescom.de/e-living >.

Argyle, M. (2001). The Psychology of Happiness. London, Routledge.

Baker, M. (1997). Parental Benefit Policies and the Gendered Division of Labor. Social Service Review (March), 52–71.

Bearden,W. und M. Etzel (1982). Reference Group Influence on Product and Brand Purchase Decisions. Journal of Consumer Research 97, 183–194.

Beck, U. (1992). Risk Society: Towards a New Modernity. London, Sage Publications.

Belk, R., Bahn, K. und R. Mayer (1982). Developmental Recognition of Consumption Symbolism. Journal of Consumer Research 9, 4–17.

Bielinski, H., Bosch G. und A. Wagner (2001). Employment Options for the Future: Actual and Preferred Working Hours. A Comparison of 16 European Countries. Report on behalf of the European Foundation for Living and Working Conditions. Institute for Work and Technology, Science Centre North Rhine-Westphalia.

Binswanger, H. C. (2006). Die Wachstumsspirale. Marburg, Metropolis.

Binswanger, M. (1996). Monetäre Wachstumsdynamik in modernen Wirtschaftssystemen. In: Riedl, R. und M. Delpos (Hrsg.). Die Ursachen des Wachstums. Wien. S. 282–296.

Binswanger, M. (2001). Technological Progress and Sustainable Development: What About the Rebound Effect? Ecological Economics 36, 119–132.

Binswanger, M. (2004a). Time-Saving Innovations and Their Impact on Energy Use: Some Lessons from a Household-Production-Function Approach. International Journal of Energy Technology and Policy 2, 209–218.

Binswanger, M. (2004b). Does Happiness Increase with Income in Developed Countries? In: Woltron, K., Knoflacher, H. und A. Rosik-Kölbl (Hrsg.). Wege in den Postkapitalismus. Wien. S. 204–237.

Binswanger, M. (2006a). Why Does Income Growth Fail to Make Us Happier? – Searching for the Treadmills Behind The Paradox of Happiness, Journal of Socio-Economics 36, 119–132.

Binswanger, M. (2006b). Ewiges Wachstum statt ewiges Leben – die neue Heilsbotschaft der heutigen Wirtschaft? In: Woltron, K., Knoflacher, H. und A. Rosik-Kölbl (Hrsg.). Weltreligionen und Kapitalismus. Wien. S. 153–168.

Bittman, M. (2004). Parenting and Employment. In: Bittman, M. und N. Folbre (Hrsg.). Family Time: The Social Organization of Care. London, Routledge. S. 152–170.

Bittman, M. und Folbre, N. (Hrsg.) (2004). Family Time: The Social Organization of Care. London, Routledge.

Bjørnskov, C. (2003). The Happy Few: Cross-Country Evidence on Social Capital and Life Satisfaction. Kyklos 56, 3–16.

Blanchflower, D. und A. J. Oswald (2003). Well-Being Over Time in Britain and the USA. Journal of Public Economics 88, 1359–1386.

Blanchflower, D. und A. Oswald (2004). Money, Sex and Happiness: An Empirical Study. Working Paper No. 10499. Cambridge, National Bureau of Economic Research.

Bode, S. und F. Roth (2002). Wenn die Wiege leer bleibt. Bergisch Gladbach, Ehrenwirth.

Brammer et al. (1994). Neurotransmitters and Social Status. In Ellis, L. (Hrsg.). Social Stratification and Socioeconomic Inequality. Westport, CT, Praeger. S. 75–91.

Brady, K. (1997). Dropout rise a net result of computers. The Buffalo News, 21.04.1997. S. A1.

Breedveld, A. und K. van den Broek (2003). The Multiple-Choice Society. Time and the Organisation of Commitments and Services. Social and Cultural Planning Office of the Netherlands. The Hague.

Brickman, P., Coates, D. und R. J. Janoff-Bulman (1978). Lottery Winners and Accident Victims: Is Happiness Relative? Journal of Personality and Social Psychology 36, 917–927.

Brown, G. D. A., Gardner, J., Oswald, A. J. und J. Quian (2005). Does Wage Rank Affect Employees' Wellbeing? IZA Discussion Paper No.1505. Bonn.

Brown, P. und P. Warner-Smith (2002). The town dictates what I do: the health and wellbeing of women in a small Australian country town. Leisure Studies 21 (1), 39–56.

Bundesamt für Statistik (2002). Sozialberichterstattung Schweiz. Wohlstand und Wohlbefinden, Lebensstandard und soziale Benachteiligung in der Schweiz. BFS, Neuchatel.

Bundesministerium für Wirtschaft und Arbeit (1999). Statusbericht. Auf dem Weg von Telearbeit zu eWork. Zum Stand von Telearbeit und eWork in Österreich vor dem Hintergrund der Entwicklungen in der EU. Wien.

216

Carmon, Z., Wertenbroch, K. und M. Zeelenberg (2003). Option Attachment: When Deliberating Makes Choosing Feel Like Losing. Journal of Consumer Research 30 (1), 15–29.

Choo, K.Y. (2002). Korean People's Leisure Time Change during 1981–2000. Paper presented at the IATUR Conference 2002 in Lisbon.

Clark, A.E. und A.J. Oswald (2002). A Simple Statistical Method for Measuring How Life Events affect Happiness. International Journal of Epidemiology 31 (6), 1139–1144.

Cramer, J. (2003). Confessions of a Street Addict. New York, Simon and Schuster.

Cross, G. (1993). Time and Money: The Making of Consumer Culture. New York, Routledge.

Csikszentmihalyi, M. (1991). Flow: The Psychology of Optimum Experience. New York, Harper and Row.

Csikszentmihalyi, M. (2004). Flow im Beruf. Stuttgart, Klett-Cotta.

Csikszentmihalyi, M. und J. Hunter (2003). Happiness in Everyday Life: The Uses of Experience Sampling. Journal of Happiness Studies 4, 185–199.

Davis, D.D. und K.A. Polonko (2001). Telework America 2001 Summary. < http://www.workingfromanywhere.org/telework/twa2001.htm > 04.06.2003.

Desmeules, R. (2002). The Impact of Variety on Consumer Happiness: Marketing and the Tyranny of Freedom. Academy of Marketing Science Review 12 (Online).

Di Tella, R., MacCulloch, R.J. und A.J. Oswald (1999). The Macroeconomics of Happiness. ZEI Working Paper B99-03. Center for European Integration Studies. Bonn.

Diener, E. und R. Biswas-Diener (2002). Will Money Increase Subjective Well-Being? Social Indicators Research 57, 119–169.

Diener, E. und R.A. Emmons (1985). Factors predicting Satisfaction Judgments: A Comparative Examination. Social Indicators Research 16, 157–167.

Diener, E. und S. Oishi (2000). Money and Happiness: Income and Subjective Well-Being Across Nations. In: Diener, E. und E. Suh (Hrsg.). Culture and Subjective Well-Being. Cambridge, MA, MIT Press. S. 185–218.

Dominguez, J. und V. Robin (1993). Your Money or Your Life. New York, Penguin.

Duxbury, L. und C. Higgins (2001). Work-life Balance in the New Millennium: A Status Report. < www.cprn.ca/7314_en.pdf >.

Easterlin, R.A. (1974). Does Economic Growth Improve the Human Lot? Some Empirical Evidence. In: David, P.A. und M.W. Reder (Hrsg.). Nations and Households in Economic Growth: Essays in Honour of Moses Abramowitz. New York and London, Academic Press, S. 89–125.

Easterlin, R. A. (1995). Will Raising the Incomes of All Increase the Happiness of All? Journal of Economic Behavior and Organization 27, 35–47.

Easterlin, R. A. (2001). Income and Happiness: Towards a Unified Theory. The Economic Journal 111, 465–484.

Easterlin, R. A. (2003). Do Aspirations Adjust to Level of Achievement? A Look at the Financial and Family Domains. Paper presented at the Workshop „Income, Interactions and Subjective Well-Being" in Paris.

ECATT (2000). Benchmarking Progress on New Ways of Working and New Forms of Business across Europe. ECATT final report, IST programme.

Eckersley, R. (1999). Quality of Life in Australia: An Analysis of Public Perceptions. Discussion Paper No. 23. The Australian Institute, Canberra.

Epstein, C. F. und A. Kalleberg (2001). Time and the Sociology of Work. Work and Occupations 28 (1), 5–6.

European Commission (1998). Status Report on European Telework.

Federal Reserve Bank of Dallas (1998). The Right Stuff. America's Move to Mass Customization. 1998 Annual Report.

Fournier, S. und M. Guiry (1991). A Look into the World of Consumption Dreams, Fantasies and Aspirations. Research Report. University of Florida.

Frank, R. H. (1985). Choosing the Right Pond. New York, Oxford University Press.

Frank, R. H. (1999). Luxury Fever. Why Money Fails to Satisfy in an Era of Excess. New York, Free Press.

Frederick, S. und G. Loewenstein (1999). Hedonic Adaptation. In: Kahneman, D., Diener, E. und N. Schwarz (Hrsg.). Well-being: The Foundations of Hedonic Psychology. New York, Russell Sage Foundation. S. 302–329.

Freedman, J. (1978). Happy People: What Happiness Is, Who Has It, and Why. New York, Harcourt.

Frey, B. S. und R. Jegen (2001). Motivation Crowding Theory: A Survey of Empirical Evidence. Journal of Economic Surveys 15, 589–611.

Frey, B. S. und A. Stutzer (2002a). What Can Economists Learn from Happiness Research? Journal of Economic Literature 40, 402–435.

Frey, B. S. und A. Stutzer (2002b). Happiness and Economics: How the Economy and Institutions Affect Human Well-Being. Princeton, Princeton University Press.

Frey, B. S. und A. Stutzer (2003). Testing Theories of Happiness. Working Paper No. 147, Institute for Empirical Research in Economics. University of Zurich.

Frey, B. S. und A. Stutzer (2004). Economic Consequences of Mispredicting Utility. Working Paper No. 218. Institute for Empirical Research in Economics. University of Zurich.

Garhammer, M. (1999). Wie Europäer ihre Zeit nutzen – Zeitstrukturen im Zeichen der Globalisierung. Berlin, Edition Sigma.

218

Garhammer, M. (2002). Pace of Life and Enjoyment of Life. Paper presented at the IATUR Conference on „Time pressure in European countries" in Lisbon. Accepted for publication in the Journal of Happiness Studies.

Geißler, K. A. (1998). Vom Tempo der Welt. Freiburg, Herder.

Geißler, K. A. (2004). Alles. Gleichzeitig. Und zwar sofort. Unsere Suche nach dem pausenlosen Glück. Freiburg, Herder.

Giddens, A. (1991). Modernity and Self-Identity. Cambridge, Polity Press.

Gilbert, D. T. und E. J. Ebert (2002). Decisions and Revisions: The Affective Forecasting of Changeable Outcomes. Journal of Personality and Social Psychology 82, 503–514.

Gilbert, D. T., Driver-Linn, E. und T. D. Wilson (2002). The Trouble with Vronsky: Impact Bias in the Forecasting of Future Affective States. In: Barrett, L. F. und P. Salovey (Hrsg.). The Wisdom in Feeling: Psychological Processes in Emotional Intelligence. New York, Guilford. S. 114–143.

Godbey, G. und A. Graefe (1993). Rapid Growth in Rushin' Americans. American Demographics (April), 26–28.

Golden, L. und B. Wiens-Tuers (2006). To your Happiness? Extra Hours of Labor Supply and Worker Well-being. The Journal of Socio-Economics 35, 382–397.

Goodin, R. E., Rice, J. M., Bittman, M. und P. Saunders (2002). The Time Pressure Illusion: Discretionary Time versus Free Time. SPRC Discussion Paper No. 115 of the Social Policy Research Centre. University of New South Wales, Australia.

Green F. (2002). Work Intensification, Discretion and the Decline of Well-Being at Work. Paper to the Work Intensification Conference in Paris.

Gross, P. (1994). Die Multioptionsgesellschaft. Frankfurt, Suhrkamp.

Hahn, M., Lawson, R. und G. L. Young (1992). The Effects of Time Pressure and Information Load on the Quality of Decision Making. Psychology and Marketing 9, 365–379.

Hamsa, A. A. K. und M. Miura (2001). Do Managers favor for Teleworking in Japan? Shibaura Institute of Technology, Tokyo. Paper presented at the 6th International ITF Workshop and Business Conference in Amsterdam.

Held, M. und K. A. Geißler (1998). Ökologie der Zeit. Vom Finden der rechten Zeitmaße. Stuttgart, Hirzel.

Held, M. und H. G. Nutzinger (2002). Pausenlose Beschleunigung. In: Adam, B., Geißler, K. A. und M. Held (Hrsg.). Die Nonstop-Gesellschaft und ihr Preis. Stuttgart, Hirzel. S. 31–43.

Heuer, S. (2004). Der Flu.ch. Weltwoche Nr. 41, 51–55.

Heuser, U. J. (2003). Tretmühle des Glücks. Die Zeit Nr. 11.

Hewitt, P. (1993). About Time. The Revolution in Work and Family Life. London, Rivers Oram Press.

Heylighen, F. (2006). Complexity and Information Overload in Society: Why Increasing Efficiency leads to Decreasing Control. Technological Forecasting and Social Change. (forthcoming).

Hirsch, F. (1976). Social Limits to Growth. New York, Twentieth Century Fund.

Hochschild, A.R. (1997). The Time Bind: When Work Becomes Home and Home Becomes Work. New York, Henry Holt and Company, Inc.

Hsee, C.K., Zhang, J., Yu, F. und Y. Xi (2003). Lay Rationalism and Inconsistency Between Decision and Predicted Experience. Journal of Behavioral Decision Making 16, 257–272.

Inglehart, R. (1990). Culture Shift in Advanced Industrial Society. Princeton, Princeton University Press.

IP (2004). Television 2004. International Key Facts. < http://www.ipb.be >.

ITAC (2001). Telework America 2001. Report of the International Telework Association and Council.

Kahneman, D. (2000). Experienced Utility and Objective Happiness: A Moment-Based Approach. In: Kahneman, D. und A. Tversky (Hrsg.). Choices, Values and Frames. New York, Russell Sage Foundation.

Kahneman, D. und J. Riis (2005). Living, and Thinking about it: Two Perspectives on Life. In: Huppert, F., Baylis, N. und B. Keverne (Hrsg.). The Science of Well-Being. Oxford, Oxford University Press. S. 285–304.

Kahneman, D. und A. Tversky, A. (1981). Rational Choice and the Framing of Decisions. Science 211, 453–458.

Kahneman, D., Krueger, A., Schkade, D., Schwartz, N. und A. Stone (2004). Toward National Well-Being Accounts. American Economic Review (Papers and Proceedings) 94, 429–434.

Kasser, T. (2000). Two Versions of the American Dream: Which Goals and Values Make for a High Quality of Life? In: Diener, E. und D. R. Rahtz (Hrsg.). Advances in Quality of Life Theory and Research. Dordrecht, Kluwer Academic Publishers. S. 3–12.

Kemkes-Grottenthaler, A. (2004). Determinanten des Kinderwunsches bei jungen Studierenden. Eine Pilotstudie mit explorativem Charakter. Zeitschrift für Bevölkerungswissenschaft 29 (2), 193–217.

Kenny, C. (1999). Does Growth Cause Happiness, or Does Happiness Cause Growth? Kyklos 52, 3–26.

Kenrick, D., Gutierres, S. und L. Goldberg (1989). Influence of Popular Erotica on Judgments of Strangers and Mates. Journal of Experimental Social Psychology 25, 159–167.

Kenrick, D., Montello, D., Gutierres S. und M. Trost (1993). Effects of Physical Attractiveness on Affect and Perceptual Judgments. Personality and Social Psychology Bulletin 19, 195–199.

Keynes, J.M. (1930). Economic Possibilities for Our Grandchildren. In: Keynes, J.M. Collective Writings. London, Macmillan.

Knoflacher, H. (1993). Does the Development of Mobility Follow a Time Pattern? History of Technology 15, 125–140.

Koslowsky, M., Kluger, A. N. und Reich, M. (1995). Commuting Stress: Causes, Effects, and Methods of Coping. New York, Plenum Press.

Kraybill, A. (2001). The Riddle of Amish Culture. Baltimore, MD, Johns Hopkins University Press.

Kreuzenkamp, S. und E. Hooghiemstra (Hrsg.) (2000). De kunst van het combineren. Taakverdeling onder partners. Sociaal en Cultureel Planbureau. The Hague.

Lane, R. E. (2000). The Loss of Happiness in Market Democracies. New Haven, Yale University Press.

Layard, R. (2003). Happiness – Has Social Science a Clue? Lionel Robbins Memorial Lectures. Centre for Economic Performance, London School of Economics.

Layard, R. (2005). Happiness: Lessons from a New Science. London, Penguin.

Lebergott, S. (1993). Pursuing Happiness. Princeton, Princeton University Press.

Lehmann, D. R. (1998). Customer Reactions to Variety: Too Much of a Good Thing? Journal of the Academy Marketing Science 26 (1), 62–65.

Lehto, A.-M., Sutela, H. (1999). Efficient, More Efficient, Exhausted: Findings of Finnish Quality of Work Life Surveys 1977–1997. Helsinki, Statistics Finland.

Loch, C., Huberman, B. und S. Stout (2000). Status Competition and Performance in Work Groups. Journal of Economic Behavior and Organization 43, 35–55.

Loewenstein, G., Prelec, D. und R. Weber (1999). What me worry? A Psychological Perspective on Economic Aspects of Retirement. In: Aaron, H. J. (Hrsg.). Behavioral Dimensions of Retirement Economics. Washington, DC, Brookings Institution Press.

Loewenstein, G. und D. Schkade (1999). Wouldn't It Be Nice? Predicting Future Feelings. In: Kahneman, D. Diener, E. und N. Schwarz (Hrsg.). Well Being: The Foundations of Hedonic Psychology. New York, Russell Sage Foundation. S. 85–105.

Luttmer, E. F. P. (2005). Neighbors as Negatives: Relative Earnings and Well-Being. Quarterly Journal of Economics 120 (3), 963–1002.

Machlis, S. (1997). Gotcha! Computer Monitors Riding the Web Wave. Computerworld, 04.04.1997, S.1.

Merz, J. (2002). Time and Economic Well-being – A Panelanalysis of Desired vs. Actual Working Hours. The Review of Income and Wealth 48 (3), 317–346.

Michalos, A. C. (1991). Global Report on Student Well-Being. Volume 1: Life Satisfaction and Happiness. New York, Springer.

Mitchell, T., Thompson, L., Peterson, E. und R. Cronk (1997). Temporal Adjustments in the Evaluation of Events: The „Rosy View". Journal of Experimental Social Psychology 33, 421–448.

Myers, D. (1993). The Pursuit of Happiness. New York, Avon.

Novaco, R.W., Stokols, D. und L.C. Milanesi (1990). Subjective and Objective Dimensions of Travel Impedance as Determinants of Commuting Stress. American Journal of Community Psychology 18, 231–257.

OECD (2001). The Well-being of Nations: The Role of Human and Social Capital. Paris.

O'Guinn, T. und L.J. Shrum (1997). The Role of Television in the Construction of Consumer Reality. Journal of Consumer Research 23, 278–294.

Pacholok, S. und A. Gauthier (2004). A Tale of Dual Earner Families in Four Countries. In: Bittman, M. und N. Folbre (Hrsg.). Family Time: The Social Organization of Care. London, Routledge. S. 197–223.

Peters, P., Tijdens, K. und C. Wetzels (2002). Factors in Employees' Telecommuting Opportunities, Preferences and Practices. Research Paper No. 8. Time Consumption, ICS.

Powdthavee, N. (2005). Identifying Causal Effects with Panel Data: The Case of Friendship and Happiness. The Institute of Education, University of London.

Putnam, R.D. (1996). The Strange Disappearance of Civic America. The American Prospect 7 (24).

Radisch, I. (2006). Der Preis des Glücks. Die Zeit Nr. 12.

Redelmeier, D. und E. Shafir (1995). Medical decision making in situations that offer multiple alternatives. Journal of the American Medical Association 273 (4), 302–305.

Reisch, L. (2002). Ist das Thema Zeitwohlstand theoriefähig? In: Rinderspacher, J. P. (Hrsg.). Zeitwohlstand. Ein Konzept für einen anderen Wohlstand der Zeit. Berlin, Edition Sigma. S. 37–58.

Reuters Report (1996). Dying for information? An investigation into the effects of information overload in the UK and worldwide. London, Reuters.

Rinderspacher, J.P. (1985). Gesellschaft ohne Zeit. Individuelle Zeitverwendung und soziale Organisation der Arbeit. Frankfurt, Campus.

Rinderspacher, J.P. (Hrsg.) (2002). Zeitwohlstand. Ein Konzept für einen anderen Wohlstand der Zeit. Berlin, Edition Sigma.

Robert Half International, Inc. (1996). Misuse of the Internet may hamper productivity. Report from an internal study conducted by a private marketing research group.

Robinson, J. und G. Godbey (1997). Time for Life: The Surprising Ways Americans Use their Time. Pennsylvania State University Press.

Rydenstam, K. (2002). Time Use Among the Swedish Population. Changes in the 1990s. Paper for the IATUR Conference in Lisbon.

Schafer, A. (2000). Regularities in Travel Demand: An International Perspective. Journal of Transportation and Statistics. 3 (3), 1–32.

Schlese, M. und F. Schramm, F. (1995). Beschäftigte wünschen auch in den neunziger Jahren kürzere Arbeitszeiten. Personal 11/95, 571–576.

Schor, J.B. (1991): The Overworked American: The Unexpected Decline of Leisure. New York, Basic Books.

Schor, J.B. (1998). The Overspent American. New York, Basic Books.

Schor, J.B. (2000). Do Americans Shop Too Much? Boston, Beacon Press.

Schütz, D. (2005). Gierige Chefs. Zürich, Orell Füssli.

Schwartz, B. (2000). Self-Determination: The Tyranny of Freedom. American Psychologist 55 (1), 79–88.

Schwartz, B. (2004). The Paradox of Choice. New York, Harper Collins.

Scitovsky, T. (1976). The Joyless Economy: An Inquiry into Human Satisfaction and Dissatisfaction. Oxford, Oxford University Press.

Seifert, H. (Hrsg.) (2005). Flexible Zeiten in der Arbeitswelt. Frankfurt, Campus.

Silverstein, M. und N. Fiske (2003). Trading Up: The New American Luxury. New York, Portfolio.

Smith, A. (1977). Theorie der ethischen Gefühle. Hamburg, Meiner.

Solnick, S. und D. Hemenway (1998). Is more always better? A survey of positional concerns. Journal of Economic Behavior and Organization 37, 373–383.

Solnick, S. und D. Hemenway (2005). Are Positional Concerns Stronger in Some Domains than in Others? American Economic Review 95, 147–151.

Southerton, D. (2003). Squeezing Time: allocating practices, co-ordinating networks and scheduling society. Time and Society 12 (1), 5–25.

Stove, D. (1999). Against the Idols of the Age. New Brunswick, NJ, Transaction Publishers.

Sullivan, O. und J. Gershuny (2001). Cross-national Changes in Time-use: Some Sociological (Hi)stories Re-examined. British Journal of Sociology 52, 331–347.

Swinyard, W., Kau, A.-K. und H.-Y. Phua (2001). Happiness, Materialism, and Religious Experience in the US and Singapore. Journal of Happiness Studies 2, 13–32.

Takkala, P. (2000). Social differences in care of children under school age in Finland. Paper presented at ECSR 2000 Family Policy Workshop Programme.

Texas Transportation Institute (2002). Urban Mobility Study.

Thaler, R. H. (1999). Mental Accounting Matters. Journal of Behavioral Decision Making 12, 183–206.

The President's Council on Bioethics (2003). Beyond Therapy: Biotechnology and the Pursuit of Happiness. Washington, D.C.

Tijdens, K. (2003). Working women's choices for domestic help. The effects of financial and time resources. Working paper. Amsterdam Institute for Advance Labor Studies.

Tsiros, M. und V. Mittal (2000). Regret: A Model of Its Antecedents and Consequences in Consumer Decision Making. Journal of Consumer Research 26, 401–417.

Tversky, A. und E. Shafir (1992). The Disjunction Effect in Choice Under Uncertainty, Psychological Science 3, 305–309.

Tyrell, B. (1995). Time in our Lives: facts and analysis on the 90s. Demos Quarterly 5, 71–79.

Ulrich, P. (2005). Zivilisierte Marktwirtschaft. Freiburg, Herder.

Vaage, O. F. (2002). Changes in work time and leisure time in Norway 1971–2000. Paper prepared for the IATUR Conference in Lisbon.

van Boven, L. und T. Gilovich (2003). To Do or to Have? That Is the Question. Journal of Personality and Social Psychology 85 (6), 1193–1202.

Veenhoven, R. (1993). Happiness in Nations: Subjective Appreciation of Life in 56 Nations 1946–1992. Rotterdam, Erasmus University Press.

Ward, C.H. und R.M. Eisler (1987). Type A Behavior, Achievement Striving, and a Dysfunctional Self-Evaluation System. Journal of Personality and Social Psychology 53, 318–326.

Weinstein, N.D. (1980). Unrealistic Optimism About Future Life Events. Journal of Personality and Social Psychology 39, 806–820.

Wirtz, D., Kruger, J., Scollon C.N. und E. Diener (2003). What to do on spring break? The role of predicted, on-line, and remembered experience in future choice. Psychological Science 14, 520–524.

Woltron, K. (2003). Die sieben Narrheiten. St. Pölten, NP-Buchverlag.

Wuthnow, R. (1996). Poor Richard's Principle. Princeton, NJ, Princeton University Press.

Zuzanek, J. and R. Mannell (2002). Relationships between leisure participation, feelings of time pressure, and emotional well-being in the lives of Canadian adolescents aged 12 to 18. Paper prepared for the IATUR Conference in Lisbon.

Eine ausführliche Literaturliste kann unter folgender Adresse eingesehen werden:

http://www.mathias-binswanger.ch/